湛庐CHEERS

与最聪明的人共同进化

HERE COMES EVERYBODY

CHEERS
湛庐

巴萨！巴萨！巴萨！

BARÇA

[英] 西蒙·库珀 Simon Kuper 著　　魏莱 译

CNS 湖南教育出版社
·长沙·

你了解巴萨吗？

扫码加入书架
领取阅读激励

扫码获取全部
测试题及答案，
一起了解巴萨的
历史和发展

- 将全攻全守战术理念带到巴萨，打造第一支巴萨梦之队的球员兼教练是：（单选题）

  A. 马拉多纳

  B. 克鲁伊夫

  C. 里杰卡尔德

  D. 梅西

- 巴萨的座右铭是：（单选题）

  A. 和谐制胜

  B. 时刻准备着

  C. 为征途而生

  D. 不仅仅是一家俱乐部

- 和梅西、内马尔一起组成强大的巴萨“MSN”前场攻击组合的乌拉圭球员是：（单选题）

  A. 苏亚雷斯

  B. 德容

  C. 亨利

  D. 埃托奥

扫描左侧二维码查看本书更多测试题

BARÇA

约翰·克鲁伊夫（Johan Cruyff）来之前，巴塞罗那还没有华丽的足球大教堂。我们需要一些新东西。现在新东西延续了下来，这些都是他一手缔造的。

何塞普·瓜迪奥拉（Josep Guardiola）

事实上，我们很长一段时间都没有任何计划、没有任何东西。他们总是疲于应付，看到洞就补。

利昂内尔·梅西，2020 年 9 月

我认为如果记者理解足球的话，那他们根本就不是记者。

约翰·克鲁伊夫

推荐序

读巴萨兴衰，解足球终极奥秘

张　斌
央视体育记者

巴萨自然配得上一部展现其气象万千的作品。套用我们熟知的表述体系，这本《巴萨！巴萨！巴萨！》即便更像一部断代史，但也写尽了巴萨风骨、巅峰与兴衰沉浮，那个关于足球的终极答案也暗自浮现。这本书首次出版于 2021 年，转年便获得了《星期日泰晤士报》的年度足球图书奖。一定要细细品读纸质版本，厚厚一册时常在手，通过那种重量感才能感知到作者西蒙·库珀在 30 年间为此书倾注的心血，以及他那 200 多本采访笔记中蕴含的宝藏。

探寻关于足球的终极答案

西蒙·库珀素有盛名，与我几乎同岁，我常年学习他的著作以及他为《金融时报》撰写的专栏，受益良多。有幸为这部作品做推荐，义不容辞，借机沉入其文字之中，有一份挺真切的亲近感，同时心中不禁暗叹，险些错过一本耐看的足球读物，跃然纸上，波澜壮阔尽收眼底。

说到我与库珀的亲近感，得回溯到 1997 年，那年西蒙 · 库珀 27 岁，两年前年纪轻轻的他便出版了自己的第一本传世之作——《足球：与敌对抗》（*Football Against the Enemy*）。如果对于那本书您没有起码的概念，那不妨先看看库珀为本书所写的前言，他开篇即回忆到自己揣着 5 000 英镑，背着打字机浪迹天下的经历。1992 年正值奥运之年，巴塞罗那热情四溢，发展迅猛，但盗匪也是猖獗，浪迹到城中皇家广场的喀布尔背包客旅馆里的库珀省吃俭用，晚饭就在街边对付点儿炸土豆泥。身为荷兰人，置身于美丽的巴塞罗那，库珀不仅留恋于美景与美食，更将目标对准巴萨王朝的真正缔造者、荷兰同胞克鲁伊夫。穿着寒酸、刚刚入行的 22 岁年轻人，没有获得采访许可，眼见着缔造者从眼前匆匆而过。年轻人不言挫折，他相信，总有一天会故地重游，讲出迷人的足球故事。

《足球：与敌对抗》出版于 1995 年，一年后，我去伦敦采访时在书店里买到它，至今还摆在书柜里，书页已然泛黄。1997 年，我将此书推荐给《体坛周报》，并自告奋勇动手翻译，连载多期，算是足球认知的一种启蒙吧。一次急病入院也成全了我有充足、安静的时间面对那本书，病房里的其他病人早早就安睡了，我就躲到医生的大办公室里，捧着字典，一笔一画地完成日课。那时夜晚的灯光很晃眼，办公室显得空荡。30 年前的记忆时常泛起，但关于那本书内容的记忆逐渐淡了，只是觉得库珀行了万里路，见识广博，引读者步入足球运动的深处，此人理应是我的榜样。我应学他背起行囊，带着运动的视角去走世界。可惜，至今这个愿望还未实现，好在离退休不远了，过几年我就可以试着上路了。如今，库珀常居巴黎，定期写作专栏，内容包罗万象，今年观察巴黎奥运会的那篇专栏还曾被引用过。这本《巴萨！巴萨！巴萨！》大约就是在巴黎写就，那 200 多本采访笔记也该随着主人到了花都吧。

十几年前，库珀与人合作的《足球经济学》（*Soccernomics*）问世，很快便有了中译本，我有幸也为它写了些推荐文字，还鼓动中国足协买了几十本，在我看来那是一本努力给出关于足球的终极答案的著作。伴随着四年一届的世界杯，《足球经济学》一再推出新版本，我总要买上一本存着，读不读并不要紧，仔细看看封面上印的副标题就能了解到两位作者还在不断拓展关注问题的宽度与纵深度，让我们心中的那些问号与答案遥相呼应。

揭示巴萨足球文化的最大公约数

带我们找寻答案的库珀于 2019 年初安坐桌前，面对着有关巴萨的种种问题，用一本书的体量展现他的思考与想象力。探寻过程的魅力有时并不逊于答案本身。此后一年间，库珀数度奔赴巴塞罗那，近距离去探知这个宏大的职业足球综合体、加泰罗尼亚地区的精神象征。2008—2015 年是巴萨的黄金岁月，一时无两，它尽情诠释着自己恢弘的影响力——不仅仅是一家俱乐部。巴萨何以登峰造极？库珀选择以克鲁伊夫、瓜迪奥拉和梅西“三位巨人”为核心，各自成其篇章，又彼此气韵相连，试图给出巴萨足球文化的最大公约数。克鲁伊夫作为缔造者，虽然为巴萨带来的奖杯不多，但雕琢与塑造之功无人可及。瓜迪奥拉承其衣钵，躬逢大时代，与缔造者一样拥有了开宗立派的历史地位。梅西在巴萨的星途轨迹恰是一部王朝兴衰史册。缔造者与其亲授弟子不难描摹，但梅西始终笼罩在神性光芒之下，他如何在足球运动中驾驭自己？这比巴萨黄金年代的成功方略可能还要更加吸引人。

库珀竭尽所能走近梅西，想尽办法与熟悉梅西的人展开讨论，希望可以破解其足球密码。瓜迪奥拉对此有自己的独特认知：“在比赛开始后的前 5 ～ 10 分钟，梅西的双眼和头脑里形成了地图，知悉了球场上的空间和总体情况。”巨星与常人，甚至同场竞技的同行之间存在的足球智识方面的差距，可能比我们想象的还要再大一些。一位球员曾经亲口告诉库珀：“你一直以为自己是在和世界上最棒的球员比赛，实际上他（梅西）的光芒与能力远超于此。”显然，库珀已经尽力了，但神性与玄妙依旧难以一语道破，也许永远只能意会。

粗读此书，感觉库珀成书的第一动能，当数克鲁伊夫对他刻骨铭心的影响。20 世纪 70 年代，克鲁伊夫闯荡巴塞罗那，拥有了“荷兰·吉诃德”的绰号，在绿茵场上，这位“骑士”洒脱自在，也时常狂傲不羁。1974 年世界杯，库珀不过 4 岁，断然无法直接感知“克鲁伊夫转身”的神来之笔，但其震撼力日后还是笼罩了这位荷兰少年，让其心心念念要面对面采访到这位巨擘。对此，库珀有不少文字倾吐心声，盛赞克鲁伊夫为足球运动中的弗洛伊德或高迪，以独特的魅力和智慧营造了巴萨这座大教堂。在巴萨支持者们看来，神采飞扬的克鲁伊夫从来都是巴萨成功的秘密。如果说梅西属于全球文化，那克鲁伊夫则更专属于荷兰和加泰罗尼亚文化。

身为教练的克鲁伊夫与身为球员的克鲁伊夫个性别无二致，库珀在其身上发现了所谓的“冲突模式”，恰是这种模式在当年的巴萨队中可以起到化解紧张焦虑和提升球队精神力量的神奇作用。人们普遍认定荷兰足球教父级人物里努斯·米歇尔斯（Rinus Michels）是这一模式的创造者，在阿贾克斯和巴萨两大“熔炉”中，所有足球人都曾经受过“冲突模式”的淬炼。库珀还有很多关于克鲁伊夫的发现，比如荷兰巨擘发明了一种几何语言来定义“美丽足球”，而展现独特足球韵律的手段便是精细的短传，这一血脉后来深深注入了黄金时代的巴萨躯体内，这便是人们时常所讲的“克鲁伊夫哲学”吧。

真正将克鲁伊夫哲学精髓传之久远的功臣之一当数瓜迪奥拉。当年弗兰克·里杰卡尔德（Frank Rijkaard）离任巴萨帅位，曾有人建议找瓜迪奥拉担任新帅的助理教练，征求克鲁伊夫意见时，遭到了否决，荷兰巨擘认为瓜迪奥拉是难得帅才，不该再久居人下，必须让其展露雄才。凭借绝对的权威和“冲突模式”，克鲁伊夫在巴萨挥洒着自己的权力，散播着独有的足球哲学理念，他钦定了 2003—2012 年巴萨的两任主教练，让巴萨在 10 年间赢得了 3 次欧冠冠军。

哲学层面讲多了，读者会渐渐堕入玄学的深渊。库珀当然深知要给出各色答案，悦人悦己。都说巴萨之强大强于拉玛西亚青训营，少年英雄生生不息、比比皆是，库珀悉心研究之后得出更深一层的结论，拉玛西亚并非强于教练，而强于球探，发现永远高于雕琢，闪耀的大师从来都不是训练的结果。梅西如此，卡莱斯·普约尔（Carles Puyol）、安德烈斯·伊涅斯塔（Andrés Iniesta）等巴萨黄金一代皆如此。

读完这本书的当天，偶然听到一位考古专家的播客，按其观点，想到什么就可以从地下挖到什么，此所谓考古学中的超级想象力。这话很神，可以转送给库珀，在探寻巴萨秘密的 30 年间，想象力一定成就了这本《巴萨！巴萨！巴萨！》。

巴萨，不仅仅是一家俱乐部

我是从 1992 年开始为撰写这本书收集资料的。那一年，22 岁的我身穿一件破旧的夹克衫走进了巴萨主场诺坎普球场。我怀揣 5 000 英镑，背着装有打字机的帆布背包周游世界，写出了我的第一本著作《足球：与敌对抗》。我住在巴塞罗那皇家广场的喀布尔背包客旅馆，那里很危险，附近到处都是抢劫犯。为了省钱，我经常不吃午饭，晚饭就只吃点小摊上的炸土豆泥。当年，巴塞罗那要筹办 1992 年夏季奥运会，这个曾经闭塞落后的城市因此发生了翻天覆地的变化。我从未见过这么美丽的城市。我在卡斯帕罗酒吧一边沐浴着阳光，一边悠闲地下着一盘国际象棋，那一刻我相信，总有一天我还会旧地重游。

我之所以来到巴塞罗那，完全是被这里的足球俱乐部吸引的。我在荷兰长大，儿时的偶像是荷兰足球运动员克鲁伊夫。1973 年，他转会至巴萨。1992

年，他成为巴萨的主教练和精神领袖。克鲁伊夫不仅是一名优秀的足球运动员，更是一名伟大的足球思想家。他既是一个能创造出光的人，也是一个本身就发光的人。他是巴萨足球风格的创始人，倡导一脚出球、前场压迫、持续进攻。他也是现代足球之父，在本书中，我将证明这一点。

探寻巴萨的秘密

1992 年的一天，我乘坐地铁前往诺坎普球场，想为撰写《足球：与敌对抗》一书采访克鲁伊夫。友善的巴萨新闻官安娜打量着我模糊的记者证和破旧的夹克衫，建议我先采访巴萨年长的时任第一副主席尼古拉·卡索斯（Nicolau Casaus）。事后想来，或许是因为当时俱乐部里只有他比较闲。在采访前，安娜告诉我卡索斯不会说英语，但当我在他的办公室外面等候时，多次听到他用美式英语说“坐下”，听起来他似乎正在为我练习英语。当我走进办公室时，卡索斯正抽着雪茄。我向他提问道：“在西班牙，巴萨的座右铭‘不仅仅是一家俱乐部’是否具有政治意义？”卡索斯用西班牙语回答：“当然没有。”他说，来自不同政党和宗教的人都支持巴萨。我又问道：“为什么巴萨将这句话定为座右铭？”他含糊地回答：“巴塞罗那主义是一种激情。”看起来，对他来说政治似乎是个敏感话题。那时，我并不知道他曾被佛朗哥独裁政府当作加泰罗尼亚激进分子判处过死刑，改判后他还是受了 5 年的牢狱之灾。

我不停地向安娜唠叨着要采访克鲁伊夫，但是她用克鲁伊夫的助教托尼·布鲁因斯·斯洛特（Tonny Bruins Slot）打发了我。虽然这在一定程度上让我达成了此行的目的，但与心中偶像见面的想法始终萦绕在我心里。

1992 年，足球还是很“私密”的行业。那时，巴萨在诺坎普球场旁边的场地进行日常训练。一天上午训练开始前，我坐在更衣室外等待斯洛特，碰巧米歇尔·劳德鲁普（Michael Laudrup）从更衣室走了出来，他瞥了我一眼。接着走出来的便是克鲁伊夫，他用胳膊夹着一个足球，健步如飞，一如他在球场上敏捷的身姿。同时，克鲁伊夫还和一名更衣室服务员及一名言谈有些浮夸的哥伦比亚记者开着玩笑。在这个美好的上午，克鲁伊夫要训练新科欧冠冠军球队[①]的球员们了，同时，他也想让我这个身着破旧夹克衫的年轻人分享他的快乐。当时我简直不敢相信，克鲁伊夫就在离我约两米远的地方，正笑容满面地看着我。但当我刚想用荷兰语和他打招呼时，他就走开了。这时，斯洛特走了出来，问我采访需要多长时间，他急着要去给球队训练，我说需要差不多20分钟。

斯洛特和克鲁伊夫一样，都来自荷兰阿姆斯特丹的工人阶级家庭。斯洛特带我来到了休息室，他用纸杯给我倒上黑咖啡，然后四处寻找烟灰缸，由于没有找到只好用纸杯替代。之后，我俩围绕足球话题足足讨论了两小时，最终使他没能去参加训练。他说:“我们有‘版权’和‘专利’[②]。你们可以模仿每个‘专利’，但是只有一个人能够完成画龙点睛之笔。”

见证巴萨的崛起到衰败

克鲁伊夫创建了伟大的巴萨。用他的“首席弟子”瓜迪奥拉的话说，他缔造了巴萨这座大教堂。克鲁伊夫可以说是现代足球的创始人，他是足球比赛中的西格蒙德·弗洛伊德，或者安东尼·高迪。他是足球历史上最引人瞩目、最与众不同但也最令人发狂的人。后来，瓜迪奥拉继承了他的衣钵，不断修缮和改造巴萨这座大教堂，梅西的现象级表现则让它趋近完美。

除克鲁伊夫之外，另一个激励我写这本书的人就是梅西。我一直想弄明白梅西在球场上是如何完成那些令人惊叹的动作的。每当我在巴萨收集新闻素材时，我就会被梅西的个人能力吸引，这位安静的阿根廷人看起来和克鲁伊夫截

① 1991—1992 赛季，巴萨历史上首次夺得欧冠冠军。——编者注
② 此处指拉玛西亚青训营（La Masia）多年来积累的成功经验。——译者注

然相反，但实际上，梅西已经接过克鲁伊夫的衣钵，成为俱乐部中最具影响力的人。多年以来，外界误以为梅西茫然的眼神和在公众场合的沉默是缺乏个性的表现，但是，巴萨人一直认为他是一个具有影响力且令人生畏的人。久而久之，巴萨演变成了“梅西俱乐部”。

但是，梅西和巴萨的结局并不好。在巴萨一步步分崩离析、成绩下滑的过程中，我其实也正在研究其中的原因。回想这些年，1992 年，我第一次来到巴萨，开始了报道这家俱乐部的工作，那时巴萨的辉煌刚刚开始。到了 2021 年，随着梅西的离开，巴萨的辉煌行将落幕，我也完成了研究这家俱乐部的工作。这有点像撰写一本有关公元 400 年罗马城的书，而那时的罗马城里已经满是野蛮人。**当开始为本书收集资料时，我认为我将诠释巴萨伟大崛起的过程和原因，我做到了，与此同时，我也描绘了它的衰败。**

在 1992 年之后的几年里，为了挖掘更多的新闻素材，我开始以记者的身份了解巴萨。当人到中年，午饭后需要小憩一会儿，虽然自己的体力不比从前，但随着年龄增长也有好的一面：我积累了一些人脉，对事物变化的理解变得更加深入，同时还积攒到了很多的新闻素材。当我在巴黎的办公室里写作时，我的身旁有个书柜，里面装了 200 多本笔记本，记录着 1998 年以来我所有的调查研究资料，其中包括我对曾在巴萨效力和现在的巴萨球员以及教练的采访，例如里瓦尔多·维托尔·博尔巴·费雷拉（Rivaldo Vitor Borda Ferreira，国内球迷习惯称他里瓦尔多）、利利安·图拉姆（Lilian Thuram）、内马尔·达·席尔瓦·桑托斯·儒尼奥尔（Neymar da silva Santos Júnior, 简称内马尔）以及杰拉德·皮克（Gerard Piqué），还包括克鲁伊夫。2000 年，我在一个愉快的晚上在他的庄园的客厅中对他进行了采访。不幸的是，那天之后，我们彻底闹翻了。

2008 年，我有幸在诺坎普球场踢过球。因为我获得了 2007 年巴塞罗那年度体育新闻写作奖，所以巴萨的电视和媒体中心工作组想拍摄我身着便装在诺坎普球场踢球的镜头。当我跑在球场上，茂密而松软的草坪让我兴奋地笑出了声。整个诺坎普球场的面积非常大，站在场地中视野十分广阔，这有利于巴萨球员们清晰地发现远端的队友。当我奔跑在球场上时，我感觉自己就像在一块巨大的草地上嬉戏，虽然当时在场地周围还有几十名在巴萨观光的游客。

我在球场上带球奔跑，想象着自己在参加比赛。抬头望着全欧洲最大的体育场的看台，我有一种奇怪又熟悉的想法。剥开华丽的包装，诺坎普只是座球场，如同你曾踢过球的其他球场一样。过去几十年里，这种想法一定也安慰了很多在诺坎普球场上演首秀的新人。

站在球场中圈附近，很容易就会忘记有人在看台上观看比赛。但是，当我沿着边路带球的时候，我还是不经意间注意到了那些游客，他们就在那里盯着我看。在球场边路，球员离观众的距离要比离球门更近。我甚至可以看清他们每个人的脸。那一刻，我能够深刻感受到球员和看台上的观众的密切联系。

我对着空门射了几脚，每次足球入网时，游客就会发出嘲讽般的欢呼声，天知道他们当时是怎么想的。

当我准备主罚角球的时候，我抬头看着球门，整座球场映入我的眼帘。这是剧场中的戏剧性的一刻：就在这一刻，我感觉整场比赛都在我的掌控之中，自己是一名正在为观众表演的演员。后来，巴萨的一位心理学家告诉我，顶级球员要排除这种感觉所带来的干扰。在比赛中，他们应当听到的是队友的大声叮嘱，而不是球迷的欢呼声。

我撰写本书的最后一个动力源于 2019 年对巴萨的一次访问。当时，我正为给《金融时报》写的一篇文章收集材料。碰巧，在我抵达巴萨的当天，俱乐部正要颁发体育新闻写作奖。巴萨官员坚持让我参加颁奖典礼和随后的午宴。那天，我在诺坎普球场角落的桌子旁坐了好几个小时，一边喝着葡萄酒，一边和时任巴萨主席何塞普·马里亚·巴托梅乌（Josep Maria Bartomeu）以及董事们（实际上更像是主席的顾问）交谈着。那天，我发现巴萨把我看作俱乐部的“校友”。巴萨媒体部门愉快地安排我采访了巴托梅乌、时任主教练埃内斯托·巴尔韦德（Ernesto Valerde），以及巴萨的员工们，包括医生、数据分析师和品牌经理。

在撰写足球类专著的过程中，接触足球俱乐部的员工是最困难的事情。开始写这本书时，我同时向一个低级别联赛的足球俱乐部发出了采访青年队教练的请求，但一直没有得到答复。随后几周，我都一直设法通过电话和电子邮件的方式和他们取得联系，但最终他们拒绝了我的请求。现在，大多数俱乐部只会为记者提供新闻发布会的席位，让他们听听俱乐部经理的自说自话和非正式的新闻简报，以及让记者们和缄口不言的球员每隔几个月进行一次 15 分钟的面对面访谈。

虽然我此前已经在报纸上发表文章，表达过我对于巴萨的种种观点，但我想说得更多。我想了解克鲁伊夫和梅西，把他们当作普通人，而不是神。我想了解巴萨，把俱乐部当作工作场所，而不是一个梦幻剧场。这个俱乐部是由一些会犯错的普通人创造的，他们每天都会上班，彼此间偶尔也会争吵，在尝试一些事情时也会犯错，他们创造了具有加泰罗尼亚风格和国际化的东西，这些东西有的很完美，有的有缺陷，但都是时代的产物并能流传下去。我想知道，每天巴萨的办公室生活都是什么样的？是谁在运营俱乐部？他们对球员的影响力如何？巴萨是如何管理天才球员的？球员每天都是如何生活的？他们应该吃什么？任何人都能说服他们吃那些应该吃的健康食物吗？

我询问我在巴萨的联系人，问他们是否愿意为这本书向我提供方便。事实证明，他们愿意。巴萨员工从未对我的写作设置障碍，在完成这本书的过程中，我和他们之间也没有任何利益交换。

从2019年春天到2020年9月，我一直定期去巴萨进行调查研究。那时，我操着一口蹩脚的西班牙语，居住在巴塞罗那租的房间里，并学会了在下午3点吃午饭。我在《金融时报》的日常工作是为社会政治专栏撰写文章。以前，我一直担心，与政治相比，足球是比较低级的主题。现在，我不会再有这种想法了。

我喜欢巴黎的生活，但是如果家人同意，我真想立刻搬到巴塞罗那。在巴塞罗那波恩区、恩典区、蒂比达博山下坡的中产阶级街区，以及附近的海滨小镇，如加瓦玛或锡切斯，"欧洲梦"得到了充分诠释，那里将美食、美景、好天气、财富、可控的节奏、友谊、山脉和海洋完美地融合在了一起。

每次访问前，我都会给巴萨新闻官发送采访需求列表。对他们而言，安排记者采访一线队的球员是最困难的。有时，球员经纪人、媒体代表或球员身边的人都会阻碍俱乐部与球员的直接联系，这让俱乐部在联系球员时变得十分困难。虽然我采访过三位巴萨主席（其中一人刚从监狱释放）和中场球员弗兰基·德容（Frenkie de Jong），但让我获取更多信息的是与俱乐部中层员工的谈话，这些员工包括营养师、视频分析师、社交媒体专家等。他们中的很多人，无论是在训练青年队、组建新的职业女子足球队，还是在偏远城市管理俱乐部事务，都对有机会介绍自己为之奋斗一生的事业而感到高兴。尽管俱乐部不会允许我引用大多数员工的姓名，但我还是要说明：虽然这本书出自我的笔下，但其中很多素材都是他们提供给我的。总之，尽管我能接触到很多球员，但我接触到的更多的是那些日常管理俱乐部的人。

我一直尝试从全球视野了解这个位于加泰罗尼亚的工作场所。俱乐部为何坐落在巴塞罗那？巴萨如何在30年里从一家加泰罗尼亚地区的俱乐部发展成一家享誉欧洲乃至世界的俱乐部？俱乐部在发展过程中有何得失？巴萨如何创建了历史上最好的球队和青训营，后来为什么衰败了？克鲁伊夫的足球风格为什么如今在曼彻斯特和慕尼黑得以延续，而不是在巴塞罗那？

我发现巴萨创新中心也提出了同样的问题。该中心创建于 2017 年，是俱乐部的内部智囊机构，它的工作是重新构思职业足球的发展之路。中心的员工会研究与比赛有关的一切，从如何将虚拟现实技术应用到足球领域，到甜菜根汁对运动员体能的影响。他们向我承认，他们并不知道巴萨是如何运转的，但他们至少知道需要提出什么问题。巴萨内部急切地想知道如何才能重塑辉煌，因为在辉煌时期，俱乐部的良好运转被认为是理所当然的。这让我的探索变得更加有趣，我十分渴望得到答案。

好几个采访都在新冠疫情暴发前结束了。何塞·穆里尼奥（José Mourinho）本人就是巴萨的“校友”，有一次，他嘲讽道：“巴萨会把你带入一个陷阱，让你以为他们都是来自完美世界里的可爱、善良、友好的人。”实际上，在巴萨笑容可以掩饰一切。但是（希望我的想法并不幼稚），我的经验是这里的人们实际上都很可爱，或者说很友好。30 年来，他们一直待我很好。我在足球领域的经验是，如果他们对记者都这么友善的话，他们对其他人也会十分友好。

在巴塞罗那，足球和美食一直息息相关。巴萨人会通过摆放酒杯和糖盒来分析球队的排兵布阵。阿尔伯特·卡佩拉斯（Albert Capellas）曾任巴萨拉玛西亚青训营（简称拉玛西亚）的协调员，他目前是丹麦 U21 国家足球队主教练。有一天，我和他共进午餐，我们吃了海鲜饭，喝的是里奥哈白葡萄酒，这顿午餐足足花了 4 小时。他用一个胡椒瓶、一个盐瓶和一个橄榄油瓶构建了中场阵型，还向我传授了制作加泰罗尼亚经典美食番茄面包的方法。除了教我如何做美食，卡佩拉斯还是我最好的写作素材提供人。

我发现，世界上许多优秀的作家和纪录片导演都在我之前研究过巴萨。2020 年春季和秋季，在巴黎因疫情封城期间，我花了很多时间去欣赏他们的作品。

任何人都容易被机构光彩照人的外在所迷惑，但我一直努力保持冷静。这本书并非出自巴萨官方。我对巴萨的看法是：总的来说，它是令人钦佩的，但也有一些值得批判的地方；一直以来，它总是让人充满好奇，而且我希望这并不是我的错觉。

本书的大部分内容是关于巴萨作为一个普通的工作场所的，而另一部分内容则是关于介绍巴萨的天才球员，包括克鲁伊夫、梅西以及俱乐部中连续解雇了 4 个私人厨师的年轻边锋。正是这种平凡与卓越的叠加塑造了当今的巴萨。

目 录

Barça

第一部分

地区骄傲的捍卫者

第 1 章

是谁塑造了巴萨

巴萨不仅仅是一家俱乐部，它是渗入我们骨髓的灵魂，我们最为挚爱的颜色。

——纳西斯·德·卡雷拉斯
巴萨前主席

多年来，我每次探访巴萨都会花上好几天的时间，自然地，诺坎普球场便成了我的工作场所。我习惯在巨大而空旷的混凝土建筑物中漫步，在球场附近的塔帕斯酒吧或在 11 号大门后面的俱乐部办公室里与某人会面。有一天，就在巴萨博物馆正对面，我发现了巴萨的灵魂——滑冰场咖啡馆。这家咖啡馆里面摆着廉价的木制桌子，巴萨的员工们经常在这里聚会，隔壁是巴萨会员专用的会所，老人们可以在这里玩牌，里面张贴着一张宣传圣诞节的海报。

巴萨之家[①]中有 4 个交错重叠的阶层：董事、会员[②]、员工和球员。令人

① 原书书用“Can Barça”一词，在加泰罗尼亚语中，can 是房子的意思，故在此处翻译为巴萨之家。——译者注

② 缴纳会费的俱乐部会员。巴萨约有 15 万名会员，绝大多数会员居住在加泰罗尼亚，他们被认为是俱乐部的拥有者。

吃惊的是，在如此大的一家俱乐部中，这些阶层基本都是由本地人构成的，很多巴萨人在童年时期就认识彼此了。巴萨前主席桑德罗・罗塞尔（Sandro Rosell），前任主教练瓜迪奥拉，以及前球员卡莱斯・普约尔和安德烈斯・伊涅斯塔以前都是诺坎普球场的球童。在这些巴萨人中，有的人希望一辈子都能围着俱乐部转，认为俱乐部是由他们经营管理的，也是为了他们而存在的。

由此，很多事情就都变得容易理解了。首先，巴萨内部人员之间的"私人关系"非常亲密，常常相互伴随一生。其次，巴萨人善于做长远打算。滑冰场咖啡馆的员工更关注巴萨 U13 球队中球员的表现，因为员工们希望将来这些小球员长大能进入一线队踢球，还能在比赛中看到他们。

总的来讲，巴萨与英国足球俱乐部在构成形式方面截然不同，英国足球俱乐部是由高薪聘请的临时高管管理的有限公司，而巴萨是一家由当地人自愿组建的纯粹的足球俱乐部，是一头"加泰罗尼亚野兽"。加泰罗尼亚地区拥有强大的工会、合作社和皇家汽车俱乐部。皇家汽车俱乐部是西班牙最大的汽车俱乐部，拥有大约 100 万名会员。由于西班牙政府一直以来对该地区的影响力较弱，当地人很早便学会了自发把人们组织起来。

董事，为巴萨注入加泰罗尼亚的灵魂

巴萨的管理阶层，也就是董事，来自加泰罗尼亚的商人阶级，或者说中产阶级。数百年来，巴塞罗那拥有地中海地区运转最为良好的经济体，商人则是其主要受益者，他们祖祖辈辈经营着出口生意。加泰罗尼亚的中产阶级一直认为西班牙是原始、野蛮的，而加泰罗尼亚更国际化、现代化、欧洲化。

在加泰罗尼亚地区，中产阶级成了统治阶层。除了当地政府外，加泰罗尼亚社会的最高权力机构可能是巴萨董事会。巴萨显然不是由工人阶级领导的，自从 1899 年以来，商人们就开始经营这家俱乐部了。当年，瑞士移民会计师汉斯・甘珀（Hans Gamper）在当地体育报纸上刊登了一则 63 个字的广告，邀请志同道合的人共同组建一支足球队。

1899 年，甘珀创建了巴萨，当时正值巴塞罗那“关闭收银机”（tancament de caixes）运动期间，加泰罗尼亚地区成百上千的企业用停工停产的方式抗议西班牙政府的税收政策。西班牙政府用宣战回应加泰罗尼亚地区的抗议活动，实际上并没有派出任何军队。甘珀也入乡随俗，将自己的名字改为更具加泰罗尼亚地区风格的胡安・甘珀（Joan Gamper）。

加泰罗尼亚人没有经历过两次世界大战。他们在 20 世纪经历的最大灾难是 1936—1939 年发生的西班牙内战，以及内战获胜者——法西斯独裁政权领袖弗朗西斯科・佛朗哥（Francisco Franco）在战后进行的大规模报复行为。据历史学家保罗・普雷斯顿（Paul Preston）估算，佛朗哥独裁政府施加的“白色恐怖”残害了大约 20 万名西班牙人，受害者之一就是当年 38 岁的巴萨前主席约瑟普・苏诺尔（Josep Sunyol）。1936 年的一天，他乘车去视察驻扎在马德里附近的西班牙共和军，他的司机无意中穿过了前线进入了国民军的领地。在军队检查点被拦停后，苏诺尔和他的两个随从无辜地喊出了标准问候语“共和国万岁！”，他们根本没有意识到拦停他们的士兵并不是共和军，而是法西斯分子。苏诺尔还没被人认出来就从脑后被射杀了。在被遗忘多年后，他终于在 20 世纪 90 年代以“烈士主席”的身份被写进了“巴萨神话”中。

据普雷斯顿回忆，1939 年 1 月，当佛朗哥的军队逼近巴塞罗那时，几十万巴塞罗那人正逃向法国，大部分人只得以徒步的方式。妇女被迫在路边生孩子。婴儿死于严寒，很多儿童不幸被踩踏致死。很多家庭都被拆散了，很多流亡者再也没能回家。

法西斯主义者占领巴塞罗那后，在波布雷诺地区的德拉博塔集中营（Camp de la Bota）实施了露天屠杀。随后几十年，在城市里共发现了 54 个集体坟墓，挖掘出了约 4 000 具尸体。在那个时期，佛朗哥政府禁止民众使用加泰罗尼亚语，各种标语提醒大家都要说西班牙语。的确，在法西斯主义者刚刚统治加泰罗尼亚期间，加泰罗尼亚好像是被占领的敌国领土。

佛朗哥统治时期，他是欧洲最令人恐惧的独裁者，虽然后期他的统治政策变得温和，他残害民众的行为，在他的有生之年西班牙几乎无人提起，但在佛朗哥去世后的几十年内，这段历史足以让每个加泰罗尼亚人默哀。

当地作家曼努埃尔·巴斯克斯·蒙塔尔万（Manuel Vázquez Montalbán）曾在佛朗哥统治期间遭受过牢狱之灾，他说："巴萨受迫害的程度可以排在第四位，前三位是共产主义者、无政府主义者和分裂主义者。"使用"迫害"一词可能太严重了，但是法西斯主义者一直密切监视着巴萨的一举一动。1940 年，他们强迫巴萨用西班牙语的"Club de Fútbol"代替俱乐部名称中的英文"Football Club"。在那段时期的最初几年，巴萨主席是由佛朗哥政府选举产生的，但随着时间的推移，巴萨和佛朗哥政府开始互相妥协。到了 1949 年，佛朗哥政府甚至允许巴萨恢复俱乐部队徽上的加泰罗尼亚地区旗帜。

在佛朗哥独裁统治期间，巴塞罗那的商人们把更多的精力转向西班牙国内，专注于他们的家庭、生意和足球俱乐部。直到佛朗哥政府的影响力减弱后，他们中的一些人才敢反抗佛朗哥的意愿。当佛朗哥在 1975 年逝世时，当地人几乎喝干了巴塞罗那的大部分卡瓦（西班牙起泡酒）。佛朗哥刚被下葬，当地人就立刻加入了"反佛朗哥抵抗运动"。很多加泰罗尼亚人相信了历史上的荒诞说法：加泰罗尼亚地区一直反对佛朗哥政权，马德里则一直支持佛朗哥政权。

事实并非那么简单。实际上，马德里和巴塞罗那一样，也曾在西班牙内战期间抵抗过佛朗哥的军队，而革命的共产党人还曾短暂经营过皇家马德里足球俱乐部（简称皇马）。即使佛朗哥政府在马德里和巴塞罗那杀害了数千人，但每个城市中仍然拥有一定数量的佛朗哥政府的支持者。西班牙内战并不是加泰罗尼亚地区和西班牙政府之间的战争，但是现代的加泰罗尼亚民族主义者却一直这么描述当年的内战。

加泰罗尼亚地区和马德里的对立造就了“西班牙国家德比”[①]，也就是巴萨和皇马之间的比赛。如果比赛在诺坎普球场举行，巴萨球迷就会提前到附近的墓地为已故的亲人、朋友和球员扫墓，以求得到好运。对巴萨球迷来说，皇马就是他们的“死对头”。经营巴萨之家的人持有较为温和的观点：巴萨人把皇马当作自己的孪生兄弟，两大豪门俱乐部的董事们相处融洽，双方在赛前的宴会上经常会拥抱致意。可以说，两队的关系夹杂着合作和嫉妒，巴萨经常臆想它的孪生兄弟得到了不公平的额外关照，而皇马则质疑巴萨被过度赞扬了。

然而，俱乐部对球迷来说意味着一切，特别是在和皇马对抗的比赛中，巴萨成为蒙塔尔万口中的“加泰罗尼亚手无寸铁的军队”，却誓与马德里斗争到底。20 世纪的大部分时间里，加泰罗尼亚人的主要发泄途径就是每周日前往诺坎普球场为巴萨助威。加泰罗尼亚地区塑造了一支“单一民族的俱乐部”。加泰罗尼亚人对巴萨倾注了大量的情感和财富，让这座曾经在经济上苦苦挣扎的欧洲中等二线城市拥有世界上收入最高的体育俱乐部之一[②]。

巴萨的座右铭“不仅仅是一家俱乐部”（més que un club）也不只是一句沾沾自喜的营销口号。佛朗哥独裁统治期间，巴萨前主席纳西斯·德·卡雷拉斯（Narcís de Carreras）在 1968 年 1 月就曾经说过类似的话：“巴萨不仅仅是一家俱乐部，它是深入我们骨髓的灵魂，我们最为挚爱的颜色。”在佛朗哥的独裁统治下，卡雷拉斯无法表达得更具体，但是他用西班牙语所表述的内容

① 巴萨和皇马的比赛是西班牙最重要的足球比赛。自 1974 年 2 月克鲁伊夫率领巴萨在伯纳乌球场 5 ∶ 0 大胜皇马起，它们的比赛被称为“西班牙国家德比”。西班牙国家德比展现了几个世纪以来，加泰罗尼亚与马德里的紧张关系。——编者注

② 2017—2018 赛季结束后，巴萨年收入达到了 10.19 亿美元（约合 73 亿元人民币），由此成为史上全球第一家年收入突破 10 亿美元大关的体育俱乐部。——编者注

是加泰罗尼亚民族主义的灵魂。

几十年来，“不仅仅是一家俱乐部”的意义被不断延伸。现在，它还象征着“克鲁伊夫式”的足球，代表着本土球员，代表着尊严和价值观。巴萨基金会就是俱乐部座右铭的绝佳体现。2006 年，时任巴萨主席胡安·拉波尔塔（Joan Laporta）将联合国儿童基金会的英文简称 UNICEF，而不是将赞助商的名字印在巴萨队服上，这个决定对俱乐部的座右铭进行了更加深入地诠释。拉波尔塔将“不仅仅是一家俱乐部”归纳为“克鲁伊夫、加泰罗尼亚、拉玛西亚、联合国儿童基金会”。

巴萨一直在变，但不变的是中产阶级一直控制着俱乐部。今天，统治俱乐部的商人都是“终生的加泰罗尼亚人”。当我询问巴萨的一位资深前董事如何定义他所属的阶级，也就是中产阶级时，他的第一反应是：“至少两代都是加泰罗尼亚人。”有的中产阶级的家庭成员是巴塞罗那皇家网球俱乐部（Reial Club de Tennis Barcelona）的会员，经常在比利牛斯山脉的色丹尼亚地区度假，在利塞乌大剧院听歌剧，在球场正面看台的“主席台”上观看巴萨的比赛。诺坎普球场最豪华的座位上坐着的是巴萨董事的家人和当地的名人们，而皇马的伯纳乌球场最豪华的座位上坐着的则是政府部门领导、公司巨头和法官们。

中产阶级并不都是非富即贵、穿金戴银的，他们当中也包括建筑师和大学教授，他们朴素的衣装配着清淡的颜色，显得很高级且富有，但不是在炫富。他们中的大多数人居住在历史悠久的，甚至是由高迪建造的豪华庄园里，这些庄园一般都是他们的祖父母留下的遗产。通常，他们会在加泰罗尼亚地区乡下的第二套房子里度过夏天。他们具有国际化视野，会把孩子送到英语、法语或者德语学校就读，以后还会把孩子送到国际知名的商学院学习。因此，外国学校的教育在这里的声望很高。在效力巴萨期间，梅西每天早晨都会驱车将孩子送到当地的私立学校。

巴萨董事会的官方语言是加泰罗尼亚语。这是一个阶级的标志，巴塞罗那的工人阶级大多在家里说西班牙语。历史上，巴塞罗那的工人阶级都是从西班牙的贫困地区，例如安达卢西亚地区迁移过来的，他们中的一些人原本有支持皇马的倾向。移居者来到巴塞罗那后，可以通过在学校学习加泰罗尼亚语、食用番茄面包和支持巴萨来帮助自己融入当地社会，尽管如此，他们中从未有人进入过巴萨董事会。

巴塞罗那中产阶级的典型实例就是巴萨中后卫杰拉德・皮克的家庭。皮克的祖父曾经是巴萨的董事，母亲是一位神经科学家，他的父亲经常戴着围巾，总是一副温文尔雅的样子，用英语介绍自己是“一名小说家”。皮克的父亲自称是小说家，同时他还经营着一家出口建筑材料的家族公司。

皮克是天生的商人，他购买了网球戴维斯杯的经营权，和马克・扎克伯格（Mark Zuckerberg）是好友。2015 年，在美国旧金山举行的一次晚宴上，他成功说服了生意伙伴，被称为“日本亚马逊”的乐天株式会社的创始人三木谷浩史，出资成为巴萨的主要赞助商。有时，皮克给人的感觉是，足球其实只是他的副业。他一出生就是巴萨会员，他的儿子米兰也在出生后注册了俱乐部会员。皮克经常在晚上给米兰唱巴萨队歌。尽管随着米兰慢慢长大，他更喜欢米老鼠的歌曲。皮克一直被奉为未来的俱乐部主席人选，的确，他具备这种领袖“基因”。

要想成为巴萨董事，钱是必不可少的。巴萨董事会的职位是无薪的，而且一般情况下，巴萨董事不得不暂时放下自己在家族企业中的工作来完成巴萨董事的工作，并且还要备好一份价值数百万欧元的个人担保，以防俱乐部亏损这一潜在损失。从 2022 年春季开始，一项正在制定中的西班牙法律规定，董事不必再为俱乐部提供担保，但是在那以前，如果巴萨在一届董事会任职期间损失了 1 亿欧元，那么 15 名董事将平均每人损失近 700 万欧元。有时，富有的董事将为处于财务困境的其他董事朋友主动提供 4 000 万欧元的担保。毫不夸张地讲，如果巴萨遇到了财务危机，俱乐部的董事很可能会赔得倾家荡产。好几名董事对我开玩笑说，他们的妻子会因为他们加入了巴萨董事会而大发雷霆。值得一提的是，绝大多数董事会成员是男性。

巴萨董事经常来自几个相互熟识的家庭，他们是多年的好友。巴塞罗那的市区人口超过 500 万，但在中产阶级聚集的市中心，人口只有 160 万。本地人在描述巴萨或他们的城市时，经常会使用“endogámic”这个词，大概是“近亲结合”的意思。2020 年，我采访了巴萨副主席霍尔迪·卡多内尔（Jordi Cardoner），发现他原来是尼古拉·卡索斯的孙子，卡索斯就是曾在 1992 年抽着雪茄接受我采访的那位巴萨第一副主席。卡多内尔在出生那天就注册了俱乐部会员，他还是巴萨前主席巴托梅乌的校友。此外，卡多内尔的姐姐成为俱乐部董事会成员的时间比他还早。

每当巴萨在马德里战胜皇马后，所有人都会在董事大巴上高唱俱乐部队歌，大家的关系会在此时变得更加紧密。但是，良好的个人关系并不能阻止董事会内部的明争暗斗。弗洛伦蒂诺·佩雷斯（Florentino Pérez）控制的皇马像一个独裁政府，曼彻斯特联足球俱乐部（简称曼联）像一个公司，曼彻斯特城足球俱乐部（简称曼城）像一个家庭办公室，巴萨则像是一个民选的寡头政治集团。

巴萨在全世界所有大型足球俱乐部中是唯一的民主制俱乐部，巴萨人对此感到非常自豪，私底下，巴萨人对英国的足球俱乐部把自己出售给外国人的行为持有一种傲慢和轻蔑的态度。但是，每 6 年一次的巴萨主席大选造成了俱乐部内部的不稳定。首先，前任董事们带着多年积累的经验和知识离开了俱乐部，而新任主席则带着一帮“新手”来到了俱乐部。在由 12 ～ 15 人组成的执行委员会，也就是俱乐部的顶级日常决策机构中，就只剩下几名“老手”。设想一下，如果“新手们”和皇马或者曼城的行家里手们进行谈判，结果通常都不会很理想。除此以外，很多董事会成员还渴望有一天能够成为俱乐部主席，这让事情变得更加复杂。按照传统，在这个全球性的俱乐部里，一旦出现争论，就会成为当地电台的午夜体育广播或者中产阶级一直会读的当地报纸的谈资。在俱乐部总部办公室徘徊时，你会看到办公桌上摆满了西班牙《世界体育报》（*Mundo Deportivo*）或加泰罗尼亚语版的《先锋报》（*La Vanguardia*）。有时，俱乐部为了讨好媒体，会订阅大量报纸，或者邀请新闻记者参加舒适的国外旅行（利益声明：除了几杯咖啡之外，我从巴萨收到的礼物只有两件印有我名字的巴萨队服。此外，我还向联合国儿童基金会捐赠了和队服等价的金额）。不止一位俱乐部前主席为了讨好媒体而向报社支付秘密报酬，以换取更友好的报道。1978—2000 年，在何塞普·路易斯·努涅斯（Josep Lluís Núñez）担任俱乐部主席期间，拒不接受拉拢的新闻记者据称受到了警告，甚至是暴打。

巴萨的讨好也不总是奏效。从巴萨员工到当地媒体的老朋友，这些人所走漏的消息经常让俱乐部乱成一锅粥。有时，当地媒体记者比球队主教练还清楚将要发生的事情。当我问罗塞尔他是否为担任俱乐部主席而感到幸福时，他回答：“很多人想成为巴萨主席，为了让你下台，他们会想方设法地诋毁你。所以，当民众每天早晨起床后看到又出现了轰动事件，那通常都是假新闻。”

后佛朗哥统治时期的所有巴萨主席都被媒体批评过，尽管巴萨在他们的任期内发展成为世界顶级足球俱乐部。对生活在巴塞罗那的当地商人来说，巴萨主席这个工作真的太难做了。加泰罗尼亚人经常以轻蔑的态度去谈论巴萨主席，这和英国人在谈论他们首相时的态度是一样的。

到曼城工作前曾担任巴萨首席执行官的费伦·索里亚诺（Ferran Soriano）表示，巴萨的董事和球员们每天都会阅读当地报纸上所有体育版面的新闻。索里亚诺说道：“他们的名字是否出现在第 7 页的角落里，他们是被赞扬了还是被批评了，他们被提到的次数是否比其他人多……这些都非常重要，可以影响他们一天的心情。”

1986 年，巴萨时任主教练特里·维纳布尔斯（Terry Venables）将英格兰前锋加里·莱因克尔（Gary Lineker）带到了巴萨。莱因克尔曾对我说："只有两家报纸有体育新闻版块，但是每天你都得细细品读报纸上那三四十页的新闻。我记得有一条很短的新闻，标题是《维纳布尔斯腹泻了》。"当他们说巴萨"不仅仅是一家俱乐部"时，这表明它不仅是一家庞大的足球俱乐部，偶尔还是一家疯狂的足球俱乐部。巴萨的内部笑话称，来自克鲁伊夫所说的外部环境（entorno）① 的压力让每个巴萨主教练都有点疯狂。

在巴萨，外部环境几乎成为所有体育运动队的负担。巴萨的手球教练哈维·帕斯夸尔（Xavi Pascual）抱怨道："有些人向球队施加了压力，却认为自己不是在施压，而是在提供帮助。"我问道："但手球队的压力比足球队小吧？"他答道："预算也少啊。"

巴萨董事知道，无论他们一辈子在生意场上挣了多少钱，他们的名声也可能在担任巴萨董事这让人紧张的几年中毁于一旦。董事们生活在日常压力之下，这些压力不仅来自现场观众、报纸和电台节目，还来自他们的孩子、生意伙伴，甚至为他们提供清晨咖啡的服务员。董事们可以花费 1 亿欧元购买某名球员，然后每周坐在球场的主席台上，一边咬着指甲，一边焦虑地观看这名球员的拙劣表现，然后资深的专家们和球迷们还会用嘲讽的语气对董事们说："早就告诉过你了。"有位董事曾对我说："当球队赢球时，那是球员的功劳。当球队输球时，董事会就得背黑锅。"

焦虑的董事们对俱乐部管理工作的干预程度往往是无法预测的。例如，如果球员经纪人向俱乐部体育总监提出要签订一份新合同，而体育总监拒绝了，

① 字面意思是"四周的事物"或"环境"。克鲁伊夫做了略微改动，用这个词指代巴萨特殊的外部环境：包括俱乐部会员，在俱乐部主席家门口闹事的极端球迷，以报道俱乐部新闻为生的记者，过度干涉足球事务的当地政治家、赞助商，现任董事，试图重返俱乐部的前任董事和员工，以及图谋夺回董事会控制权的反对派。

那么经纪人可能会去找俱乐部主席试试运气。当董事们感到个人名誉受损时，会促使他们将规则放宽。例如，2013 年，购买内马尔时未予说明的转会费；2014 年，因非法签约国外未成年球员而受到国际足联（FIFA）的处罚；2020 年，巴萨董事会向乌拉圭公关公司 i3 Ventures（简称 i3 公司）支付秘密款项，同时还在社交媒体上攻击俱乐部主席的反对者，反对者中还包括俱乐部球员。当时巴萨辩解称，i3 公司所做的事情只是在监测社交媒体。

会员，巴萨内部最大的阶层

巴萨内部最大的阶层其实是 15 万名俱乐部会员。他们当中大约有半数人拥有球队季票。在电视转播权出现之前的年代，正是他们缴纳的会费让巴萨成为欧洲最富有的俱乐部之一。在 20 世纪 70 年代后期，俱乐部超过 60% 的收入来自季票销售。到了 2020 年，这个比例下降到了 5%。但巴萨会员对此毫不在意，他们一直将自己看作俱乐部的“拥有者”。

巴萨的董事是由俱乐部的会员们选举出来的，尽管会员们选择的范围仅限于城市上层阶级的参选人。像董事一样，大多数会员都是保守的加泰罗尼亚地区本地人。令人惊奇的是，虽然官方的球迷俱乐部遍布世界各地，从美国的洛杉矶到中国的上海，但是其中有 92% 的会员居住在加泰罗尼亚地区，60% 的会员居住在巴塞罗那的市中心，10% 的会员居住在诺坎普球场附近的中产阶级街区勒哥尔特区。

巴萨的地方狭隘主义是经过“深思熟虑”的。当罗塞尔担任巴萨主席时，他叫停了俱乐部的全球化推广方案，以免会员人数达到 100 万人，他担心有一天大量的他国会员可能会选出一个来自别的国家的巴萨主席。在加泰罗尼亚地区，来自拉丁美洲、北非或巴基斯坦的移民也很难成为巴萨会员，即使他们已经在巴塞罗那住了几十年也不可以。在这个新兴的国际化都市中，尽管 26% 的居民出生在海外，但巴萨仍然被当地人视为属于加泰罗尼亚人自己的球队，对俱乐部的任何事都倍加关心。

成为巴萨会员属于家庭事务。罗塞尔说："有一种错误的观点，人们认为是15万名会员选举出了俱乐部主席，但情况并非如此，这是2万个家庭参加的选举结果。"他解释说，在经过几代人一起参加的加泰罗尼亚传统周日午宴上的讨论之后，一大家子人总能团结一致地支持一位候选人，投出他们的选票。

很多会员从已故的父母或祖父母那里继承了特定的、宝贵的巴萨会员资格。如果会员在遗嘱中没有分配他的会员资格，那么他的孩子们甚至可能会通过打官司的方式争夺会员资格。当你成为会员后，你的会员编号号码每年都会随着资历的增长而变小，任期最长的会员或他们的继承人的会员编号是1。会员编号数字越小，代表会员的资历越深。

虽然会员们如此深爱着俱乐部，但几乎没有会员能够坚持观看球队每分钟的比赛。有的会员经常在比赛开场20分钟后才来到球场，只是为了确认一下球队仍旧以正确的方式进行比赛，他们安静地观看比赛，然后还会提前离场。他们经常会错过比赛，特别是在工作日的前夜。他们经常在网上把自己的球场座位租给外国游客。有的会员甚至不喜欢足球，他们只是喜欢巴萨。不仅如此，据统计，还有几千名会员几乎从不出现在比赛现场，只有"西班牙国家德比"时，他们才会来到现场，和世界各地的球迷一样喧闹而紧张地观看比赛。然而，成为巴萨会员，或者巴萨球迷（西班牙语为"culé"，字面意思为"屁股"[①]）是他们生活的一部分，仅在加泰罗尼亚地区就有约550个巴萨球迷俱乐部，这些球迷俱乐部是大多数本地人社交生活的中心。

我有个来自荷兰的朋友经常去比利牛斯山下的村庄度假，据他讲，这里全

① 这个外号可以追溯到20世纪巴萨的老旧体育场时期，那时球场外街上的路人可以看到探出球场围墙外的球迷的屁股。

村都是巴萨的疯狂拥趸。有一次，他去村庄度假时，正好赶上巴萨参加欧冠决赛，半数村民一整天都穿着巴萨队服。但是当比赛在晚上开始时，他和妻子却是唯一准时坐在村庄大屏幕前观看比赛的人。在比赛开始几分钟后，当地人才陆续来到了屏幕前。他们在比赛的大部分时间里也没有专注于看球，而是闲聊和抽烟，或者在户外烹饪，为比赛后的庆祝宴会做准备。当巴萨取胜后，村民们是非常开心的，他们在赛后一起高唱巴萨队歌。对他们来说，巴萨这家俱乐部就像是社区的一部分，很重要，而真正的足球比赛踢得如何却并不那么受人关注。

巴萨会员的代表是俱乐部议会的成员，所以会员们的愿望经常"束缚"着董事们。俱乐部议会往往对令人兴奋的新商业计划持怀疑态度，对于俱乐部的利润，巴萨会员看得很淡，他们优先考虑的是便宜的季票。巴萨的目标是拥有顶级足球俱乐部中最便宜的票价。2017—2018 赛季，诺坎普球场最便宜的季票是 87.78 英镑[①]，阿森纳足球俱乐部（简称阿森纳）最便宜的季票是这个价格的 10 倍之多。到 2020 年，巴萨已经连续 10 年没有调整季票实际价格，不做增长，这就可以解释到了 2022 年春天，俱乐部为何会产生惊人的超过 1 亿英镑的负债总额。

普通员工，"高科技的现代化"

巴萨内部的第三阶层是俱乐部中参与日常各项工作的普通员工们。2003 年，在"梅西时代"开始前，巴萨拥有大约 150 名普通员工，他们差不多都互相认识。但是，到了 2019 年，当巴萨成为国际企业时，俱乐部的收入飙升了 6 倍，达到了 8.41 亿欧元。在新冠疫情肆虐导致足球比赛暂停的 2020 年，巴萨拥有大约 500 名全日制员工，还有几乎同样数量的临时工，包括赛事组织人员、安保人员等。俱乐部在人员方面变得异常臃肿，比皇马的员工还要多

① 1 英镑≈ 9.2 元人民币。——编者注

上大约 1/3。在巴萨管理层看来，雇用一名新人总比解雇一名终身员工要好。

每当新的商业集团接手董事会时，就会任命新的管理人员，但是这些管理人员总是来自相同的本地人才库。巴萨董事们就读于巴塞罗那最负盛名的大学，他们在那里结识的同学后来成为当地的心理学家、数据分析师和品牌经理，俱乐部会聘请他们担任高管。他们做得不错的方面，就是创造了一个地方知识经济和俱乐部的融合体，这样的方式在英国的足球俱乐部中很少见。

但是，巴萨董事经常会任命他们的好兄弟作为管理人员，而不是工作能力更强的候选人。有位巴萨前主席对我说，他聘用了能力一般的老友，因为他很担心这位老友。有位当地的广告媒体从业人员是巴萨会员，他表示巴萨管理人员的能力非常一般，所以他不会为巴萨工作，以免破坏他个人的职业声誉。他还告诉我，选择在巴萨工作就像选择了一个只会走下坡路的职业。

巴萨的员工中包括资深的终身员工，他们中有的人是俱乐部会员。巴萨的一名前员工对我说，终身员工是看不见的权力经纪人，他们才是真正经营巴萨的人，如同电视剧《是，大臣》（*Yes, Prime Minister*）① 中的高级公务员。他们创建了拥有内部传统知识的牧师阶层，如同利物浦足球俱乐部（简称利物浦）现已被拆除的“靴室”（Boot Room）② 中的老教练。终身员工甚至已经熟悉了迷宫般的诺坎普球场，这是需要花上 10 年时间才能完成的任务。他们中的大多数都是加泰罗尼亚人，将在自己的岗位上奋斗一生。当然，他们也知道，其他豪门俱乐部是不会雇用他们的。

只有在巴萨员工“金字塔”的顶端才能发现一些外国人。从足球的角度看，

① 美国政治题材情景喜剧，该剧以喜剧方式讲述了行政大臣在白厅内与部门内事务官斗争、合作的故事。——编者注

② “靴室”早期为利物浦更衣室隔壁存放球员球鞋的小房间，20 世纪 60 年代，利物浦传奇教练比尔 • 香克利（Bill Shankly）喜欢在赛后把教练组成员召集在靴室里边喝茶边讨论球队战术，“靴室”由此成名。1998 年，法国教练吉拉德 • 霍利尔（Gérard Hollier）成为利物浦主教练后，中止了“靴室密谈”。——编者注

巴萨在聘请前黑人球员担任俱乐部要职方面有着不错的经历，弗兰克・里杰卡尔德担任过俱乐部主教练，埃里克・阿比达尔（Eric Abidal）担任过体育总监，帕特里克・克鲁伊维特（Patrick Kluivert）担任过拉玛西亚的负责人。

70 多岁的体育思想家帕科・塞鲁尔罗（Paco Seiru・lo）是巴萨文化的具体表现，他可能是俱乐部上下最具影响力的员工，但在诺坎普球场外几乎没有人听说过他。塞鲁尔罗从巴塞罗那手球队起步，执教过 13 岁的瓜迪奥拉，是克鲁伊夫的得力助手。他是巴塞罗那大学的教授，说起话来像巴黎左岸的哲学家。塞鲁尔罗拥有一头浓密的白发，像一个行走的数据库，储存着俱乐部的重要数据。他咯咯地笑着说："我是唯一尚存的人，其他人已经不在了！"当我见到他时，他正担任俱乐部方法论部门的主管，该部门按照巴萨的传统专门负责培训俱乐部的教练。

我用西班牙语采访过塞鲁尔罗和其他员工，其中大多数新生代员工都能说一口流利的英语，这一点在西班牙并不寻常。他们需要掌握英语，来吸收来自世界各地的最佳做法，从而更方便地做生意。他们中的很多人拥有工商管理学硕士学位或博士学位。老员工有时用英文绰号"集群"贬低他们，这个词在和新冠病毒有联系之前的意思是"高科技的现代化"。在诺坎普球场的咖啡馆，年轻的员工们喜欢喝能量饮料，而老员工喜欢吃"bocatas"，这是西班牙工人阶级酒吧中常见的一种法式长棍三明治。

在俱乐部的一些办公室，巴萨看起来像是一家知识型的跨国公司，年轻人带着苹果电脑，为每个月的收入目标而奋斗，但实际上巴萨的大多数办公室内并不是这种场景。巴萨之所以能成为世界顶级的足球俱乐部，并不是"充满才华和动力"的管理部门的功劳。一位俱乐部的前员工和我谈起了他在巴萨的岁月，他说："巴萨根本不像公司，你就像在地方议会上班的员工。"他说俱乐部的员工们大约在上午 10 点上班，喝着咖啡，随意交谈，然后在 11 点左右开始工作。虽然他们的薪水不高，但是在这个城市为巴萨工作可以提高社会地位。这位前员工继续说到，影响俱乐部内部决定的主要考虑因素并不是“这个决定可以为俱乐部带来多少利润”，而是“这个决定会如何影响主席对会员的立场”。

运动员，俱乐部正常运转的齿轮

巴萨之家的最高阶层是各种体育项目的运动员们。他们职业生涯的大部分时间都在城外“壁垒森严”的甘珀训练基地度过，这里距离诺坎普球场有 15 分钟的车程。甘珀训练基地坐落在低洼地，位于工业区和公路之间，因此污染严重，但由于和外界隔绝，这里非常幽静。一天早晨，我在甘珀训练基地的咖啡馆吃早餐，点了一杯咖啡和两个小羊角面包，总共花费 2.2 欧元。同时，我采访了一位俱乐部的心理学家。当时，手球队总经理及其他体育项目的员工和教练正在隔壁餐桌聊天。咖啡馆外，被称为甘珀训练基地“市长”的秃顶老员工正在拥抱同事们，这是他的日常工作。

甘珀训练基地是各种体育项目的教练员和运动员之间进行交流的场所。长期以来，巴萨拥有篮球队、手球队、五人制足球队以及其他非足球领域的球队。这些球队一般都是亏本的，巴萨决策者时常会提出解散某支球队的计划。相反，一位室内体育项目的员工开玩笑说，如果他成为巴萨主席，他会解散足球队。然而，我发现巴萨从不同运动中受益匪浅。克鲁伊夫和瓜迪奥拉都曾让前水球运动员担任自己的得力助手，他们一直从巴萨的其他体育项目中获取灵感。克鲁伊夫经常去滑冰场咖啡馆，和俱乐部所向无敌的手球教练瓦列罗·里维拉（Valero Rivera）喝咖啡。当瓜迪奥拉还是一名年轻球员时，就和手球队一起训练。我渐渐明白了，与其说巴萨是一家足球俱乐部，不如说它是一家参与多个体育项目的俱乐部。

许多球员也是终身员工。塞尔吉奥·布斯克茨（Sergio Buquets）的爸爸卡尔斯·布斯克茨（Carles Busquets）就是克鲁伊夫效力巴萨时球队的门将，虽然他并不值得信赖。一线队的多名球员自从儿时进入拉玛西亚后便一直在巴萨效力，而且他们的孩子也是巴萨的忠实拥趸。30 多岁的皮克有时还会让他的父亲开车送他去参加比赛，约尔迪·阿尔巴（Jordi Alba）也让父亲开车送他去参加训练，好像这个巴萨左后卫还是当年在拉玛西亚“本杰明”队中踢球的 10 岁孩子。阿尔巴抱怨称，皇马中后卫拉斐尔·瓦拉内（Raphaël Varane）在一场西班牙国家德比中曾嘲笑他说：“小鬼，原来你没有驾照啊！”巴萨的大多数足球运动员在精神上一生都是忠于巴萨的，甚至更久，这是非常可能的。当地的巴萨前球员每周比赛时都会在甘珀体育场见面。一些外国球星，例如拉迪斯劳·库巴拉（Ladislao Kubala）[①]、克鲁伊夫和克鲁伊维特也都在退役后选择定居在巴塞罗那。现在，库巴拉长眠在诺坎普球场后面的墓地里。

巴萨足球队的“终身球员”始终和俱乐部及员工们保持着紧密的联系，这有助于解释为什么在 2020 年春天体育赛事暂停期间，巴萨一线队在梅西的带领下同意通过削减自己薪资的方式，保护巴萨员工们的薪水不下调。一位员工说，梅西后来和他开玩笑说：“你还没感谢我呢，是不是？”

然而，一线队球员和俱乐部之间还是有一定的距离感，就像是加入市议会的世界级部门。巴萨更衣室的工作语言是西班牙语，而不是加泰罗尼亚语，甚至没有加泰罗尼亚语语调的重音发音。巴萨董事们常常敦促新签约的球员学习加泰罗尼亚语，但是很少有球员愿意这么做。

这不是一本可以揭示“你和你的公司如何以巴萨的方式取得成功”的商业励志书。我认为，普通公司无法从一家伟大的足球俱乐部这里学到多少东西，因为它们之间有一条不可逾越的鸿沟，即足球运动中天才球员起到的巨大作用。在大多数普通公司中，当某个高管离开，就会有一个新的高管进来，几乎没有人注意到差别，但是在巴萨系统中，顶级球员几乎是无可替代的。按照这

① 巴萨传奇球星，技术全面的前锋球员，职业生涯共代表巴萨出战 329 场比赛，踢进 256 球。——编者注

个逻辑，**能让巴萨“停止运转”的是天才球员，而不是俱乐部的董事。**

几十年来，巴萨之家的 4 个阶层不仅和皇马不停地争斗，而且这 4 个阶层彼此间也是明争暗斗，然而加泰罗尼亚地区以外的世界忽视了巴萨内部大多数的内讧。在巴萨前 70 多年的历史上，它虽然是一家大俱乐部，但是它从未想过要发展成为伟大的俱乐部。它是地区骄傲的捍卫者，就像纽卡斯尔联足球俱乐部（简称纽卡斯尔联）或沙尔克 04 足球俱乐部，而不是奖杯的获得者。然后，克鲁伊夫来到巴萨，将巴萨变成了一家伟大的俱乐部。1973—1978 年，克鲁伊夫作为球员效力于巴萨；1988—1996 年，他担任过巴萨主教练。直到 2016 年去世，克鲁伊夫一直是巴萨的足球教父。他塑造了巴萨的足球风格、巴萨青训营和俱乐部的制度及心态，哈维尔·埃尔南德斯·克雷乌斯［Xavier Hernándes Creus，简称哈维（Xavi）］称他是“巴萨历史上最具影响力的人”。不仅如此，克鲁伊夫的影响力已经超越了俱乐部，瓜迪奥拉称克鲁伊夫是“足球历史上最重要的人”。

Barça

第二部分

巴萨王朝的兴起，回望克鲁伊夫时代

第2章

巴萨足球理念的起源

足球历史上只有一次真正的战术革命，它发生在足球运动从单打独斗向团队协作转变期间，而这种转变起源于阿贾克斯。

——阿里戈·萨基

“米兰王朝”的缔造者

2016 年 3 月，克鲁伊夫去世后，社交媒体上都是“克鲁伊夫转身”的视频。在 1974 年世界杯荷兰队与瑞典队的比赛中，克鲁伊夫突然脚后跟触球转身过人，让防守他的瑞典后卫简・奥尔森（Jan Olsson）差点儿摔倒。多年后，奥尔森对我说：“我以为‘我能抢下球’，但我被过了。然后我想‘球去哪里了’。我真的不理解我是怎么被他过的，我觉得很多人都笑了，那个画面真是太有趣了。”

除了“克鲁伊夫转身”，克鲁伊夫还做过更有趣的事。事实上，在他的职业生涯中，克鲁伊夫转身几乎没有受到过关注。对于每周都去看他比赛，或是看电视上播出的比赛集锦的荷兰球迷和加泰罗尼亚球迷来说，这个动作不足为奇。除了像我这样游历四方、恰巧在荷兰度过了 10 年童年时光的人，或者在法国东部洛林地区长大的米歇尔・普拉蒂尼（Michel Platini），很少有法国人看到过 20 世纪 70 年代克鲁伊夫在伟大的阿贾克斯足球俱乐部（简称阿贾克斯）的比赛。普拉蒂尼得意地说："我们非常幸运，可以收看卢森堡广播电视台的节目。"我们的脑海中储存了很多克鲁伊夫的精彩瞬间和他的采访镜头，克鲁伊夫是我们的秘密。**如果说梅西属于全球文化，那么克鲁伊夫就只属于荷兰文化和加泰罗尼亚文化。**

现在很难想象以前在电视上播出的国际足球比赛是那么少。尼克·霍恩比（Nick Hornby）在《极度狂热》（*Fever Pitch*）中写道，直到 1970 年世界杯，"3/4 的英国人才第一次看到贝利（Pelé）的长相，就如同我们在 150 年前看到拿破仑·波拿巴（Napoléon Bonaparte）的长相一样。"在克鲁伊夫踢球的年代人们很难看到他，直到 1974 年世界杯，全世界大多数球迷才在那届世界杯上看到他，因为克鲁伊夫的职业生涯中只有那一个月的时间通过电视展现给了全世界的球迷。1974 年，来自民主德国的足球狂热爱好者安格拉·默克尔（Angela Merkel）只有 19 岁，她在几十年后说："克鲁伊夫让我印象深刻，我认为全欧洲不止我一个人这么想。"但 1974 年以后她可能再也没看过克鲁伊夫踢球。然而，更加令人悲哀的是，许多荷兰以外的球迷几乎从未听说过克鲁伊夫的名字，也很少有外国记者前往老旧的阿贾克斯体育场里的餐厅，在午餐时间采访抽着香烟的克鲁伊夫。

如果你想在视频网站上寻找克鲁伊夫的视频，你可能会非常失望。作为那个时代最优秀的足球运动员，他可以像梅西一样传球，但是和梅西相比，克鲁伊夫的盘带和射门能力都弱一些。身形消瘦的克鲁伊夫是个烟瘾很大的人。要想欣赏他的天赋，你得去现场观看他的比赛，而不是坐在电视机前，只有这样，你才能看到他是如何改变球队战术，看到他在带球过人时是如何指挥队友跑位的。

在世界上大部分地区，克鲁伊夫都被无声地"消费"了。20 世纪 70 年代，和理查德·尼克松（Richard Nixon）及大卫·鲍伊（David Bowie）一样，克鲁伊夫的照片经常被用作壁纸，他名字的全球版本“Cruyff”也使他同没见过他的人们产生了距离感（我原想在本书中使用他的真名实姓“Cruijff”，但是最后放弃了，因为在荷兰之外的国家和地区普遍使用“Cruyff”，使用“Cruijff”则会引起困惑）。

在他去世后，很多人将这个杂货店主的儿子想象成一个留着长发的左派理想主义嬉皮士。法国《队报》（*L'Équipe*）曾以“20 世纪 70 年代的偶像：一位摇滚巨星”的头条标题来歌颂克鲁伊夫。即使受到如此关注，他的形象也并不能被一眼认出。英国《卫报》（*The Guardian*）就曾用错照片，他们在一份纪念克鲁伊夫的增刊的封面用的是他的荷兰队友罗布·伦森布林克（Rob Rensenbrink）的照片，伦森布林克同样消瘦且披着一头长发。

巴萨是克鲁伊夫最长盛不衰的“作品”。现在，巴萨的很多足球理念和风格都来自他的灵感和个人习惯。任何对当今巴萨的认知都应该从了解克鲁伊夫开始，了解他作为球员、教练、老师和个人所展现出的不同面貌，但要更好地了解他，非常有必要了解他在阿贾克斯的成长岁月。

克鲁伊夫的成长史

1947 年，克鲁伊夫出生在“水泥之乡”贝通多尔普（Betondorp），这是荷兰阿姆斯特丹东区的一个工人阶级社区，距离阿贾克斯体育场只有几百米。他的父母都是阿姆斯特丹市场商贩的后代，经营着一家为阿贾克斯提供水果和蔬菜的食品杂货店。他的父亲马努斯甚至还将阿贾克斯标志性的红白色元素印在自己名片的边框上，并称自己是阿贾克斯的“球场供应商”。

克鲁伊夫和他的哥哥亨尼常在贝通多尔普没有车经过的鹅卵石路上踢足球和打棒球。他们会在人行道边玩撞墙式配合，躲避抢断，从而避免摔倒弄脏他们自己的裤子。“我是那条街最优雅的人，”克鲁伊夫晚年时说，“我的整个执教理念都基于当年踢街头足球的技术。”

克鲁伊夫从 4 岁开始，就蹒跚着穿过马路前往阿贾克斯体育场了。在比赛日，他帮球场管理员举旗子，绘制球场白线。在比赛开始前和半场休息时，他会坐在一线队的更衣室里听球员们谈论战术或金钱。在克鲁伊夫去世前不久，他曾回忆道：“我是这个足球大家庭的一部分，就像家里的孩子一样。”

阿贾克斯的球员都叫他“约菲”（Jopie，约翰的昵称）或者“克莱恩”（Kleine，意为“小不点”），这些外号一直伴随他进入荷兰国家队。克鲁伊夫 6 岁时就去观看阿贾克斯 U10 组球队的比赛，期待着某人缺席比赛，这样他就能上场了。每当学校放假时，他会去打扫球场看台。每次回首这段往事，他都会抱怨每个班次只能挣 25 美分。当他 10 岁时，阿贾克斯董事会吸收他为俱乐部会员，虽然他并没有提出申请。

克鲁伊夫童年时期的阿贾克斯和巴萨一样，是一家纯粹的俱乐部，也是一个拥有各种体育项目队伍的地方民间社团。那时，年轻的克鲁伊夫曾为阿贾克斯板球队效力过，而且还是俱乐部棒球队一名出色的接球手和盗垒者。他认为所有体育运动都是彼此相通的。作为接球手，他后来回忆道：“你必须在接球前就知道要把球抛向何方，这意味着你要了解周围的空间以及你投球时每名球员的位置……你需要在不到一秒钟的时间里在空间和风险之间做出判断。”

后来，在他的一句名言中，他再次表达了这种判断预期的重要性：**“在犯错之前，我就要规避掉它。”**

克鲁伊夫是个优秀的球员，总是能在比他大的年龄组的球队踢球。马努斯曾经对阿贾克斯俱乐部的一位董事开玩笑说：“总有一天，你会为‘小不点’花费 5 万荷兰盾[①]！”在克鲁伊夫 12 岁那年的一个夏天的晚上，马努斯因心

① 荷兰以前的货币单位，2002 年被欧元所取代。——编者注

脏病去世，年仅 45 岁。马努斯被葬在阿贾克斯体育场侧面的墓地，这样他就能听到阿贾克斯进球后观众的欢呼声。每当和克鲁伊夫聊起往事，他都会谈到自己已经去世的父亲，即使成年后，克鲁伊夫也一直在和马努斯的灵魂对话。

父亲的离世让整个家庭变得动荡不安。食品杂货店倒闭了，克鲁伊夫的母亲内尔靠在阿贾克斯更衣室打扫卫生来维持生计。后来，她嫁给了克鲁伊夫经常帮忙的阿贾克斯的一名球场管理员。失去父亲的克鲁伊夫非常失落，在青春期就辍学了。回首往事，他表示，父亲的离世让他感触很深："我必须有安全感，我也要尽可能地给予我的孩子他们想要的全部东西。"

当时，足球运动好像并不能提供什么保障。在 20 世纪 60 年代初期，阿贾克斯只是阿姆斯特丹东区的一家社区俱乐部，而荷兰足球运动员都是半职业化的，球员的比赛奖金少得可怜。当我在 2000 年采访克鲁伊夫时，他回忆到，童年时期他特别喜欢英国的足球俱乐部，例如曼联和利物浦。克鲁伊夫说道："在我的成长过程中，英国足球可以说是鹤立鸡群。从某种意义上说，当我们还不知道足球是圆的时，他们就是职业球员了。"

身处大人世界里的小男孩必须学会竞争。回顾过去，克鲁伊夫发现自己身体的弱点也是优点，因为瘦小，他必须强迫自己思考，让自己比别人的反应更快。克鲁伊夫从小就能很好地控球，所以他不用低头看球，这让他在比赛时可以抬头观察球场的情况。他一直认为自己比其他球员更擅长阅读比赛，他曾说：**"足球是用脑子踢的。"**

开创革命性的足球风格

1964 年 11 月，17 岁的克鲁伊夫首次代表阿贾克斯一线队出场。他告诉经验丰富的国际球员如何跑位，这一举动激怒了他们。他不只是在场上用他的双脚来表达自己的想法，他认为自己有必要把想法说出来，一部分原因是他能在场上看到比其他球员更多的东西，另一部分原因是他有典型的荷兰加尔文主义的信仰，认为拥有任何地位的人都可以拥有真理。

1964—1965 赛季，阿贾克斯一直为保级而战。就在克鲁伊夫球队首秀两个月后，英国主教练维克·白金汉（Vic Buckingham）下课了，取而代之的是 36 岁的里努斯·米歇尔斯，他曾在阿贾克斯效力，司职前锋，退役后成为聋哑学校的体育教师。阿贾克斯聘请了他，让他每周开设三次晚间训练课。那时，米歇尔斯开着二手的斯柯达汽车来到体育场，对记者说："我们必须从零开始。"

米歇尔斯有一个疯狂的计划，那就是率领这家社区俱乐部征服欧洲足坛。米歇尔斯和 18 岁的克鲁伊夫经常一起讨论战术，他们发现了彼此在创新球队战术方面有着共同的愿望。后来，克鲁伊夫将他们的关系称为 20 世纪 60 年代球员与教练间关系的典范。

米歇尔斯是一个诙谐且令人愉快的人，他喜欢在聚会上唱歌，但是他很少将这一面展示给他的球员。最初，球员们称他为"公牛"，因为他的长相和脾气都很像公牛。后来则称他为"将军"因为他曾表示"顶级足球比赛就像一场战争"。

失去父亲的克鲁伊夫曾分析说："米歇尔斯就是我们的父亲，用铁腕把我们养大。"米歇尔斯认为他的球员都很软弱，他经常指责球员有着"典型荷兰人的心态"，意思是指他们毫无野心，不愿受苦，不能在比赛中和对手拼尽全力。每个赛季前，他都让球员一天三练，晚上还要踢一场友谊赛。他想让比赛节奏缓慢的荷兰联赛提速，因此他要求球员们在场上传导球的速度要更快，移动也要更快。

20 世纪 60 年代，很多阿贾克斯球员都是商人、教师或者驾校教练。克鲁伊夫有段时间还在仓库做过拖运纺织品包裹的工作。米歇尔斯希望他的球员成为全日制职业足球运动员，所以他们训练得很频繁。这种变化也帮助阿贾克斯得到了形形色色的出资人的赞助。一些在战争后幸存下来的犹太商人在阿贾克斯组建替代家庭，还有范德梅登（Van der Meijden）兄弟俩，他们是战争期间为德国占领者制造包裹的“掩体建造承包商”，这些人想靠足球来换回名声。

20 世纪 70 年代，大多数荷兰教练和球员打交道时往往感情用事，因为很多球员都是俱乐部的终身会员。即使在 1973 年米歇尔斯加盟了巴萨，阿贾克斯球员还是不敢让球队的右边锋、老将沙克·斯瓦特（Sjaak Swart）把位置让给约翰尼·雷普（Johnny Rep）。最后，按照典型的荷兰式的妥协，这个问题得到了解决，那就是斯瓦特踢上半场，雷普踢下半场。要知道，20 世纪 70 年代，阿贾克斯除了夺得 5 次荷兰足球甲级联赛（简称荷甲）冠军外，还拿下了 3 次欧冠冠军和 1 次洲际杯冠军。

米歇尔斯不是一个感情用事的主教练，当每个赛季阿贾克斯在欧冠联赛被淘汰后，他就会淘汰能力较差的球员，但他通常不敢亲自告诉他们。而克鲁伊夫是个更加强硬的人，在 6 人制的训练赛中，他和另一位队长轮流挑选队友，就像街头足球一样。这样一来，球员们就会知道自己在球队中的分量。

如同约翰·列侬（John Lennon）和保罗·麦卡特尼（Paul McCartney）的关系一样，米歇尔斯和克鲁伊夫的关系也是基于灵感和愤怒。克鲁伊夫曾让米歇尔斯忍无可忍，这个年轻人总是不听从主教练的战术安排，在场上冲队友大喊大叫。克鲁伊夫很喜欢抽烟，而且训练时经常迟到，甚至在刚开始的几年，他经常在重要的比赛中表现失常。米歇尔斯由此还怀疑过他是诈伤。然而，这些都不妨碍克鲁伊夫和米歇尔斯在阿贾克斯缔造辉煌。到了 1970 年，他们开创了一种全新的革命性的足球风格，这种风格塑造了今后 50 年的足球风格，特别是在荷兰和巴塞罗那。阿贾克斯人没有正式给这种足球风格命名，但是外国人都称之为“全攻全守”（total football）。

全攻全守所向披靡

“全攻全守”指的是球场上所有球员需要同时承担进攻和防守的任务。阿贾克斯球员需要在场上不停地交叉换位，这让他们很难说清自己的位置。阿贾克斯的比赛逐步发展成为克鲁伊夫所称的“可控的混乱”。所有球员都要不停地思考，根据其他球员的位置不断变化自己在场上的位置。20世纪30年代，奥地利国家足球队奉行“多瑙河旋风快打战术”（Danubian Whirl），这种战术很好地展现了一支运行流畅的球队是如何踢球的，阿贾克斯则在新时代对它进行了彻底的创新和改革。

20世纪60年代，意大利队的链式防守（catenaccio）是国际足坛的主要风格。阿贾克斯则反其道而行之，让球员在对方半场拼抢，快速一脚传球，同时不停地变换场上位置。一旦他们确定了自己的位置，持球球员最少有两个对角线传球方向可以选择。通常情况下，对手很容易猜到向前的直传球，而横传球又是无意义的，因为被拦截的横传球会给球队带来致命危险。但对方球员无法同时拦截两个对角线的传球路线。阿贾克斯创造了三角形的控球体系，这一控球体系为后来着克鲁伊夫和瓜迪奥拉时期伟大巴萨的成功奠定了基础。

克鲁伊夫把足球看作几何学中的一个空间问题。他认为，当阿贾克斯拥有球权时，球员们应该充分利用球场宽度，边锋必须“踩在球场边线上”。当阿贾克斯失去球权时，为了尽快夺回球权，球员们应该压缩球场空间，“压迫”对方带球球员，这是重新获得球权的最佳时机，因为刚刚得到球权的球队往往缺乏组织，每名球员都不在自己应该在的位置上。如果这时丢球方能迅速把球反抢下来，就能直奔球门而去。而且，如果对手不能及时恢复阵型，他们就会变得士气低落。

“压迫”或是阿贾克斯球员所称的“围抢”，需要球员们近乎军事化的协作。每个球员都必须站在正确的位置上，参与“压迫”。阿贾克斯的前锋是最先开始防守的人，而守门员是进攻的第一发起者，负责移动接球并传出关键球。阿贾克斯的守门员在球场上就像是街头足球中的“飞行守门员”[①]，他需要巡视整个半场，及时补防其他位置。这意味着阿贾克斯充分利用了场上的 11 名球员，而其他球队只利用了 10 名球员。

后来，克鲁伊夫说：“没有人像我们这样颠覆了足球的规则。”1987—1990 年“米兰王朝”的缔造者阿里戈·萨基（Arrigo Sacchi）如此评价道：**“足球历史上只有一次真正的战术革命，它发生在足球运动从单打独斗向团队协作转变期间，而这种转变起源于阿贾克斯。”**

克鲁伊夫引领着整支球队，他能向任何方向传球，几乎无所不能。克鲁伊夫的传记作者尼科·施普马克尔（Nico Scheepmaker）用“四只脚”来形容他：克鲁伊夫可以用双脚的内侧和外侧踢球，像斯诺克运动员一样打出弧线球，他一看就知道防守球员的重心脚是哪一只，然后他会从防守球员的重心脚那侧加速过人。尽管克鲁伊夫拥有令人吃惊的加速能力，但他总说，速度快并不是指跑得快，而是知道何时启动。

球场上的克鲁伊夫无处不在，阿贾克斯标志性地交叉换位体系似乎就是为了适应他在球场上的漫游。他就是我们当今所称的“伪 9 号”的极端版本，即虽然在场上踢中锋位置，但会通过不停转换场上位置，回撤到中场或者边翼，甚至是中后场，从而摆脱盯防球员，以便寻找空间和机会。克鲁伊夫曾解释道：“如果对手没有盯防我，我就自由了。如果对手盯防我，他们的后防线就会少 1 个人。”因为阿贾克斯的中场球员会填补他的空缺。他的 14 号传奇球衣，

① 指在场上活动范围很大，不固守于球门线前，脚下技术出色，擅长其他位置队员角色的守门员。——译者注

充分诠释了他多变的场上角色，尽管那是他在当年伤愈后随机挑选的号码。

米歇尔斯负责赛前挑选比赛球员，在黑板上写下球队的比赛战术，而在球场上，克鲁伊夫主宰着每一分钟的比赛。有时，克鲁伊夫会转向教练席，要求换人："雷普必须上场！"克鲁伊夫认为，足球就像是好莱坞，需要有像贝利和尤西比奥·达·席尔瓦·费雷拉（Eusébio da Silva Ferreira）这样的明星，也要有配角。他补充道："足球和电影一样，配角往往表现得更好。"而他总是扮演主角，同时又是导演。克鲁伊夫后来说：**"在一支伟大的球队中，尽管有着多名十分优秀的球员，但一般情况下，最多只有一名球员能在比赛中'发现'关键之处，从而影响整场比赛的进程。"**

然而，"发现"就意味着巨大的责任。克鲁伊夫后来称："那是我职业生涯中最糟糕的事情，因为你发现了所有事情，所以你总在不停地说话。"无论在场上还是场下，他总是不停地用各种肢体动作来表达想法，甚至在躲避了对手的凶狠抢断后，他还要马上告诉队友该如何跑位。

阿尔赛纳·温格（Arséne Wenger）是 20 世纪 70 年代那支阿贾克斯的崇拜者，他对我说，阿贾克斯的体系是无法复制的，因为球队需要克鲁伊夫在场上指挥，这是教练席上的主教练无法做到的。一名优秀的足球运动员可以控制他所在的球场区域，而克鲁伊夫却能控制整个球场，他会要求两名中场球员交换位置，15 分钟后让他们再次换位。克鲁伊夫总能发现比赛当天因状态不佳需要被雪藏的阿贾克斯球员，还能发现状态最差的对方球员，故意不去盯防他，让他接球，然后开始压迫他。在克鲁伊夫看来，如果有充足的带球时间，任何球员都会表现出色，因此你必须让状态不佳的球员露出马脚。

有时，米歇尔斯会对克鲁伊夫大喊大叫，让他调整战术："好吧，该死的克鲁伊夫，谁允许你瞎掺和的？"但在退休后，米歇尔斯承认："有时，我会使用冲突策略，我的目的是在现场制造紧张情绪，从而提升团队精神。"克鲁伊夫则以其人之道，还治其人之身，而且声量更高。多年后，当被问到如何描述他和米歇尔斯的关系时，克鲁伊夫摆出了两个拳头互碰的姿势。

阿贾克斯这家社区俱乐部正变得越来越好。1971 年，阿贾克斯在温布利球场 2 ： 0 战胜了帕纳辛奈科斯足球俱乐部（简称帕纳辛奈科斯），夺得了欧冠冠军。自此阿贾克斯开始变得雄心勃勃，在最初几年，赢球是球队的唯一目标，如果比赛踢得漂亮，那也是球队的无意之举。后来，克鲁伊夫开始注意到外界所说的“漂亮足球”，很多艺术家称赞克鲁伊夫的假动作如同艺术创作一般，他感到受宠若惊。“这太棒了，这很有趣真的非常有趣。”法国哑剧表演艺术家雅克 • 塔蒂（Jacques Tati）曾对克鲁伊夫说，“你是一个艺术家，你的踢球方式和我的表演很像，我们都是那种在没有做好准备的情况下就可以对任何情况立刻做出反应的人。”芭蕾舞艺术家鲁道夫 • 纽瑞耶夫（Rudolf Nureyev）曾说：“克鲁伊夫应该成为一名舞蹈家。”而在现实生活中，正如克鲁伊夫的妻子丹妮 • 科斯特（Danny Coster，简称丹尼）所说，克鲁伊夫是一个糟糕的舞者。

在阿贾克斯的体系中，克鲁伊夫最喜欢的是他在比赛时无须长距离奔跑。在比赛的大部分时间里，他都在距离对手球门大约 30 米的地方活动。当阿贾克斯丢球时，他也不用回防，因为身为前锋，他会站好位置向对手施压。克鲁伊夫的诀窍是多跑一两步的距离，阻断对手的传球路线，或者为球队提供新的传球路线，他说：**“正确与错误之间的差距通常不超过 5 米。”**只有当你选择了正确的方向，跑动才变得有价值。

克鲁伊夫在比赛中“如鱼得水”，一部分原因是他总能找到正确的方法，但另一部分原因是他是个烟瘾大的人，无法跑动太多。在 1972 年拍摄的传记式纪录片《14 号克鲁伊夫》（*Nummer 14 Johan Cruyff*）中，有一个场景是阿贾克斯全队在森林里的小山坡上跑步，所有球员都穿着不同品牌和颜色的运动服。身着彪马牌驼色运动服的克鲁伊夫对着镜头抱怨道：“这种训练没有任何比赛元素。此刻，我感觉足球只是我的职业，而不是我的爱好。”到达山顶时，他蹒跚了两步，大喊“我的天啊”，然后弯下身子，双手撑在膝盖上，气喘吁吁地咳嗽着。你能感觉到，他的肺部在燃烧。其他球员则四脚朝天地躺在椅子上，已经累得说不出任何话了，这一幕就像有关监狱的电影中出现的惩罚性镜头。

阿贾克斯全队每周都要进行好几次这种形式的训练。有时，克鲁伊夫会躲在树林中，在最后一圈时才加入训练队伍中。如果米歇尔斯抓住了他，那第二天早晨他就得单独早起进行跑步训练。当自己进行跑步训练时，克鲁伊夫会尽可能地减少移动。有一次，有个经常为球员做衣服的英国裁缝为刚刚训练完的克鲁伊夫量体裁衣，他惊讶地说，克鲁伊夫是他见过的唯一训练完没有一滴汗水的球员。

在20世纪六七十年代，像克鲁伊夫一样踢球是需要勇气的。当时，犯规被认为是足球比赛中不可或缺的，甚至是值得赞美的、具有男子气概的一部分。下面是英国广播公司（BBC）的著名足球解说员肯尼斯·沃尔斯滕霍尔姆（Kenneth Wolstenholme）在1969年AC米兰足球俱乐部（简称AC米兰）对阵阿贾克斯的欧冠决赛中的解说，当时AC米兰球员破坏了克鲁伊夫的盘带：“清道夫萨乌尔·马拉特拉西（Saul Malatrasi）漂亮地铲断了克鲁伊夫！这一球的确碰到了克鲁伊夫的脚踝……马拉特拉西居然这样粗鲁地对待一位天才球员。”一年后，在比赛中同样抬腿铲伤克鲁伊夫的DWS俱乐部的后卫弗里茨·苏特考（Frits Soetekouw）对荷兰电视台说：“这都怪克鲁伊夫他自己，有三四个防守球员在围堵他，而他依旧要带球突破，这是他自找的。”

当时，米歇尔斯已经前往巴塞罗那了。阿贾克斯球员都是在第一次世界大战后的生育高峰期出生的人，这些年轻人对经常教导他们如何踢球的前辈表现得非常不耐烦，认为米歇尔斯对他们太严厉了。几十年后，米歇尔斯回忆说，巴萨给出了很高的薪水，而他没法对金钱视而不见。

米歇尔斯在阿贾克斯的接任者是罗马尼亚军人足球队前任主教练斯特凡·科瓦奇（Stefan Kovács）。当时，克鲁伊夫的妻子丹妮已经将克鲁伊夫从梳着大背头、穿戴整洁的杂货店主的儿子转变成了 20 世纪 70 年代的时尚先锋。克鲁伊夫问科瓦奇如何看待他的长发，科瓦奇答道："对我来说，你的头发多长都可以，但是我来这里不是为了做你的理发师。"

在科瓦奇执教期间，阿贾克斯所向披靡。温和的罗马尼亚教练在球场上给予球员充分的自由，这个时候，球员们在场上已经游刃有余，知道如何踢球了。1972 年，阿贾克斯再次夺得欧冠冠军。在他们回荷兰的一段视频中，球员们坐在敞篷汽车里，沿着阿姆斯特丹东区城市有轨电车道行驶，大批球迷们聚集在街道两旁欢迎他们。

如果你观看过 1972 年阿贾克斯和阿根廷独立队的洲际杯决赛视频，那你一定会十分震惊。虽然是半个世纪以前的比赛，但现在看来，两支球队的踢法并不过时。比赛节奏很快，球员们积极地无球跑动，边后卫频繁插上助攻，这些都是现代足球的元素。毫无疑问，米歇尔斯和克鲁伊夫创造了足球的未来。在他们的带领下，1973 年，阿贾克斯连续第三次夺得欧冠冠军。

给巴萨打电话

虽然阿贾克斯取得了如此巅峰的成就，但在阿姆斯特丹，人们仍将这些球员看作本地男孩，崇尚平等主义的荷兰不需要超级球星，即使是球星也要表现得"正常"。很多阿姆斯特丹人认为，他们有资格在大街上拦住克鲁伊夫，就足球问题和他进行半小时的辩论，克鲁伊夫也是这么想的。他解释说："贝通多尔普人不会装腔作势。"克鲁伊夫的妻子抱怨说，如果有个小孩想为学校杂志采访克鲁伊夫，克鲁伊夫也会答应给他一个下午的时间。虽然克鲁伊夫欢迎任何人与他交谈，但这也让他精疲力竭，因为他在荷兰太出名了。

然而，克鲁伊夫当时的实际薪资却无法和他的身价相匹配。阿贾克斯的联赛比赛通常能吸引一万名观众，大多数观众都是乘坐 9 号电车或者骑自行车前往体育场。作为当时世界最佳足球运动员，克鲁伊夫一年才挣 9.5 万荷兰盾，去除通货膨胀影响后，折算到现在的价值刚刚超过 15 万欧元，而荷兰政府还要收取 72% 的个人所得税。在一次招待会上，克鲁伊夫试图劝说荷兰女王朱莉安娜降低税赋，这似乎是克鲁伊夫仅有的政治立场。克鲁伊夫建议说："您是女王，或许可以为我们调整一些东西。"这时米歇尔斯则侧身走开，试图忍住不笑。但朱莉安娜女王回答道："克鲁伊夫先生，你可以和我的财政大臣谈一谈。"

克鲁伊夫和队友以及阿贾克斯的董事们之间的冲突让他精疲力竭。克鲁伊夫总能引起别人的愤怒和嫉妒，而且多年来，阿贾克斯球员们在一起踢球的时间太长了。

1973 年 7 月，事情变得难以控制了。在荷兰东部一家乡村酒店的训练营中，阿贾克斯球员决定选举球队队长。会议在酒店娱乐室召开，现任队长克鲁伊夫得到了 7 票，他的老朋友和良师益友皮埃特 • 凯泽尔（Piet Keizer）得到了 8 票，克鲁伊夫随后走出了会议室。阿贾克斯中场球员格里 • 穆伦（Gerrie Mühren）表示这一幕像极了 3 年前披头士乐队解散的那一幕。克鲁伊夫拿起酒店走廊墙壁上的电话，给他的继父兼经纪人科尔 • 科斯特（Cor Coster）打了电话，告诉他："给巴萨打电话。"正是这次选举改变了两家伟大俱乐部的未来。

第3章

为巴萨注入全新风格

我认为赢球很重要，但是在巴萨，我想要最好的球队，就像 1974 年的荷兰队。

——胡安・拉波尔塔

巴萨主席

克鲁伊夫和巴萨之间的暧昧关系已经持续了多年。虽然英国是克鲁伊夫童年向往的地方，但当时英国的联赛不接纳国际球员。20 世纪 60 年代末，在加盟巴萨前，克鲁伊夫和妻子丹妮就开始在西班牙马洛卡的布拉瓦海岸度假，那时，西班牙已经深受北欧游客欢迎。后续几次在西班牙度假，让克鲁伊夫愈加觉得西班牙气候宜人。1970 年 6 月，《巴塞罗那杂志》（*Revista Barcelona*）用 10 个版面独家报道了克鲁伊夫夫妇在巴塞罗那的度假之旅。让阿贾克斯最为不满且紧张的是，克鲁伊夫穿着巴萨的队服在诺坎普球场草坪上拍摄了照片。丹妮对杂志说："这是一座完美的城市，我们看到的所有事情都很完美，而且，我们特别喜欢这个海滨城市。"

1970 年，西班牙还在佛朗哥政权的统治下，但是克鲁伊夫认为去一个独裁政府统治的国家没有问题。克鲁伊夫对阿姆斯特丹的一家报社的记者说：

“在西班牙，我在两年内就能变得富有，四年内就能成为百万富翁。”克鲁伊夫的传记作者施普马克尔也在书中写道，在西班牙，克鲁伊夫的个人所得税税率会降到 10%。

米歇尔斯也在巴塞罗那，不管怎样，他急切地想和他那个爱发号施令的学生重聚。1973 年 5 月，西班牙的联赛开始向其他国家的足球运动员开放，同年 7 月，克鲁伊夫失去了阿贾克斯的队长袖标，就在这时巴萨向他伸出了橄榄枝。

皇马曾试图在交易中横插一杠子，就像 20 多年前在巴萨眼皮底下抢走阿尔弗雷多·迪·斯蒂法诺（Alfredo Di Stéfano）[①] 一样。但是，克鲁伊夫拒绝了皇马的报价，部分原因是他故意和已经接受皇马报价的阿贾克斯董事会作对。巴萨会员缴纳的会费让俱乐部的收入高出北欧的足球俱乐部好几个档，巴萨通过在未来两年提高 25% 的会费的方式来支付克鲁伊夫当时创纪录的 230 万美元[②] 的转会费。由于这笔转会费过高，为了不违反西班牙的相关法规，巴萨只好把克鲁伊夫登记为“半流动资产”。巴萨给他的薪水是保密的，多年后，克鲁伊夫的商业顾问哈利·范·门斯（Harrie van Mens）对合同进行了核对，他说：“我发现克鲁伊夫和巴萨签署了三四个合同版本：一个用来交税，一个给媒体，一个给克鲁伊夫，等等。”

克鲁伊夫加盟

1973 年 8 月 22 日下午 3 点 05 分，克鲁伊夫乘坐荷兰航空公司的 254 号航班抵达了巴塞罗那破旧的机场，当时，他没有意识到他将在加泰罗尼亚度过一生中的大部分时间，虽然那时他还不知道加泰罗尼亚是哪里。

① 皇马名宿，司职前锋，绰号“金箭头”，2008 年被评为皇马百年历史最佳球员。1953 年斯蒂法诺加盟皇马前，皇马和巴萨均对他展开竞争。最终，巴萨选择了放弃，其中原因曾备受争议。——编者注

② 1 美元≈ 7.8 元人民币。——编者注

当乘车前往候机楼时，丹妮指着楼里的人群问克鲁伊夫："这是怎么回事？"他答道："我也不知道。"

球迷一直等着他。他们欢呼着："克鲁伊夫！"他们试图穿过警戒线去触摸克鲁伊夫，用非荷兰的方式表达对他的崇拜。当看到这段视频时，那情景就像是一位来自 20 世纪 70 年代、拥有一头飘逸的长发、一张消瘦的吸烟者的脸、戴着项链、身穿大翻领衬衣（毫无疑问，这是丹妮挑选的款式）的使者，回到了 20 世纪 50 年代。克鲁伊夫来自作家蒙塔尔万所称的"一流的欧洲"，即北欧，那个加泰罗尼亚人渴望加入的、现代的、富有的、民主的大陆。

除了所处城市的变化，从足球方面看，克鲁伊夫也"退步"了，世界最佳球员离开了世界最佳球队，来到了贫穷国家里正在衰败的城市，加盟了联赛排名靠后的弱旅俱乐部。

和阿贾克斯相比，克鲁伊夫的巴萨队友为俱乐部拥有这么出色的球员感到高兴，但是他们喜欢缓慢地四角传球，在当时他们的踢法是不符合足球潮流的。对于队员们的状态，米歇尔斯感到非常吃惊，这么富有的俱乐部的球队居然如此不懂战术、毫无纪律性。而且，球队也没有合适的训练场地，所以米歇尔斯不得不征用当地的高尔夫球场用作训练场地。

佛朗哥政府统治下的西班牙缺少描述足球运动的词汇。"只有一个词'furia'（愤怒、侵犯），但它表达的不是足球概念，而是心情。"1975 年加盟西班牙第二级别联赛球队阿拉维斯足球俱乐部的阿根廷球星豪尔赫·巴尔达诺（Jorge Valdano）[①] 回忆说，人们期望西班牙人带着怒气踢球，他们此前的踢球风格过于理智了。西班牙球队在国际赛场上的表现也证明他们做得还远远不够。

① 巴尔达诺后来跟随马拉多纳夺得了世界杯冠军，担任过皇马主教练和技术总监，是一位优秀的足球作家。——译者注

在佛朗哥独裁统治期间，巴萨一直不招人喜欢。20 世纪 50 年代，拥有库巴拉的巴萨经常在联赛中战胜皇马，但是与皇马连续 5 次夺得欧冠冠军相比，巴萨在那个时期还是逊色不少。20 世纪 60 年代，巴萨的成绩开始走下坡路，在克鲁伊夫加盟前，巴萨已经连续 13 年未能夺得联赛冠军。巴萨的球迷们大多是独裁政府统治下的受害者，当球队状态低迷时，他们会在体育场座位上抱怨说："唉，今天我们又要倒霉了。"

到了 1973 年，80 岁的佛朗哥生命垂危。当加泰罗尼亚人在等待佛朗哥去世的"生物学事实"时，他们准备开始自治。同年 10 月，113 名"加泰罗尼亚议会"的新成员——工会主义者、政党成员、学生和商人遭到了逮捕。1973 年 10 月 28 日，他们中的很多人一起在监狱里通过收音机直播见证了克鲁伊夫加盟巴萨后的联赛首秀，对手是格拉纳达足球俱乐部（简称格拉纳达），即使是对足球毫无兴趣的人，也都因巴萨的 4 个进球而欢呼雀跃。

在佛朗哥政权的最后几年，诺坎普球场成了一个政治舞台，看台上飘扬着被禁的加泰罗尼亚地区旗帜和用加泰罗尼亚语写的标语。1971 年，佛朗哥召集时任巴萨主席阿古斯蒂·蒙塔尔（Agustí Montal）和董事会成员来到他的官邸埃尔帕尔多王宫，告诉他们不要大肆宣传加泰罗尼亚民族主义，然而，加泰罗尼亚人不再对佛朗哥言听计从了。1973 年，蒙塔尔重新当选俱乐部主席后提出的口号就是——"不仅仅是一家俱乐部"。

这种变化对克鲁伊夫没有产生多大影响，加盟巴萨后，他的首要目标是寻找住处。当时，巴塞罗那城市设施简陋，环境更是脏乱差，贫民窟一直延伸到海岸，根本没有海滩。那时，巴塞罗那被称为"灰色的巴塞罗那"。包括巴萨的未来主席努涅斯在内，当时的很多房地产开发商都通过建设廉价而丑陋的楼房替代老旧楼房而发家致富。克鲁伊夫和丹妮梦想着能在巴塞罗那卡斯特尔德费尔斯的海边生活，但他们随后得知那里每年夏天都会挤满令人讨厌的荷兰游客。因此，克鲁伊夫夫妇和他们两个年幼的女儿最终选择住在位于巴塞罗那的一个占地面积很大的庄园中，里面还有一个游泳池，当然，价格也是很高的。米歇尔斯住在佩德拉布雷斯，从他在迪亚戈诺的第一套庄园搬过来的。当克鲁伊夫去客场参加比赛时，米歇尔斯的妻子威尔就会来陪伴丹妮。

在巴塞罗那，克鲁伊夫一家仍然保持着荷兰平等主义者的本色，他们全家和家里的西班牙女佣一起用餐。在巴塞罗那，克鲁伊夫很快就发现，西班牙人给予了超级英雄很多特权。在这里，他不必是“正常的”，与阿姆斯特丹人相比，巴塞罗那人更尊重克鲁伊夫，他发现，如果他需要一辆汽车，他可以向附近崇拜明星的本地人借车。除了汽车，巴萨还为克鲁伊夫提供了私人电话号码，这样他就可以远离球迷的骚扰电话，如丹妮总是接到自称是“克鲁伊夫的未婚妻”的骚扰电话，这令她哭笑不得。

克鲁伊夫非常珍惜家庭生活，因为他在 12 岁时就知道了一个家庭可能在一天内崩塌。在巴萨，克鲁伊夫重新恢复了以前的角色——米歇尔斯的场上代表，不过他们的关系要比在阿贾克斯的时候更加和谐。身为巴萨主教练的米歇尔斯为了和克鲁伊夫保持距离，坚持让他称自己为“米歇尔斯先生”。他们一起让其他球员明白了一个道理——足球是用脑子踢的。在业余时间，克鲁伊夫会为酒、太阳镜、牛仔裤、电视机和彪马运动鞋做广告。从商业角度看，克鲁伊夫是西班牙足球的领先者。他将自己的姓氏“Cruijff”改成更加国际化的“Cruyff”，这在一定程度上是因为在荷兰以外的国家，字母“y”更常用也更好发音。

克鲁伊夫仅仅用了几个月就学会了西班牙语。他在几十年后回忆说：“西班牙语非常简单，因为你可以按照它的发音把单词拼写出来，尽管我不知道如何拼写，但我能说出来。”在他口中，荷兰语“logisch”[①]变成了

① 译为“必然的”。——编者注

“lógicamente”，而且带有阿姆斯特丹口音。他经常用这个词做出结论，一般通过耸肩来强调。他从未学会西班牙语中名词的阴阳性，也没掌握其他语法规则，虽然，他的荷兰语也是如此。“交谈”，他曾经沉思着说，“如果我做什么事都能和我的交谈能力一样出色就好了。”

克鲁伊夫最初以为巴塞罗那是一个普通的西班牙城市，没有什么区域特色，他并不了解加泰罗尼亚地区的历史，也不想让自己加入哪一方。“我不想和当地的政治有任何瓜葛。”他在 1974 年 3 月曾说，“我在荷兰也是这么做的。”在来到巴塞罗那的最初几个月，克鲁伊夫将巴萨球迷称为“西班牙人”，无论在当时还是以后他都没有花时间去学习加泰罗尼亚语。据说，有一次他被要求说几句加泰罗尼亚语，克鲁伊夫只说了句：“你好（Hola）。”即使在去世前几年担任非正式的加泰罗尼亚队主教练期间，他在更衣室里也还是说西班牙语。当加泰罗尼亚民族主义者对他的不配合有所抱怨时，克鲁伊夫说：“我也来自一个小国，但我没有要求世界上的所有人都要说荷兰语。”

尽管克鲁伊夫对政治十分冷漠，但是他的个性还是让他成为自信的加泰罗尼亚反法西斯主义的全新代表人物。此外，他还是欧洲现代化和言论自由的“活广告”，天生的反独裁主义者，即使在佛朗哥独裁政府统治期间，克鲁伊夫也敢在场上和裁判争论。对此，巴萨球迷、世界三大男高音歌唱家之一、加泰罗尼亚歌剧演唱家何塞·卡雷拉斯（Josep Carreras）曾说：“克鲁伊夫很幸运，他来自一个民主的国家，而且他也表现出了民主……感谢他让我们充满自信。”

“克鲁伊夫是伟大的天才球员中最没有巨星架子的人之一，”对克鲁伊夫十分敬佩的巴尔达诺说，“当他接管了比赛，他能够对队友、对手、裁判、记者、观众和可口可乐售货员都具有影响力。”比赛中有任何一方的球员受伤倒地，克鲁伊夫都会马上跑过去查看，如果他认为有必要，他就会直接示意队医进场，就好像主裁判根本不存在一样。有一次，泥泞不堪的场地阻碍了队友给他的传球路线，克鲁伊夫随后移动到了自由清道夫[①]的位置，他在没有征得教练同意的情况下就这样改变了球队阵型。巴尔达诺说：“顺便说一下，克鲁伊夫是我一生中见过的最好的自由中卫。”他认为克鲁伊夫具有“类似病理性的自信”。

在克鲁伊夫效力巴萨的首个赛季，丹妮怀上了他们的第 3 个孩子。丹妮要在阿姆斯特丹进行剖宫产，米歇尔斯建议把剖宫产日期安排在 1974 年 2 月 9 日，也就是皇马和巴萨比赛的前 8 天，那天是米歇尔斯的生日。

克鲁伊夫为孩子起名为 Jordi（约尔迪），这个名字正是 George（乔治）的加泰罗尼亚语版本。他们并不知道约尔迪是加泰罗尼亚守护神的名字，是民族主义者的象征，而且他们也不知道这个名字在佛朗哥独裁统治期间是被禁止使用的。克鲁伊夫后来坦言道：“我们只是觉得约尔迪是个美丽的名字。”当克鲁伊夫全家返回巴塞罗那时，他们的新生儿在机场受到了球迷们的热烈欢迎。克鲁伊夫和丹妮在机场差点弄丢了孩子，直到他们发现无儿无女的米歇尔斯正坐在车上逗小约尔迪。米歇尔斯对克鲁伊夫孩子们的影响是伴随一生的，甚至比他们父亲的影响还深，米歇尔斯经常像球迷一样在约尔迪此后参加的比赛中陪伴着他。

当克鲁伊夫前往巴塞罗那市政厅为约尔迪办理出生登记时，办事员告诉他需要把孩子的名字改为 Jorge（乔治的西班牙语版本）。当时，佛朗哥政府只允许使用卡斯蒂利亚语[②]为新生儿取名。但是，克鲁伊夫当场便拒绝了，他并不是特别在意办事员给不给他登记，因为他已经在荷兰为约尔迪登记了这个名字。最后，经过沟通，办事员妥协了，克鲁伊夫对此十分骄傲。克鲁伊夫后来称：“我的儿子是加泰罗尼亚地区用“约尔迪”这个名字办理出生登记的第一个人。”约尔迪长大后效力过巴萨、曼联和“橙衣军团”荷兰国家队，但是他

① 指足球场上的位置，一般在后场活动。克鲁伊夫通常在场上的位置是前腰或中锋。——编者注
② 即纯正的西班牙语。——编者注

始终认为自己是加泰罗尼亚人。

克鲁伊夫给孩子起名字的事情很快演变成了加泰罗尼亚地区的传说，克鲁伊夫扮演了加泰罗尼亚的民族主义英雄的角色。他在几十年后说："诸如此类的事情会改变你的人生轨迹，给你带来好运。这就是我刚到巴塞罗那就受到欢迎的原因，而且，现在也是如此。"

踢出荷兰压迫式的足球

1974 年 2 月 17 日，克鲁伊夫在伯纳乌球场踢出了他在巴萨效力期间表现最好的比赛，巴萨 5 ：0 血洗了"佛朗哥政府的球队"皇马。蒙塔尔万说："第 1 个进球献给巴塞罗那，第 2 个献给加泰罗尼亚，第 3 个献给圣约尔迪，第 4 个献给民主，第 5 个留给皇马。"亲佛朗哥政权的媒体《团结报》（*La Solidaridad*）对这场比赛不满地分析道："巴萨的胜利代表的远不止 5 个进球那么简单，这意味着对中央集权制的令人不安的胜利。"

在那天以前，皇马和马德里竞技足球俱乐部（简称马竞）的对决是西班牙联赛中最令人关注的比赛。但在那天以后，皇马和巴萨的比赛便被称为"西班牙国家德比"。1973—1974 赛季，巴萨夺得了自 1960 年以来的第一个西班牙足球甲级联赛（简称西甲）冠军，而克鲁伊夫在 1973 年加盟巴萨时，巴萨的联赛排名仅仅是倒数第四名。米歇尔斯后来回忆到，巴萨在那个时期踢出了荷兰压迫式的足球，球员们的表现都非常出色，他开玩笑地说，当时即使是裁判也无法阻挡他们。

"我之前从未见过巴萨夺得任何冠军。"当年 11 岁的俱乐部未来主席拉波尔塔说。那一代的加泰罗尼亚地区的孩子从此爱上了克鲁伊夫足球和克鲁伊夫的长发，这些孩子在长大后经营着巴萨，并愿意为俱乐部竭尽全力。在 1974 年的歌曲《加泰罗尼亚香肠》（*Botifarra de Pagès*）中，当地喜剧摇滚乐队拉特林卡（La Trinca）像一群青蛙一样唱着颂歌：

克鲁伊夫，
克鲁伊夫，克鲁伊夫，克鲁伊夫，
克鲁伊夫，克鲁伊夫，克鲁伊夫，
克鲁伊夫，克鲁伊夫，克鲁伊夫，
像一只无礼的青蛙在歌唱，
我们将歌颂你的双脚。

拿下西甲冠军后，克鲁伊夫前往联邦德国参加了世界杯。在1974年之前，荷兰国家队在历届世界杯上只踢过两场比赛，分别是1934年和1938年，结果都是输球。所以在这次出征前，荷兰国家队也没对成绩抱什么希望。

当年，米歇尔斯同时担任荷兰国家队的主教练，他在大部分时间里辗转于巴塞罗那和阿姆斯特丹两地，因为巴萨同期也正在备战西班牙国王杯半决赛和决赛。米歇尔斯的短暂缺席让克鲁伊夫拥有了更大的权力，这也让克鲁伊夫在训练和排兵布阵上发挥了更大的作用。在一场热身赛前，克鲁伊夫决定让荷兰队中场球员阿里·哈恩（Arie Haan）担任球队清道夫，并表示在世界杯比赛中也要这样安排。哈恩当时诧异地问道："你疯了吗？你是在开玩笑吗？"

简·范·贝弗伦（Jan van Beveren）是荷兰队一名出色的门将。由于他在场上很少离开球门线，这并不符合克鲁伊夫的足球理念，此外，他和克鲁伊夫的场下关系也不好。所以克鲁伊夫的阿贾克斯前队友、曾是雪茄商店经营者的简·琼布吕德（Jan Jongbloed）随后担任了荷兰国家队的正选门将，琼布吕德是个出色的"飞行守门员"。琼布吕德说道："我感觉我能担任首发门将的原因主要是克鲁伊夫的主意。"

1974年，在联邦德国举办的世界杯比赛中，荷兰队的出色表现让荷兰球迷都感到吃惊。在小组赛荷兰队同乌拉圭队的比赛中，乌拉圭队的队员正在不紧不慢地带球，突然他被 5 名身穿橙色球衣的球员围住了。对全球电视观众来说，这就像在实时观看渡渡鸟[①]的灭绝一样。后来，克鲁伊夫称几乎所有的对手对于荷兰队的围抢都不知所措："我们的对手认为，荷兰队踢的足球是他们在五六年前就放弃的东西。"

在好几包没有过滤嘴的骆驼牌香烟的帮助下，克鲁伊夫率领荷兰队成功地闯进了 1974 年世界杯决赛。然而，在慕尼黑，荷兰队与联邦德国队进行决赛的前一天，德国小报《图片报》（*Bild*）爆料了一条丑闻，标题是《克鲁伊夫，香槟和裸体女郎》。一名卧底记者详细讲述了他潜入在明斯特的训练营，并发现在那里举办了午夜裸体泳池派对，克鲁伊夫等荷兰队球员和狂热女球迷一起参加了派对。而在报纸上，这则新闻的配图只是一张没有人的游泳池照片。此事一出后，克鲁伊夫备战决赛的大部分时间都变成了在酒店的电话间里度过，他向身在西班牙的愤怒的丹妮保证这一切都是《图片报》捏造的。克鲁伊夫长期以来塑造的忠于家庭的好男人的形象，差点就崩塌了。

场外的纷扰并没有影响克鲁伊夫在场上的火热状态，世界杯决赛开始后一分钟，克鲁伊夫带球突破近 40 米，并为荷兰队赢得了点球。克鲁伊夫的队友约翰·内斯肯斯（Johan Neeskens）大力射入点球，为荷兰队取得领先。

然而，在随后的比赛中，克鲁伊夫突然没了状态，用克鲁伊夫的哥哥亨尼的话说，"他踢得就像一块洗碗布一样"，在中场魂不守舍。相比之下，负责盯防他的联邦德国队球员贝尔蒂·福格茨（Berti Vogts）则为本队创造了更多的进攻机会。最终，盖德·穆勒（Gerd Müller）的地滚球射门让琼布吕德毫无反应，联邦德国队以 2 ： 1 的比分战胜荷兰队，夺得了世界杯冠军。

---

① 生活在毛里求斯岛上的一种不会飞的鸟，于 1681 年灭绝。——编者注

虽然与世界杯冠军失之交臂，但克鲁伊夫非常高兴所有的一切都结束了。他认为家庭比足球更重要，他一辈子都和妻子丹妮生活在一起。克鲁伊夫没有参加 1978 年的阿根廷世界杯，可能就是因为丹妮对 1974 年“泳池派对”那件事的愤怒。此外，还有个荒诞的说法，说克鲁伊夫是为了抗议阿根廷的军事政权而抵制了世界杯。对此克鲁伊夫曾经明确表示：“人们总是把我与‘自由’和‘反抗’的概念联系在一起，但其实我从未拥有过这两种东西。”

德国记者优福特·施罗德（Ulfert Schröder）称，在慕尼黑举行的 1974 年世界杯决赛是克鲁伊夫职业生涯中最忧伤的时刻。然而，实际上，荷兰队的失败并不是“不幸”的，对于荷兰这样一个小国而言，他们同样应该以获得世界杯亚军而感到骄傲。在 1978 年和 2010 年，荷兰队又获得过两次世界杯亚军。

让每场比赛都赢得漂亮

克鲁伊夫也不是一个会完全认输的人，他称 1974 年世界杯决赛的失利是自己和荷兰队在精神上的一次胜利。对于在多米诺骨牌和大富翁游戏中靠作弊赢了自己孩子的人来说，这是一种新的说法，但是“精神胜利”的概念此后便一直是他的思想标志。克鲁伊夫辩解称荷兰队才是“真正”夺得世界杯冠军的球队，因为人们记住了他们踢出的漂亮足球。克鲁伊夫说：“想象一下，失利比获胜更让我们出名。”

事实表明，漂亮足球不仅是比赛的副产品，还是你输球时赢得人心的方法。克鲁伊夫关心的漂亮足球是依靠团队实现的，足球如同舞蹈设计，需要场上球员一起共舞，而不是纯个人足球技巧的展示。克鲁伊夫天生不是一个“我为人人，人人为我”的人，他认为只有团队协作才能最好地诠释足球。1974 年以来，克鲁伊夫变成了一个“理想主义的职业球员”，专注于每场比赛都赢得漂亮。

像克鲁伊夫的众多奇怪见解一样，“精神胜利法”随后在巴萨生根发芽。拉波尔塔回忆他在当选巴萨主席后，曾对普拉蒂尼和弗朗茨·贝肯鲍尔（Franz Beckenbauer）说：“我认为赢球很重要，但是在巴萨，我想要最好的球队，就像1974年的荷兰队。”

率领荷兰队夺得1974年世界杯亚军成为克鲁伊夫球员生涯的最后杰作。此后，巴萨再也没能获得联赛冠军，而且克鲁伊夫不断在比赛中收到白牌（西班牙当时还没有黄牌）。香烟对他造成了严重影响，他的烟瘾大到半场休息时要在更衣室里抽烟，如果可以的话，他甚至想在球场上抽烟。有一次，来自阿姆斯特丹的一个朋友曾劝他出去慢跑锻炼，那位朋友说：“跑了50米后，克鲁伊夫对我说‘你脑子有病吧’，然后他便立刻停了下来。”克鲁伊夫接近30岁时，他的身体就开始走下坡路了。

在克鲁伊夫效力巴萨的最后4个赛季中，最重大的事件发生在1975年11月20日。那天，俱乐部的门卫突然走进巴萨总部，打断了俱乐部的高层会议，并对大家说：“先生们，考迪罗（Caudillo）[①] 去世了。”时任巴萨秘书的贾米·罗塞尔（Jaume Rosell）后来回忆道：“当时在场的人有两种反应，有的人说‘让我们开一瓶卡瓦庆祝吧？’，其他人则保持沉默，吓得不知所措。”那天晚些时候，巴萨首席秘书拿起放在蒙塔尔办公室的佛朗哥的半身塑像，然后把它塞给了贾米。当时贾米没有接住，半身像摔成了碎片。“见鬼！”贾米说，“我们以为塑像很坚固，永远不会损坏，事实证明，它只不过是一堆破石膏！”尽管如此，蒙塔尔还是精明地发出电报以示衷心，声明巴萨“为失去不可替代的国家元首而感到悲伤”。

一个月后，当皇马做客诺坎普球场时，数百面加泰罗尼亚地区旗帜被偷偷带进了球场。场外，警察在巴塞罗那街头用警棍殴打拥护加泰罗尼亚地区自

① 佛朗哥的官方政治称谓，在西班牙语中通常指军政领袖或专政元首。——译者注

治的抗议者。那时，西班牙的未来岌岌可危，可以说，如果有人在 20 世纪 70 年代中期，询问西班牙和南斯拉夫哪个将成为繁荣的欧洲民主国家，而哪个又会被内战摧毁时，相信很多人会给出错误的答案。

在佛朗哥政权最后的 10 年里，西班牙政府对加泰罗尼亚语的禁令有所放松。在佛朗哥死后，该禁令则彻底失效了。1976 年，巴塞罗那的地方报纸和广播电台开始用加泰罗尼亚语报道巴萨，因为加泰罗尼亚语中几乎没有足球词汇，他们就创造了一种足球词汇。克鲁伊夫成为第一个戴着印有加泰罗尼亚地区旗帜臂章的巴萨队长。相比社会上的变化，克鲁伊夫更关心球场上的事情。在佛朗哥死后的几个月里，克鲁伊夫一直带头对抗巴萨的新任主教练亨内斯 • 魏斯魏勒（Hennes Weisweiler）。当裁判在比赛中纵容对手对克鲁伊夫的犯规时，这位德国主教练却让克鲁伊夫在比赛中更多地去踢中锋位置。克鲁伊夫本身更喜欢中场位置，这样可以减少与防守球员产生身体碰撞，以便保护他的双腿。佛朗哥的死亡意味着加泰罗尼亚地区的解放，而 4 个月后魏斯魏勒的离任则解放了克鲁伊夫。魏斯魏勒总结说，训练巴萨并不是一件难事，但是“和克鲁伊夫共事是不可能完成的任务”。随后，米歇尔斯再次回到巴萨担任主教练，但是这一次为期两年的执教经历并不成功。

克鲁伊夫在巴萨效力了很长时间，他在 1978 年帮助努涅斯赢得了后佛朗哥时代首次民主的巴萨主席大选。当时，克鲁伊夫扬言如果努涅斯的对手费兰 • 阿里诺（Ferran Ariño）当选主席，他就会离开巴萨。实际上，当时 31 岁的克鲁伊夫已经决定退役了。克鲁伊夫后来解释道：“我失去了踢球的乐趣。”克鲁伊夫发现足球让人精疲力竭，因为对他来说，足球总是充满冲突性的，他也害怕球场上的失败。他知道当他状态下滑时，对手就会猛扑过来。

在一次绑架未遂事件后，克鲁伊夫的家人也认为他是时候退役了。1977 年，一名男子闯入了克鲁伊夫的庄园中，用枪顶着克鲁伊夫的脑袋，让他躺在地上。当时，克鲁伊夫想和他交谈，问他是否想要钱。当劫匪把他绑起来时，丹妮突然跑到门外大声呼救，劫匪听到后跑出去追她，然后就被赶来的警察抓住了。虽然有惊无险，但是此后，克鲁伊夫全家一直生活在恐惧中。

1978 年夏天，克鲁伊夫和米歇尔斯同时离开了巴萨。在随后"无事可做"的几十年里，克鲁伊夫想证明他在其他领域也同样出色。他坚信自己是个"天生的商人"，就像他的父亲以及他在阿姆斯特丹集市的祖先一样。这时，克鲁伊夫和丹妮遇见了拥有俄罗斯血统的法国"幻想家"米歇尔－乔治·巴什列维奇（Michel-Georges Basilevitch）。他以前是个模特，经常开着租来的劳斯莱斯在巴塞罗那街头兜风，丹妮称他是"世界上最英俊的男人"。当时，克鲁伊夫的生意一直是他的岳父科斯特打理的。科斯特曾说："除了上厕所，没有我的话，克鲁伊夫什么事都做不成。"在一种俄狄浦斯式的反叛中，克鲁伊夫为巴什列维奇这个新朋友甩掉了科斯特。

巴什列维奇说服克鲁伊夫把多年赚来的血汗钱投入到各种风险投资项目中，让克鲁伊夫损失最惨重的是一个养猪场的项目。回首往事，身为受害者的克鲁伊夫在 2015 年自嘲说："谁能想象克鲁伊夫会去养猪？我最后对自己说，放弃那些猪吧，你擅长的是足球。"就这样克鲁伊夫在退役的同时也几乎破产了，所以他还得继续踢球。

不是天生的商人，而是天生的导师

1979 年，克鲁伊夫在未能付清税款和偿还完债务的情况下离开了西班牙，加盟了米歇尔斯执教的洛杉矶阿兹台克足球俱乐部，后来克鲁伊夫转会去了华盛顿外交官足球俱乐部（简称华盛顿外交官队）。

在有关克鲁伊夫的报道中，人们往往忽略了他在美国踢球的那段经历，但对克鲁伊夫来说，那段时间是非常重要的。彼得·凡·奥斯（Pieter van Os）在他撰写的一本有关克鲁伊夫在美国踢球的书中指出，在美国踢球的那几年，克鲁伊夫认识到他不是一个天生的商人，而是一个天生的导师。他重新发现了足球的乐趣，一种新的乐趣——为其他人传授足球技巧的乐趣。

北美足球联赛的“任务”就是向美国人推销足球。与在联赛混日子的大部分过气的欧洲球星不同，克鲁伊夫在美国踢球时非常专注，他花了大量的时间为孩子们举办足球讲座，参加电视节目。他热爱这个工作，每次讲话和展示动作时都非常认真。

在美国，不听从克鲁伊夫意见的足球从业人员只有克鲁伊夫在华盛顿外交官队的队友。在华盛顿踢球的日子是克鲁伊夫一生中唯一一段体验英国足球文化的经历，不过那段经历却令人震惊。华盛顿外交官队的主教练戈登·布拉德利（Gordon Bradley）和大部分球员都来自英国足球联赛的下游球队。他们喜欢喝啤酒，不喜欢克鲁伊夫对战术夸夸其谈。有一次，在布拉德利发表完赛前讲话离开更衣室后，克鲁伊夫站了起来，他擦掉了主教练在黑板上写下的战术，然后向全队说：“显然，我们可以完全采用不同的方式去比赛。”克鲁伊夫一度对他的队友非常失望，所以他宣布将不会在场上扮演组织者，只会负责进球，而他后来也是这么做的。

1981 年，34 岁的克鲁伊夫回到荷兰和家人团聚，正是在那段时间，我认识了他。那时，荷兰足球的黄金时代刚刚过去，我是个 12 岁的足球迷，居住在莱顿，它是阿姆斯特丹南部的一个小镇。每当我所在的业余足球俱乐部周末的比赛因为大雨而取消时，我们就会在俱乐部会所里观看 1974 年和 1978 年世界杯的比赛视频。这是一个国家的“仪式”，有个朋友告诉我，当球队里的孩子们看到内斯肯斯在 1974 年世界杯决赛中开场一分钟打入点球的视频时，他们欢呼雀跃，尽管他们已经知道比赛结果了。

那时候在荷兰，全攻全守的足球体系已经丢失得无影无踪，如同古罗马帝国衰亡后，没有人知道如何把清水引入城中一样。1981 年，克鲁伊夫加盟了阿贾克斯，他的工资和上座率挂钩。我不停地在父亲身边唠叨，让他带着我和弟弟去观看克鲁伊夫返回家乡后的首场比赛——12 月 6 日阿贾克斯对阵哈勒姆足球俱乐部（简称哈勒姆）。荷兰球迷非常兴奋，但是也充满了疑虑，克鲁伊夫当时已经 34 岁了，而且身体状况大不如前，这个贪财的人是来养老的吗？

我致电阿贾克斯售票部，询问比赛门票是否已经卖光了。一位女员工多次向我保证："门票从未卖光过。"但是，当我在周日抵达体育场时，门票居然已经销售一空。我难过地哭了，我们只能在周日晚间《体育演播室》（*Studio Sport*）节目中观看比赛集锦。比赛开场 22 分钟后，克鲁伊夫接过队友的传球，转身过掉了两名防守球员，在禁区外将球挑过哈勒姆门将爱德华·梅特高德（Edward Metgod）的头顶，足球应声入网。这个进球终结了球迷之间的争论。岁月流逝，在克鲁伊夫儿时居所对面的小体育场里，再次响起了如同 1972 年欧冠决赛阿贾克斯进球后球迷的欢呼声。

在那天晚上的《体育演播室》节目中，克鲁伊夫阐述了他的想法。他知道前队友琼布吕德是哈勒姆门将梅特高德的守门员教练，他也知道琼布吕德认为门将应该从近门柱位置前移。克鲁伊夫在比赛刚开始后便已经观察到梅特高德就是这样移动的，然后他便瞄准远门柱踢了一脚吊射。

从那以后，全荷兰的球场几乎座无虚席，人们蜂拥而至就是为了观看克鲁伊夫的比赛。裁判员和对方防守球员都心照不宣地将他看作珍贵的"国宝"，不敢在比赛中伤害他。

克鲁伊夫总是认为有很多球员比他的技术好，但自从童年时期以来，他就能比其他球员更早地发现一些东西，而且没有人比成年后的克鲁伊夫更早地发现这些东西。克鲁伊夫曾经说，他在 30 岁前凭感觉做事，30 岁后他才开始理解自己为什么要做那些事。他能突然用外脚背将球传给对方门前的队友，这样的传球出人意料，有时连摄像机镜头都跟不上。现在，他会详细地向记者解释足球，只要记者给他带几包香烟，他就会打开话匣子。这就像是每周你都可以在荷兰《国际足球》（*Voetbal International*）杂志上看到爱迪生讲发明的那些故事一样。

克鲁伊夫的表达经常让人费解。他的智商超过了他的表达能力，而且他会在辩论中省略关键性内容。虽然克鲁伊夫的表达有些不太连贯，但就像施普马克尔所说的“即使克鲁伊夫说的是废话，那也是吸引人的废话”。后来，克鲁伊夫拥有了自己的电视节目，要知道对于只有两个电视频道的国家来说，这是十分珍贵的。

通过电视节目，克鲁伊夫向整个荷兰传授足球。他创造了荷兰比赛的语言——几何足球。“其他国家总是有更多的金钱、更多的空间和更多的人口，”克鲁伊夫说，“荷兰必须用头脑得到这些。”

克鲁伊夫曾表示，即使在莱顿凹凸不平的场地上，也有很多东西可以利用，他还谈到过很多自己总结的经验，把球传给离你最远的锋线队友；绝不能四角传球，因为如果对手断球的话，对方球员就相当于打败了两名球员，即传球的人和准备接球的人；不要给队友传脚下球，而是要传到队友身前大约一两米远的地方，这有助于队友加速跑动接球。还比如要给队友的主力脚传球；要面向对手球门接球；如果有两三名球员盯防你，要把球传到另一条边路，因为按照逻辑，此时对手在另一条边路会缺少一两名防守球员。不要理会对手状态最差的球员，当他拿到球后，再压迫他。

在心理层面，克鲁伊也总结了很多心得，如果有队友在比赛中无法集中注意力，你便要通过凶狠的犯规来“唤醒”队友；如果你的状态很差，将球反复传给离你最近的队友，这样你就能找回踢球的自信；要踢简单的足球，一脚传球。克鲁伊夫永远都会谈论“第三人”，例如，如果球员 A 准备传球给球员 B，那么球员 C 该如何正确地跑到空当位置呢？类似这样专业的问题还有很多，我所掌握的所有足球知识都是从克鲁伊夫那里学到的。

1982 年 12 月 5 日，克鲁伊夫在阿贾克斯和海尔蒙德体育足球俱乐部（简称海尔蒙德）的比赛中主罚点球，他没有选择直接射门，而是将球传向了他的左边。他的队友杰斯佩·奥尔森（Jesper Olsen）突然插上，将球回传给了克鲁伊夫，赛前他们已经就这一配合秘密演练了很多遍。随后，克鲁伊夫轻松将球推进空门，海尔蒙德的守门员和防守球员对整个过程毫无准备，目瞪口呆地目送足球入网。克鲁伊夫创造了点球的全新踢法，他的主体思想是：重新思考足球的所有惯例。

克鲁伊夫的理念对路德·古利特（Ruud Gullit）影响颇深，每次踢完比赛后，他和队友会坐在当地的快餐店里，针对比赛中出现的问题展开“克鲁伊夫式”的讨论，他会说：“那个球你向前跑了 10 米，有点太远了。”当他 16 岁返回英国居住时，他发现英国足球运动员从不讨论足球，他们只会彼此催促：“争顶头球！”“加油，蓝军！”1997 年，效力于切尔西足球俱乐部（简称切尔西）的古利特曾对我说：“在荷兰球队的更衣室里，每个人都认为自己很懂球。在意大利球队的更衣室里，每个人或许认为自己很懂球，但是没人敢对主教练说。”我问他：“那么在英国球队的更衣室呢？”古利特回答道：“在英国球队的更衣室里，球员们只会一笑了之。”

那几年，从克鲁伊夫身上受益最多的是荷兰冉冉升起的新星们，如弗兰克·里杰卡尔德、罗纳德·科曼（Ronald Koeman）、马尔科·范巴斯滕（Marco van Basten）。他们的年龄在 17 ～ 20 岁之间，克鲁伊夫回到阿贾克斯后，他们就在他身边踢球。

在训练场上、更衣室里、比赛中，克鲁伊夫不厌其烦地给这些天才球员提出建议。克鲁伊夫不拘礼节，从不分三六九等，他愿意花上一小时的时间和年轻人讨论足球。但是，他的教学方法中有很多荷兰粗话俚语。最大的“受害者”就是克鲁伊夫眼中那些最有前途的年轻人，他从不在平庸之辈身上浪费时间。克鲁伊夫很少赞美别人，而且对别人说的任何事都不以为然，他认为争论和足球一样都是一项充满竞技性的“体育项目”，他觉得自己知道一切，无论是阿姆斯特丹街道上红绿灯的正确位置，还是打开碳酸饮料的正确方法。有一次，克鲁伊夫把范巴斯滕说哭了，他还在一次采访中称杰拉德・范恩博格（Gerald Vanenburg）“不会成为球队的领袖，因为他的声音太刺耳了”。多年以后，范恩博格对我说，他从克鲁伊夫身上学到的东西是“如何不去做某事”。

克鲁伊夫不管这一套。他开始组建忠于他的由记者组成的“个人警卫队”，他们像警犬一样攻击冒犯克鲁伊夫的队友或俱乐部董事。克鲁伊夫对从米歇尔斯那里吸收过来的“冲突模式”理论深信不疑，即冲突是有效的，因为这种理论模式让冲突双方都试图证明一些事情。然而，这种争论或许只是克鲁伊夫的个性体现。

传奇退场

克鲁伊夫随阿贾克斯夺得了 1982 年和 1983 年的荷甲冠军。然而，作为克鲁伊夫少年时期就效力的足球俱乐部，阿贾克斯在 1982—1983 赛季结束后拒绝和他续签高价合同，所以当时 36 岁的克鲁伊夫出人意料地加盟了球队联赛主要对手费耶诺德足球俱乐部（简称费耶诺德），他在那里遇见了一位有前途的年轻球员古利特，但克鲁伊夫对队友战术上的无知感到吃惊。在费耶诺德，他有时不得不在两秒内向 6 名球员发号施令，队友们就像孩子一样，他们一抢到球，就会一窝蜂地向前跑，每个人都希望进球，只有克鲁伊夫愿意回撤，拖着他中年人的身体，填补队友留下的防守空当，以防对手的反击。你必须在丢球前组织好防守，不然就太迟了，这是看不见的比赛，在没有球权的 88 分钟里你在干什么决定了你是不是个好球员。没有人会为了这些而称赞你，但是这些东西却决定了比赛结果。克鲁伊夫说，有的球员即使没有触球也可以在比赛中表现出色。费耶诺德的防守球员斯贾克・特鲁斯特（Sjaak Troost）

称，他在和克鲁伊夫做队友的一个赛季里学到的东西，比他作为职业球员前 5 个赛季里学到的东西还多。

回望 1984 年，克鲁伊夫解释道，职业生涯的轨迹如同开车一样，“起初，你对自己做的任何事情都很专注，然后你会来到无意识行为时期，最后是第三阶段，向前看，看好前面那两三台车。”这并不是说克鲁伊夫可以同时看见球场上有 3 个人在向前移动，而是**克鲁伊夫知道每次进攻和用纸牌做房子的道理是一样的，非常脆弱、容易坍塌，但他能凭直觉知道纸牌坍塌的地方，知道球队进攻的最强点在哪里。**

克鲁伊夫不参加费耶诺德的森林跑步训练，除了训练后和队友一起喝咖啡和吃饼干。但是，他在费耶诺德唯一的赛季夺得了荷甲和荷兰杯的双料冠军，并在 37 岁时获得了荷兰年度足球先生的荣誉称号。1984 年 5 月 13 日下午 4 点 06 分，克鲁伊夫在他职业生涯最后一场对阵兹沃勒足球俱乐部的比赛中被替换下场。他叹着气朝场下走去，他的两名队友坚持将他举起，用肩膀扛着他下场，幸运的是，这没有持续太长时间，一名穿着低胯牛仔裤的俱乐部官员快速地陪他走向球员通道，打开了更衣室的大门。克鲁伊夫的传记作者施普马克尔在球场新闻媒体看台上见证了克鲁伊夫最后的退场镜头，他在成功的《克鲁伊夫，亨德里克・约翰内斯，非凡的人》（*Cruijff, Hendrik Johannes, fenomeen*）一书中写道，“我折起了写字桌，这样我就能站起来向克鲁伊夫短暂地鼓掌致敬。在过去的 20 年里，如果没有克鲁伊夫，我的生活不会这么丰富多彩、充满欢乐。”对我来说也是如此。

第 4 章

带领巴萨走向辉煌

在遇到克鲁伊夫之前，我对足球一无所知。

——何塞普·瓜迪奥拉

巴萨前主教练，梦三王朝缔造者

克鲁伊夫在阿贾克斯和巴萨的教练生涯仅仅持续了 11 年，1996 年放下教鞭前，他甚至砸坏了诺坎普球场的主教练办公室。克鲁伊夫似乎从来没有像享受踢球一样享受过执教，他后来对哈维说："离球场越远，感觉越糟糕。"他或许不是瓜迪奥拉或路易斯・范加尔（Louis Van Gaal）那样的好教练，尽管范加尔永远不会承认，但是两人都是克鲁伊夫足球理念的追随者。而且，**克鲁伊夫是与众不同的，如果没有他，或许就不会有瓜迪奥拉，更不会有梅西、哈维或伊涅斯塔。**

足球世界的编舞者

克鲁伊夫在 1984 年退役后休息了一年，然后在 1985 年出任阿贾克斯的主教练。那时，荷兰足球已经毫无特点，曾在 20 世纪 70 年代风靡世界的"全攻全守”足球风格已经被遗忘殆尽，是克鲁伊夫让它复活了。20 世纪 80 年代中期，克鲁伊夫在阿贾克斯创造了全新的足球风格，这种风格后来成为巴萨的标志。他执教的阿贾克斯是一支擅长进攻的球队，因为他不想在教练席上百无聊赖地坐着，他认为观众应该笑着、吹着口哨离开体育场。即使输了比赛，克鲁伊夫也不会妥协去改变球队踢法，他说：“你必须到死都坚持自己的想法。”

克鲁伊夫上任后做的第一件事，就是让阿贾克斯俱乐部从 U8 球队到一线队的所有梯队都使用相同的阵型——4-3-3。克鲁伊夫解释说，4-3-3 阵型可以在整个球场形成一个传球三角，而 4-4-2 阵型只能形成正方形和矩形。虽然采用 4-3-3 阵型，但是他自始至终都不需要后防线有 4 名防守球员。克鲁伊夫的理念是，防守球员的数量只需比对方前锋的数量多一人即可，因为那时大多数荷甲球队都安排两名前锋，所以赛场上有 3 名防守球员就足够了。这样就解放了一名中后卫，通常是科曼，他可以在任何可能的情况下前压到中场位置，将球队阵型变为 3-4-3。这样的打法既可以在球场上保留传球三角，也能让阿贾克斯在中场占据人数优势。这是克鲁伊夫足球理念中的一条，他认为控制住中场的球队就能控制住足球。

在后防线上仅使用 3 名防守球员似乎还不足以让人提心吊胆，克鲁伊夫甚至让防守球员站在球场中线上，他的目的是让 10 名球员一直留在对方半场。正如 20 世纪 70 年代荷兰队的踢法一样，当阿贾克斯丢失球权后，全队都会为了夺回球权进行高强度的“压迫”。如果阿贾克斯的最后一名防守球员和最前面的锋线球员之间能够保持在 32 米以内的距离，那么对手就没有空间施展拳脚了。密集的阵型也让阿贾克斯锋线球员在回抢时节省了很多体力。克鲁伊夫说：“我认为，前锋只要跑 15 米就可以了，除非他非常愚蠢，或是睡着了。”

阿贾克斯守门员斯坦利·门佐（Stanley Menzo）被要求独自“巡视”己方半场，在己方禁区前活动，就像街头足球中的“飞行守门员”一样。门佐问道：“如果对方球员在中线吊射怎么办？”克鲁伊夫回答：“那你应该为他鼓掌致意。”

阿贾克斯球员此前从未在这样的体系中踢过球。克鲁伊夫不会替他们在场上做决定，所以他制定了一个“学习过程”来培养独立思考的“克鲁伊夫式”球员。在一场比赛中，阿贾克斯踢得不是很顺利，一名防守球员跑向教练席寻求帮助，但克鲁伊夫让他“自己想办法”。他强迫球员们独立思考、自由踢球。克鲁伊夫喜欢球员们自己在场上做决定，即使有时候他们会做出很糟糕的决定。“球员都以为战术来自主教练，”他说，“但是，教练顶多起个头，剩下的就靠球员了，他们要把训练中的战术付诸实践。”克鲁伊夫很想要胜利，但是他更想传授足球理念。有时，坐在教练席上的克鲁伊夫甚至会忘记比分。

克鲁伊夫是一个凭直觉执教球队的教练，他不会遵循技术手册中的技战术，当他尝试解释重要的理论时，他经常结结巴巴地被有限的词汇量绊住，或者说着说着就和球员争论起来，把自己也弄得心烦意乱。他对训练方法也没有什么耐心，在训练课前不会写下任何训练流程。他发现带领球员们进行体能训练十分无聊，所以他会让助理教练来负责。克鲁伊夫更不爱开会，他经常利用全队从更衣室走向球场的时间来开早会，简短几句就把该说的事情说完了。

克鲁伊夫传授给球员们的所有东西都源于他自身的经验。他的训练课通常时间很短，但他要求球员们必须在训练中全神贯注。他花了很多时间用一种方法来训练球员，自从克鲁伊夫执教后，这种方法成为阿贾克斯和全世界几乎所有俱乐部的主要训练方法之一——“抢圈”。抢圈虽不是克鲁伊夫发明的，但是他把它发扬光大了。

抢圈实质上是足球训练中的“遛猴”游戏，几个球员在有限的空间里相互传球，而防守球员设法拦截传球。通常情况下，进行抢圈训练的人数是 5 名传球球员和 2 名防守球员，你可以改变双方球员的数量，或者缩小传球区域，以此来增加训练难度。你可以让技术全面的球员加入拥有球权的一方，你甚至还可以用椭圆形的橄榄球进行抢圈，让球员知道如何对球场上的不可预测性做出反应，你可以增加任何你喜欢的规则。抢圈让克鲁伊夫回到了他童年时期的街头足球比赛中，对他来说，这种练习是足球运动的精华——时间、空间和传球，克鲁伊夫认为，足球如同几何学一样。

克鲁伊夫认为擅长抢圈的球员都是优秀的，在这种运动中，你可以通过占据好的位置让队友传出斜线球而获胜，因此你必须站到可以看到更多空间的位置上。此外，你不能漫无目的地传球，传球前必须思考清楚，在足球场上最好的传球是能够穿透对方后防线的直塞球。如果你能交替使用长传球和短传球，把球从球场一侧传到另一侧，让对手不得不跑来跑去，那么对手的防守阵型自然大乱。

在抢圈和真实比赛中，防守方利用足球周围的球员数量超过进攻方来赢得球权。如果防守方能够切断所有的传球路线，那么防守方就知道球将传到哪里，就可以来断球。即使防守方未能在第一次拼抢中抢回球权，这样的防守方式也会干扰到对方的传球，或许就能在下一次拼抢中成功断球。

更重要的是，抢圈训练无须太多跑动，即使已经退役的克鲁伊夫也经常参与其中。有时，他会故意站在错误的位置上，等着其他球员纠正他。克鲁伊夫说："我感觉自己一点儿也不像主教练，我总觉得自己是球员。"更确切地说，他以前踢球时像个教练，现在当了教练却像个球员。

同时克鲁伊夫还把阿贾克斯变成了辩论协会，他那无穷无尽的而且通常十分无趣的想法和理念，让球员们精疲力竭，这些球员中多数还曾遭受过和他一起踢球的痛苦经历。科曼回忆说："我很想告诉他，'闭嘴吧！'"但克鲁伊夫自己并不觉得无趣，他每天都会为球员们开辟新愿景，中场球员里杰卡尔德认为，克鲁伊夫有着"不停创造的需求"。克鲁伊夫还曾让一位歌剧演唱家来向球员们传授如何呼吸。这个方法现在仍是克鲁伊夫足球理念的一部分，例如，如果球队被对手压得喘不过气来，需要换上的是进攻球员，而不是防守球员，这样对手就得被迫回防。

克鲁伊夫一直在球场上寻找“克鲁伊夫式”球员，他希望这个人能够掌控每一分钟的比赛，就像他自己在米歇尔斯执教时做的那样。最后，他认为阿贾克斯的最佳球员里杰卡尔德具备这种潜质，但他没有察觉到里杰卡尔德并不想成为下一个克鲁伊夫，因为里杰卡尔德本质上是个斯文的人，更适合成为评论员或心理学家。

克鲁伊夫继续使用他一贯的执教方式——强迫、爆粗口、要求球员们去控制比赛。直到有一天，里杰卡尔德实在是受够了，他脱掉了训练背心，大喊道：“你就知道唠叨，祝你得霍乱。”然后，他走出了训练场。毫无准备的克鲁伊夫不得不将里杰卡尔德租借给了皇家萨拉戈萨足球俱乐部。

克鲁伊夫其实也知道自己喜怒无常的性情在球员日常管理方面造成了不太好的影响，他经常沉思着说，俱乐部的运营应当依靠天才和机构组织者的配合。然而克鲁伊夫一直无法解决的难题是，他所管理的机构总是更看重天才，而不是机构本身。

然而，过了一段时间后，克鲁伊夫的荷兰粗话应验了。1987 年，年轻的阿贾克斯夺得了欧洲优胜者杯①冠军，这是荷兰球队自 20 世纪 70 年代以来获得的第一个欧洲优胜者杯的冠军。

1988 年，克鲁伊夫培养出的天才球员范巴斯滕、里杰卡尔德、科曼、古利特、范恩博格和扬·沃特斯（Jan Wouters）在主教练米歇尔斯的带领下，夺得了荷兰队迄今为止唯一的世界大赛冠军——欧洲足球锦标赛（简称欧洲杯）冠军。此外，队中几乎所有的球员随阿贾克斯赢得过欧洲赛事的冠军。如果没有克鲁伊夫，这批球员不可能变得如此优秀。科曼表示：“克鲁伊夫让我

① 欧洲优胜者杯是一项由欧洲足球协会联盟（UEFA）主办的俱乐部赛事，是曾经的“欧洲三大杯”之一，1999 年停办。——编者注

明白了无数的足球细节，正是这些细节影响了比赛的胜负。”

在意大利足球甲级联赛（简称意甲）与马拉多纳有过交锋的里杰卡尔德后来说，马拉多纳是个盘带大师，可以单枪匹马赢得比赛，但是只有克鲁伊夫可以通过让两名球员变换位置来赢得比赛。2000 年，里杰卡尔德对我说："我是看着 20 世纪 70 年代球员的比赛长大的。后来，我也曾和很多优秀的顶级球员同场竞技过，但我还是崇拜那个年代的足球。我非常欣赏那时的足球理念和逻辑，球员们都会主动去阅读比赛，他们会想，如果你站在那里，那我在场上就要根据你的站位做出选择，球员是时刻在思考的。”

克鲁伊夫得意扬扬地和我谈起了里杰卡尔德："我曾经和他吵过一架，因为我想让他变得更加敏锐。在 AC 米兰，他重新找到了那种感觉，我很开心他越来越好。”克鲁伊夫很少记恨和他争吵过的球员，也许是因为他很享受这些争吵。

1987 年，克鲁伊夫在执教阿贾克斯的最后几个月里，参与录制了一部精彩的电视纪录片。纪录片的内容构架很简单，展示的是克鲁伊夫和荷兰国家芭蕾舞团的艺术总监鲁迪·范·丹齐格（Rudi van Dantzig）一起参观各自的工作场所，并对各自的职业进行了讨论。芭蕾舞演员的刻苦训练让克鲁伊夫印象深刻，他感叹道："舞台上的精彩表演是台下的血水、汗水和泪水换来的。”

当范·丹齐格回访阿贾克斯时，他和克鲁伊夫站在体育场里看着阳光下的球员们训练，克鲁伊夫说"顶级的舞蹈都十分强调细节”。

克鲁伊夫： 看，在你们这个水平层次上，每个人都能用脚趾站立，这是显而易见的。

范·丹齐格： 是这样的。

克鲁伊夫： 但我认为，能否用脚趾站立并不是关键，关键在于你完成了哪些动作。你是站直了，还是仅仅转了 90 度，或者你在舞台上旋转跳跃，这之间的差别是非常大的。

范·丹齐格：你们也如此关注这些细节吗？

克鲁伊夫：是的！踢足球和跳舞一样，细节之处见功力。

然后，克鲁伊夫在球场草地上表演了“克鲁伊夫式”足球的细节。如果你的队友用弱侧脚带球，你需要离他很近，这样他才能把球准确地传给你。如果你要给第三个人传球，那么你必须正面朝向他。随后，克鲁伊夫踢了一脚不看人的脚内侧传球，他说道：“这根本没用，因为你什么都没看见。”克鲁伊夫认为，如果你没有看到第三个人，那么你就得把球传给能看见第三个人的球员。克鲁伊夫说：“然后，进入下一个阶段，你要‘强迫’某个队友在你的视线范围里跑动，这样他就可以随时接应你。”范·丹齐格问道：“所以，这也可以说是一种‘编舞’吧。”“是的，的确如此。”克鲁伊夫答道。

在纪录片的片尾，当克鲁伊夫被问道学到了什么时，他回复说：**“朋友们，无论你做什么，在原理上都没有太大的差别。差别只体现在一些细节上，大多数的做法其实都没有差别。”**克鲁伊夫总是将自行车赛、赛马和所有球类比赛中存在的问题看作足球运动的问题集。

执掌巴萨教鞭

1988 年 1 月，在一次争吵之后，克鲁伊夫离开了阿贾克斯。之后，他再次抵达了巴塞罗那机场，和其他乘客一起坐着伊比利亚客车前往候机楼。那时的巴萨主席依旧是身材矮小的何塞普·路易斯·努涅斯，10 年前正是在克鲁伊夫的帮助下，努涅斯成功当选了俱乐部主席，他也成为迄今为止最后一位担任俱乐部主席的非加泰罗尼亚人。努涅斯出生时的名字是具有卡斯提尔特色的约瑟·路易斯·努涅斯（José Lluis Núñez），他在 7 岁时和家人移居到了巴塞罗那，后来在他岳父的建筑公司工作，并成为公司的总裁。努涅斯不喜欢克鲁伊夫，但是为了次年举行的俱乐部主席大选，他先于竞选对手之前签下克鲁伊夫，希望借助克鲁伊夫的影响力为自己赢得更多支持。克鲁伊夫后来说，努涅斯把他当作“能够赢得选举胜利的倚仗”，努涅斯同时同意付清克鲁伊夫以前在巴萨效力期间留下的债务。克鲁伊夫的得力助手托尼·布鲁因斯·斯洛特后来回忆道：“我们会在巴萨待上一年试试。克鲁伊夫和我说，‘让我们拭目以待吧！’”

克鲁伊夫重回巴萨后，他在诺坎普球场的见面仪式上对媒体记者表示，他回到了他的“第二故乡”。克鲁伊夫没有承诺一定会带领巴萨拿下联赛冠军，但是他承诺会让巴萨踢出“漂亮足球”，同时指出将由教练组独立自主地确定比赛阵容。当然，在巴萨这个拜占庭式的“政治机构”中，这一点在当时还不能确定。

在执教巴萨的首个赛季，克鲁伊夫说：“我从未深思熟虑过任何决定，否则我就不会开始在巴萨的冒险之旅。”在巴塞罗那，他的家人可以居住在体育场和沙滩附近，1 月天气好的时候，还可以在户外就餐。克鲁伊夫的女儿钱特尔的男朋友丹尼·穆勒（Danny Muller）是阿贾克斯青年队的球员，他和克鲁伊夫家人一起来到了巴塞罗那，克鲁伊夫为他在巴萨 B 队找到了位置。

多年后，回首自己接手前的巴萨，克鲁伊夫的形容是“一无所有”。克鲁伊夫一点没有夸张，瓜迪奥拉后来指出，克鲁伊夫执教前的巴萨“没有持久的或独特的足球风格”。成绩方面，巴萨在当时也一直没有起色，此前 25 年里，巴萨只赢得了两次西甲冠军，其中一个还是身为球员的克鲁伊夫在 1974 年率队夺得的。1986 年，在塞维利亚举行的欧冠决赛中，巴萨对阵罗马尼亚的布加勒斯特星足球俱乐部（简称布加勒斯特星），信心十足的巴萨甚至提前准备好了 300 人规模的赛后庆祝宴会。但比赛进程并不顺利，最终比赛进入点球决战，巴萨出人意料地罚丢了所有点球，没能拿下计划中的冠军。赛后宴会仍旧继续举行，只不过没有了欢声笑语。

习惯性的失望让巴萨球迷满腹牢骚，在克鲁伊夫执教巴萨的前一个赛季，一些主场比赛只有约两万名观众。之后，为了表达不满，巴萨球员们聚集在巴塞罗那霍斯波利亚酒店发表声明，要求俱乐部主席努涅斯辞职。声明中写道："我们已经对主席彻底失去了信心，我们感觉自己被他欺骗了。"作为回应，努涅斯在那个夏季强势"清洗"了 14 名球员。

当时效力巴萨的英格兰前锋加里·莱因克尔是为数不多未被交易的球员之一，谈及此事，他在几十年后窃笑道："很高兴在他们签署声明时我不在现场，我当时正在英格兰。"那么，莱因克尔对克鲁伊夫的第一印象是什么呢？莱因克尔是这样形容的："我会把他描述成一个有点儿自以为是的人。实际上，他不是'有点儿自以为是'，他就是个自以为是的人。当乘车前往比赛场地时，他会坐在大巴车司机身后，告诉他何时左转弯、何时刹车等。"

克鲁伊夫不仅是来执教巴萨的，他还是来彻底改革巴萨的，从俱乐部一线队到 U8 球队的集体改革。他认为自己执教的俱乐部必须是一家伟大的俱乐部，他在阿贾克斯的生涯：从蹒跚学步的球场助理到"足球神童"，从清洁工的儿子到欧洲冠军，这都让克鲁伊夫感觉俱乐部就是生活中的一切。每次他走进诺坎普球场的更衣室，都像回到家一样。

克鲁伊夫对俱乐部的日常事务进行了全方位的干预。他觉得球员们站在场上和教练员站在场边，都很难看清看台背景下身着红蓝队服的球员，特别是在比赛最后阶段，当球衣被汗水浸湿变暗以后。他在 2000 年对我说："我执教巴萨后做的第一件事就是选择制作队服的材料，他的意思是，'即使球员流汗了，我也能在场边看清楚他们。'我希望巴萨的第二套队服的颜色是鲜艳的橙色，这样当我们去其他地方比赛时，没有人会想，'这些家伙是谁？'那就是我们，穿橙色队服的是巴萨。"碰巧，橙色也是荷兰国家队的球衣颜色。

克鲁伊夫聘请他的前队友卡尔斯·雷克萨奇（Carles Rexach）担任他的

教练助手及巴萨“政治浪潮”中的领航员。雷克萨奇是加泰罗尼亚商人的儿子，出生在离诺坎普球场仅几百米远的地方，他经常说：“我一辈子都生活在很小的范围内。”此外，克鲁伊夫还从巴萨手球队找来了他的体能教练帕科·塞鲁尔罗。

克鲁伊夫认为巴萨董事的人数太多了，他们不仅不了解足球，还总是随意进入更衣室指手画脚。后来克鲁伊夫禁止俱乐部董事进入球员的“秘密花园”，努涅斯和俱乐部的两位副主席除外，虽然他们的出现也令人扫兴。克鲁伊夫甚至不在乎冒犯有权解雇他的人，他认为主教练在思想和个人财富上必须独立，这样才能做自己想做的事情。否则，每天都有着“无数问题的”“令人不快的”教练工作，这对他来说是不值得的。

1988 年，克鲁伊夫回忆说，当时他还给自己设定了一个目标，就是消除巴萨近年来存在的作为加泰罗尼亚地区失败者的俱乐部形象。他说：

> 加泰罗尼亚人的心态仍旧有佛朗哥时代的印记。这里的人认为自己必须埋头苦干，小心翼翼，还不能引起别人的注意。那时，巴塞罗那街道上的流行色是海军蓝色，这种颜色是中性色，它能使你不会在众人中脱颖而出，也不会被人注意。但随着此后巴萨一场又一场的胜利，加泰罗尼亚人的心态发生了改变，人们的个人形象也变得逐渐明亮起来，我只是催化剂而已。

为了消除巴萨身上长期以来的受害者文化，克鲁伊夫引进了很多巴斯克[①]球员，特别是埃内斯托·巴尔韦德、提克希奇·贝吉里斯坦（Txiki Begiristain）和何塞·玛丽亚·巴克罗（José María Bakero）。身为球员的克

① 巴斯克人（Basque）为西南欧的一个民族，是欧洲最古老的民族之一，主要居住在西班牙和法国边界的比斯开湾地区和比利牛斯山脉地区，该民族以勇猛善战著称。——编者注

鲁伊夫在效力巴萨期间就得出结论——巴斯克人“非常勇敢”。他解释道：“不知道为什么，足球将心理学与人类学混合了，不过这也是教练工作的一部分。”

克鲁伊夫解释了他对当时挤满巴萨日常新闻发布会现场的记者们在态度上的变化。他的西班牙语虽然带着阿姆斯特丹口音，但是非常流利。当他无法想起合适的词汇时，他就会使用货摊上的习语“在特定时刻”。

克鲁伊夫的话总是让人费解，他却自得其乐。他对记者说：“如果我想让你理解我所说的，我会和你解释清楚的。”在与拉科鲁尼亚足球俱乐部（简称拉科鲁尼亚）的一场比赛后，他曾分析道：“他们进了 5 个球，我们进了 6 个，原则上，这很合乎逻辑，因为总有两个人无人看防。”①

纽约哥伦比亚大学经济学教授，后来担任巴萨财务主管的夏威尔·萨拉-伊-马丁（Xavier Sala-i-Martín）指出：“克鲁伊夫在新闻发布会上的发言就像在演讲，他将足球理念不仅传授给了球员，最重要的是，他还将理念传授给了媒体和大众。”克鲁伊夫管理的是“国家教育工程”，这和他以前在荷兰的做法如出一辙。

克鲁伊夫将加泰罗尼亚足球的关注点从注重身体素质训练转移到提升控球技术上，他表示：**“你应该要当胜利者，而不是‘受害者’，所以你要掌控一切。为了能在足球运动中成为胜利者，你就需要拥有球权。”**

抢圈成了球队的日常“仪式”，它将热身和训练赛融为一体，所以巴萨没有在慢跑和拉伸上浪费时间。那时，球队在诺坎普球场外的场地上训练，那个训练场太小了，小到甚至不能进行角球训练。训练时，你能听到街上的行人隔着围栏大声议论。此外，总会有一些记者、球迷以及像阿尔伯特·卡佩拉斯这

---

① 原文有语法错误。作者想借此说明克鲁伊夫经常词不达意，让人不知道他在说什么。——译者注

样胸怀壮志的教练来观看训练课。卡佩拉斯经常从大学骑着摩托车赶过来看巴萨训练，他了解到可以通过听传球的声音来判断抢圈是否流畅。当你转过身背朝训练场时，闭上眼睛，能听到足球在球员之间传来传去，产生有节奏的声音“嘭，嘭”。当卡佩拉斯在当地学校执教青少年队时，他发现克鲁伊夫的训练方法适用于各个级别的球队。

加盟巴萨的新球员在抢圈时都要从中间位置的抢球一方开始。克鲁伊夫、雷克萨奇和几个老队员围成一圈传球，球速很快，有的新人好几分钟都碰不到球。这是给新人传递的信号——“欢迎来到巴萨”。球队门将安东尼·苏比萨雷塔（Andoni Zubizarreta）也要参加抢圈，而且克鲁伊夫有时会让他在友谊赛中踢中场位置来提高他的传球能力。

抢圈的氛围在一定程度上能够反映出巴萨状态的好坏。外行人通过比赛来判断球队状态，但是在巴萨，日常训练就能塑造氛围。球队的日常训练从抢圈开始，这要比冲刺跑更有趣。训练后，球员们有时会一起去附近的咖啡馆喝咖啡，和在那里玩多米诺骨牌的老人们聊天。

其他西班牙足球俱乐部都在嘲讽巴萨：“巴萨球员根本不好好训练，他们就知道玩小游戏。”克鲁伊夫对这些声音毫不在意，“训练课很有趣，”他说，“踢自己的足球，这就是我们在做的事情。有时，我十分嫉妒球员们，当他们享受踢球的乐趣时，我却只能坐在教练席上。”克鲁伊夫曾明确表示，如果他老到不能和球员们一起训练，他就不再执教了。

亲自参加抢圈是克鲁伊夫言传身教最好的方式。他向球员们展示如何跑位，他认为他是唯一告诉球员们如何减少跑动的教练。他高兴地发现巴萨球员们欢迎他的到来，克鲁伊夫说：“他们不是荷兰球员，不会在你呼吸的时候说‘是的，但是……’”莱因克尔回忆道：

> 克鲁伊夫总是训练中表现最好的那个人。他在训练中趾高气扬，但是他说的都在理。他有很多控球训练方式：7 对 5、9 对 7、4 对 2，这些都和控球有关，当你拥有球权时，就要尽可能地扩大球场范围。你可以发现现在很多教练都在比赛中使用这个战术，特别是瓜迪奥拉。

对于 1988 年夏季加盟巴萨，并效力俱乐部 7 年之久的欧塞维奥 • 萨克里斯坦来说，在克鲁伊夫手下踢球是他职业生涯中最快乐的事情。后来我在巴塞罗那索菲亚公主酒店和羞涩、矮胖、人到中年的萨克里斯坦喝茶时，你绝对看不出他曾获得过欧冠冠军。作为球员，他既不强壮，跑得也不快，而且也很少进球。自从童年时期以来，他最擅长的就是传球，但在加盟巴萨之前，他一直在“没有秩序的体系中”踢球。

克鲁伊夫创造了球场秩序。“他让很多可能变成了现实，”萨克里斯坦告诉我，“这对我、对我的队友、对西班牙足球，甚至对足球世界而言，都是耳目一新的。我们看到了经常浮现在我儿时脑海中的足球精髓，即如何通过技术和传球享受足球的快乐。”

克鲁伊夫规定，拉玛西亚各个年龄组的球队都要采用和一线队相同的踢球方式及训练方式。他慧眼看中瓜迪奥拉的故事有着各种各样的版本，即使克鲁伊夫本人也说过好几个版本。最常见的故事版本是，克鲁伊夫当时需要一名中场球员，所以问道：“拉玛西亚谁踢得最好？”青年队教练回复说：“瓜迪奥拉。”随后，克鲁伊夫前往诺坎普球场旁边的迷你球场，当时巴萨青年队正在那里训练，他坐在没人注意的地方，环视整个球场，发现瓜迪奥拉不在场上。克鲁伊夫问道：“为什么他不在这里？”有人答道：“他的身体素质太差了。”

的确，瓜迪奥拉速度很慢，身形瘦弱，而且不擅长抢断，但克鲁伊夫坚持将他提拔到了巴萨 B 队。几十年后，当克鲁伊夫和哈维在一家饭店共进午餐时，克鲁伊夫解释了自己是如何指导瓜迪奥拉隐藏缺点的。克鲁伊夫说：“你必须清楚自己的弱项，这就好像在说，如果我要保护这个饭店，那我必输无疑。但是，如果我只需要保护这张桌子，那我一定是最好的。这是距离问题，仅此而已。”瓜迪奥拉后来说：“在遇到克鲁伊夫之前，我对足球一无所知。”

瓜迪奥拉在后防线前找到了他的位置，克鲁伊夫将其命名为“4 号位”。他无须抢断，因为他知道如何在对手控球时调整中场以缩小空间，当巴萨进攻时，这位球场上跑动最慢的人却是传球最快的。巴萨体能教练塞鲁尔罗曾在一次会议上表示：

> 如果我告诉你巴萨最快的球员是瓜迪奥拉，你会相信我吗？我每周组织一次“速度”训练，考虑到我增加的一些特殊限制，瓜迪奥拉是速度最快的球员。看，超过 5 米或者 20 米，塞尔吉·巴尔胡安（Sergi Barjuán）是最快的。但如果在一个空间里我设置了需要决策的前提条件，例如在变向前预测队友的位置，那么瓜迪奥拉的速度排名第一。

在“克鲁伊夫式”的足球里，速度指的是“智力素质”。

瓜迪奥拉成了克鲁伊夫口中的“黏合剂”，即从不失球的中场球员，通过减少各条线的空间把球队黏合在一起。卡佩拉斯认为球员可以分为三种：不负责任的球员为球队制造问题，传出的球会弹跳，或者将球传到队友身后；负责任的球员，如哈维尔·马斯切拉诺（Javier Mascherano）能解决这些问题；理想的球员能预测到问题。克鲁伊夫年轻时，米歇尔斯就告诉过他：“如果队友犯错，那你就该提前阻止他。”

瓜迪奥拉就是可以的球场上避免错误发生的球员，如同米歇尔斯手下的克鲁伊夫一样，瓜迪奥拉也像教练一样在场上指挥，这是教练席上的主教练无法做到的事情。他成了不太引人注意的、“克鲁伊夫式”的“黏合剂”球员中的一员，包括 20 世纪 70 年代的格里·穆伦、80 年代的扬·沃特斯和 21 世纪

10 年代的塞尔吉奥·布斯克茨，他们都被称作巴萨的“支点”球员。

或许，瓜迪奥拉只有在“克鲁伊夫式”的足球中才能获得成功。在效力巴萨 17 年后，30 岁的瓜迪奥拉曾站在阿森纳主教练温格位于北伦敦公寓的厨房里，游说温格让他加盟阿森纳，但是，温格并不需要他。后来，瓜迪奥拉加盟了罗马足球俱乐部（简称罗马）担任替补，还效力过小球队布雷西亚（Brescia Calcio），最后逐渐“消失”在卡塔尔和墨西哥的联赛中。

克鲁伊夫说过，瓜迪奥拉和丹尼斯·博格坎普（Dennis Bergkamp）一样，是他执教过的最理智、最有远见的球员。克鲁伊夫曾说：“你可以向他们征求意见，因为他们能思考别人的问题。”瓜迪奥拉同样了解克鲁伊夫自身的问题，他说道：“如果没有冲突，他就会去寻找冲突。确实有人可以在混乱中拥有清晰的洞察力，克鲁伊夫就是这样。”**制造“冲突”是克鲁伊夫足球理念的重要组成部分，后来却被他的追随者抛弃了。**

效力巴萨的莱因克尔很快就对克鲁伊夫失望了。作为攻城拔寨的中锋，莱因克尔认为自己应该在 4-3-3 阵型中担任中锋，但是，克鲁伊夫却让他踢右边锋。我问过莱因克尔，克鲁伊夫是否可能只是要向全世界证明，所有人都以为要踢中锋的英格兰前锋其实是个边锋？

莱因克尔答道：“克鲁伊夫会根据场上局势布置战术，我在瓜迪奥拉身上也发现了类似的做法，这让他布置的战术看起来还不错。”但是，莱因克尔认为克鲁伊夫在那个赛季将他放在边路的原因是为了赶走他。那时，每支西班牙足球俱乐部中只允许有两名外援，而克鲁伊夫想要自己挑选的外援。莱因克尔认为克鲁伊夫不敢让他担任中锋：

> 如果我表现得太好，他就无法摆脱我了，毫无疑问，我可以在中锋位置上贡献很多进球和助攻。

> 我们的关系非常一般，但是我十分尊重他。我只是希望他面对面地对我说：“听着，我想要自己喜欢的球员，我们会让你去一家你心仪的俱乐部。”我本来状态很好，但是，他整个赛季都在折腾我。相比之下，我遇见过比克鲁伊夫更令人钦佩的人。

克鲁伊夫在执教巴萨的首个赛季，率领球队在瑞士伯尔尼击败了桑普多利亚足球俱乐部（简称桑普多利亚），夺得了欧洲优胜者杯冠军。由于 3 年前在欧冠决赛中输给布加勒斯特星的阴影一直笼罩着球队，俱乐部甚至没有安排赛后的宴会。当球员们发现没有庆祝宴会时，莱因克尔说：“那时已经是晚上 10 点多了，瑞士的酒店周围所有店铺都关门了。我们无处可去，所以都上床睡觉了。大家也没再说什么。”

在那个赛季及随后的一个赛季，西甲冠军都是皇马。努涅斯本来可以以成绩不佳为由解雇克鲁伊夫，但是他发现留着克鲁伊夫还是有用的，因为这个荷兰人吸引了太多关注，所以球迷们往往把球队成绩不佳归罪于克鲁伊夫的执教能力，而不是俱乐部对球队的管理。

克鲁伊夫也并不傻，他总觉得努涅斯最后会找他算账。克鲁伊夫说：“每个足球俱乐部主席都有一本‘黑皮书’，里面记录了一切。包括巴萨在内的所有足球俱乐部的主席都是特殊的人，他们已经习惯了所有人都要按照他们的指令做事。在这本‘黑皮书’中，他们记录了你对他们做过的所有事情。”当然，克鲁伊夫也有自己的“黑皮书”。

虽然在两个赛季中巴萨的成绩不温不火，但克鲁伊夫的新球队开始逐渐成形了。他将莱因克尔卖给了托特纳姆热刺足球俱乐部（简称热刺），引进了科曼、米歇尔·劳德鲁普和赫里斯托·斯托伊奇科夫（Hristo Stoichkov），这 3 名球员充实了由巴斯克人和加泰罗尼亚人组成的球队主力阵容。保加利亚前锋斯托伊奇科夫谈判时提出了一个不可协商的要求：必须有一台红色跑车。

打造崇尚进攻的“梦之队”

在那个“防守足球风格”盛行的时代，克鲁伊夫创建了一支崇尚进攻的球队。他的儿子约尔迪说：“我看了一下球队阵容，问自己他是不是疯了，他的胆子太大了。”不擅长防守的科曼和瓜迪奥拉组成了可能是西甲球队中速度最慢的中后卫防御体系，而且，他们还要轮流前压到中场组织进攻。科曼经常在比赛中因过于前压的阵型而担惊受怕，特别是巴萨的边后卫们还都有一颗前锋的心。但是，克鲁伊夫对此并不担心，他的至理名言是：**“球场上只有一个足球，如果你掌握着球权，对方就没有。”**巴萨经常让科曼和瓜迪奥拉搭档出任球队中后卫，这种做法通常会让球队占据优势。克鲁伊夫创造了一个新概念——有球防守。

克鲁伊夫最烦别人问他“如果出错了怎么办”“这有什么区别吗”。总之，他认为自己的防守方式是最安全的，如果你能让 21 名球员待在对方半场，那么你就会让自己的球队远离危险区域。此外，他还认为防守球员无法在比赛中完全防住对方进攻球员。他表示，如果球队无法防住对方表现出色的前锋，那么最好就不要再去盯防他了，只需要切断其他球员给他的传球路线。

实际上，克鲁伊夫的性格和想法非常激进。当他 40 岁出头时，他就开始寻找新的挑战来让自己保持对执教球队的兴趣。与他同时代的伟大球员普拉蒂尼有些同情地说：“一个小孩长大后成了足球运动员，在他 32 岁之前，他唯一的职业就是足球运动员。然后，他退役、执教……我想再也不会有人拥有和克鲁伊夫相同的经历了。”克鲁伊夫经常身穿一件大号的米色雨衣坐在教练席上，一脸与世无争的表情，即使在西班牙国家德比中，双方球员在他面前几米的地方争吵时，他还是一脸冷漠，他对此解释道：“如果你对发生的事情毫无兴趣，为什么要干预呢？”克鲁伊夫认为，主教练在比赛中能做的事情非常少，他从不在教练席上写笔记。有一次，巴萨在上半场 0 ： 2 落后，中场休息时，克鲁伊夫冲了一杯咖啡，安静地慢慢享用了 10 分钟，直到下半场球员入场哨响起时，他才说：“现在去把你们搞砸的事情解决了。”

克鲁伊夫的球员称他是“上帝”，的确，他的行为方式是不可预知的。他鼓励科曼搬到他的隔壁居住，有时他会帮科曼照顾小孩，但突然他就将科曼剔除出比赛球员名单。克鲁伊夫曾在全队面前批评过斯托伊奇科夫，说他就是“灾难”，然后又像什么都没发生一样和他一起吃饭。在一场比赛前，克鲁伊夫答应这位保加利亚前锋，如果他能在上半场打入两球，克鲁伊夫就答应给他10万比塞塔[①]。当斯托伊奇科夫在上半场打入一球后，克鲁伊夫便大笑着将他立即换下场。可以说，克鲁伊夫直率的性格，就算是按照荷兰人的标准也有些极端，更让西班牙人感到震惊。

1991年2月，克鲁伊夫与巴萨的故事差点过早地走向了结局。克鲁伊夫开始感觉到胃部、胸部和背部的疼痛，那年他还不到44岁，他的父亲在45岁时去世。丹妮让他去医院检查，医生诊断他患有冠心病，要进行心脏搭桥手术。一位医生严肃地对他说：“如果你再多呼吸3次，你可能就死了。”

在手术开始前，克鲁伊夫提出了想喝咖啡和吸烟的请求，被医生拒绝了。在接近3小时的手术中，克鲁伊夫的心脏曾停跳了30分钟。他的外科手术医生博宁后来开玩笑说，克鲁伊夫可能更喜欢不打麻药进行手术，这样他就能观看整个手术的过程了。克鲁伊夫的确是个“手术爱好者”，他喜欢观看手下球员的膝盖手术，还观看过一次脑部手术。在自己的心脏搭桥手术前，克鲁伊夫向博宁医生详细询问了手术过程。

这次手术改变了克鲁伊夫。在教练席上，他口中曾经一根接一根的香烟变成了棒棒糖，后来他甚至在加泰罗尼亚电视台的一则禁烟广告中担任了主角。他开始意识到自己不能一直工作，丹妮和孩子们不会让他这么做，他也开始更

① 比塞塔是西班牙及安道尔在2022年欧元流通前所使用的法定货币，1比塞塔在当时约合0.06元人民币。——编者注

多地考虑自己的足球遗产问题。在克鲁伊夫的思想中，足球不再是赢得下一个冠军，并让对手闭嘴，他想要留下的是比他的生命更长久的足球风格。约尔迪说："我的父亲从不在意 90 分钟后的比赛结果，他在意的是多年以后的最终成果。"

1991 年 4 月 10 日，经过两个月的康复，克鲁伊夫回到了教练席。一个月后，他的球队最终夺得了西甲冠军。

取得久违的联赛冠军并未让巴萨的内部压力有所减少。1992 年 4 月 1 日，克鲁伊夫发明了一个新词——entomo（外部环境），这个词至今还在巴萨内部使用。"外部环境"的字面意思是"四周的事物"或"环境"。克鲁伊夫按照他的语言习惯对这个词的含义重新进行了诠释，他专门用这个词来描述巴萨特殊的外部环境，即他们要面对会员、在俱乐部主席家门口闹事的极端球迷、以俱乐部为生的新闻记者、过度干涉足球的当地政治家、赞助商、现任董事、试图返回俱乐部的前任董事和员工，以及图谋夺回董事会控制权的反对派们。

克鲁伊夫在一次新闻发布会上表示："'外部环境'对球队产生了很大的影响，如果不是那样的话，巴萨本可以夺得更多的冠军。"他模仿了"外部环境"中的那些人一直向俱乐部提出的问题，说道："'为什么系统无法正常运转？为什么球员不能知道得更多？为什么这个球没进？''外部环境'影响了我的球员，如果事情一直像这样发展的话，巴萨将很难在今后获得成功。"

好在，事情没有像克鲁伊夫预言的那样糟糕。6 周后，在温布利球场举行的欧冠决赛中巴萨对阵桑普多利亚。开赛前，他的球员们挤在狭小的更衣室里，身穿克鲁伊夫选择的、令人头疼的橙色巴萨队服。6 年前在塞维利亚失利的场景似乎仍萦绕在球员的脑海中，球员们总是感觉，虽然他们正在为冠军而战，但巴萨命中注定无法获得胜利。就在那时，克鲁伊夫说出了他在加泰罗尼亚时经常说的话："出去享受比赛。"

但实际上，球员们并没有特别享受比赛。这是一场紧张而混乱的 90 分钟比赛，当进入加时赛后，双方比分仍旧是 0 ： 0。这时，科曼站出来主罚任意球，荷兰人踢出的足球像一匹脱缰的野马咆哮而出。在训练中，克鲁伊夫总是告诉科曼，比赛中的第一个任意球一定要直接大力射向人墙，这样对手就无法向他快速移动阻挡射门。这次，3 名勇敢的塞维利亚球员从人墙中冲向科曼，但科曼踢出去的足球从他们留下的人墙缝隙中穿过，直入球网。当时，面无表情的克鲁伊夫突然从教练席上冲了出来，上了年纪的巴萨球迷肯定记得克鲁伊夫当时笨拙地爬过广告牌的那个画面，显然他是为了指导比赛。15 分钟过后，巴萨夺得了球队历史上的第一个欧冠冠军。难得的是，塞鲁尔罗作为教练，分别率队夺得了足球和手球的欧冠冠军。

在 1992 年，绝大多数的巴萨支持者居住在加泰罗尼亚地区。欧冠决赛后的第二天，他们聚集在巴塞罗那的圣若梅广场迎接他们的英雄。观看这段视频时，你能看到克鲁伊夫只是礼节性地露面，他对媒体和球迷的赞扬，或者赛后的庆典并不感兴趣，他总能在获胜后立刻恢复理智。他在媒体前总是少言寡语，说完后便会安静地离开，让他的球员们得到媒体的赞扬。科曼羡慕地说：“当他关上门，所有东西就都消散了。”克鲁伊夫感兴趣的是比赛的过程。

但是，当克鲁伊夫走向加泰罗尼亚政府大楼阳台上的扩音器时，人群开始呼喊起克鲁伊夫标志性的口号：“特定时刻！”加泰罗尼亚地区政府主席乔迪·普约尔（Jordi Pujol）站在克鲁伊夫身边，普约尔告诉克鲁伊夫除非他说出那些神奇的词语，否则球迷们是不会停下来的。克鲁伊夫答应了球迷的请求，他高喊道：“我们的，特定时刻！”随后，这个中世纪的广场沸腾了。几周后，在西甲联赛的最后一天，皇马输给了特内里费足球俱乐部，巴萨最终以 1 分的优势获得了联赛冠军。

1992 年是巴塞罗那的“奇迹之年”，这个城市在这一年“化茧成蝶”，变得干净整洁。这个加泰罗尼亚地区首府举办了全球性的聚会——奥林匹克运动会。加泰罗尼亚地区政府出资，在全世界发起了宣传活动，标语是：“巴塞罗那在哪？”答案是：“当然在加泰罗尼亚。”美国男子篮球队“梦之队”成为本届奥运会的“脸面”。克鲁伊夫执教的巴萨“剽窃”了他们的绰号，也被球迷们称作“梦之队”。

克鲁伊夫的“梦之队”的成员才华横溢，虽然也会犯错，但是他们非常幸运。这支巴萨依靠球员的天赋，也依靠克鲁伊夫的足球体系获得了成功。如果适当加强防守，球队可能会赢得更多，当然，这个话题很少在球队内部进行讨论，萨克里斯坦回忆道：“当时的足球比赛还没有发展到像现在这么重视防守。”

巴萨“梦之队”在俱乐部历史上第一次赢得了西甲四连冠。好像克鲁伊夫的“魔法”奏效了，其中三个联赛冠军都是在赛季最后一天获得的，比赛过程惊心动魄。最终，巴萨成了皇马的竞争者，而不再是受害者。

巴萨的大多数进球来自斯托伊奇科夫和罗马里奥（Romário）这对保加利亚与巴西“二重奏”组合。私下里，他俩都是令人无法忍受的人，喜欢一起彻夜狂欢。实际上，斯托伊奇科夫几乎是球队中唯一与罗马里奥交谈过的人，但最终二人还是闹翻了。克鲁伊夫称斯托伊奇科夫是“坏牛奶”，指的是斯托伊奇科夫不友善的个性，称罗马里奥是“反面人物”，但也是他执教过的最好球员。虽然，这个巴西小个子前锋在训练中一点也不刻苦，但是克鲁伊夫认为伟大的球员都有自己的行为准则。

罗马里奥在比赛中很少跑动，显然是沉迷于白天小憩的癖好。当他沉下肩膀转向对方球门时，他的队友便知道他找到了机会，他发出了让队友立刻传球的信号。这是个很好的例子，诠释了塞鲁尔罗常说的话——“传球就是沟通交流，是一种语言”。

“梦一王朝”崩塌

尽管巴萨取得了如此辉煌的成绩，但克鲁伊夫的时代即将结束。英国著名作家乔治·奥威尔（George Orwell）曾说：“在很多情况下，创作的冲动能持续大约 15 年，如果是散文作家，这 15 年或许是在 30 岁至 45 岁之间”。奥威尔可能说的就是 1992 年时 45 岁的克鲁伊夫。自温布利球场的那场胜利后，克鲁伊夫开始“裹足不前”了。

克鲁伊夫的好运气在 1994 年 5 月 18 日那天用光了。那天，在雅典举行的欧冠决赛中巴萨对阵 AC 米兰。缺乏速度的中卫组合科曼和米格尔·安赫尔·纳达尔（Miguel Ángel Nadal），加上速度很慢的中场球员瓜迪奥拉，令巴萨最终臣服于 AC 米兰的压迫式踢法，以 0 ∶ 4 的比分败北。克鲁伊夫说：“并不是我们踢得很糟糕，是我们根本就没在踢球。”在克鲁伊夫的球队中，当问题出现时，他们有时会错上加错，因为他们几乎没有任何防守对策。毋庸置疑，克鲁伊夫是个天才，但瓜迪奥拉解释说：“如果天才做对了，结果通常总是很完美，但是，如果天才出错了，那么一切都会错得很彻底，彻底到可能你都想杀了他。只有天才会承担这些风险。”

这次输球并不是意外事件，AC 米兰的几代主教练，从萨基到法比奥·卡佩罗（Fabio Capello），他们创新了克鲁伊夫的压迫式足球。中场球员兹沃尼米尔·博班（Zvonimir Boban）认为，在他效力 AC 米兰的 9 年里，这场决赛是球队踢得最好的一场比赛。他向我介绍道：

> 赛前，全世界都在议论巴萨，认为它是世界最佳球队。但对我们来说，巴萨从来都不是最佳球队，我们知道自己比他们更加强大。之前，我们曾在一场夏季热身赛中和巴萨交过手，那场比赛我们 3 ∶ 0 取胜，我觉得最终比分本应该是 12 ∶ 0。那场比赛后，我对德扬·萨维切维奇（Dejan Savićević）说，‘对我们来说，他们的速度太慢了，’

就像是不同的齿轮，他们用了 1 秒，我们只需用 0.2 秒。意大利的足球风格更快更直接，此外，在压迫方面，我认为意大利足球组织的也更好。AC 米兰甚至在 1992 年时就比巴萨要优秀，但是，巴萨当时在欧冠决赛中的对手是桑普多利亚，AC 米兰在那年被禁止参加欧冠了。

遗憾的是，巴萨“梦之队”的球员们无法满足顶级足球不断提高的体能标准，巴塞罗那也在那几年变成了一座充斥着沙滩俱乐部和诱惑的城市。巴萨只靠抢圈已经不能弥补技术水平上的落后，像足球运动每次的创新革命一样，克鲁伊夫的足球理念，最终也被超越了。

1994 年夏天，克鲁伊夫本应带领荷兰国家队参加在美国举行的世界杯，荷兰足协在当时也给他提出了报价。荷兰足协主席乔斯 • 斯塔特森（Jos Staatsen）后来谈到了这次无休止的谈判过程，斯塔特森认为克鲁伊夫很想出任荷兰国家队主教练，但是他太看重金钱了，他觉得荷兰足协的报价太低了。而当克鲁伊夫在电视节目中解释为何拒绝荷兰足协的邀请时，他对有关金钱的提问感到反感，一直说个不停，直到坐在他身旁的前队友皮埃特 • 凯泽尔打断了他，提出了一个有关足球的问题来缓解尴尬的气氛，凯泽尔说：“克鲁伊夫，你怎么突然开始用外脚背踢球了？”

克鲁伊夫本应该在雅典的欧冠决赛后离开巴萨，但他此后又在巴萨的帅位上待了两年。在这期间，他再次和劳德鲁普上演了曾经和里杰卡尔德发生过的冲突。克鲁伊夫希望劳德鲁普成为场上的“克鲁伊夫”，掌管球场上的一切，但是性格温和的劳德鲁普不想这么踢球。他对克鲁伊夫说：“你是克鲁伊夫，我是我。”对此克鲁伊夫抱怨说这个中上层阶级的丹麦人胸无大志，缺少“贫民区的本能”。最后，克鲁伊夫把劳德鲁普卖给了皇马。1995 年，劳德鲁普在皇马 5 ： 0 血洗巴萨的比赛中星光四射。

克鲁伊夫逐渐将巴萨看作他的“家族宅邸的扩建部分”。他将儿子约尔迪提拔到了巴萨一线队，并解释称他是为了保护孩子。克鲁伊夫说：“足球领域的坏人要比好人多，约尔迪是个好球员，所以我想他最好和我们待在一起。”助教雷克萨奇就此提醒过克鲁伊夫，指出这个孩子将成为“外部环境”中他的对手们的主要攻击目标。克鲁伊夫答道：“如果有人利用约尔迪攻击我，那么我会带上两把枪，因为两把刀已经不够用了。”克鲁伊夫执意成为“足球丛林”中的好父亲，这是他从未感受过的，但是，约尔迪的能力还不足以成为伟大的罗马里奥和斯托伊奇科夫的替补，约尔迪真的成了外界批评的对象。

更糟糕的是，能力上无法令人信服的巴萨替补门将赫苏斯·安戈伊（Jesús Angoy）是克鲁伊夫的女婿。球队的正选门将卡尔斯·布斯克茨的身高仅有 1.78 米，他是最后一个“克鲁伊夫式”的控球门将，他脚下技术出众，就像是西班牙的琼布吕德，但克鲁伊夫也承认，他的守门技术非常一般，尽管卡尔斯时常在比赛中犯错，但克鲁伊夫一直信任他。克鲁伊夫更加激进的做法是他想让队中的一名防守球员担任门将，克鲁伊夫的家人得知后，不得不和他探讨了这个问题。卡尔斯对巴萨的最大贡献，应该就是他的儿子塞尔吉奥，他的儿子踢中场，脚下技术同样出众。

由于巴萨主席努涅斯一直想找克鲁伊夫算账，所以克鲁伊夫需要维持球队的胜利。但是，克鲁伊夫似乎变得越来越不再那么关心胜利了。1995 年，在与巴黎圣日耳曼足球俱乐部（简称巴黎圣日尔曼）的欧冠半决赛前，克鲁伊夫和巴黎圣日耳曼主教练路易斯·费尔南德斯（Luis Fernández）站在一起注视着球场看台，然后克鲁伊夫说：“现场有 5 万名球迷，我们要让他们快乐，这才是足球的真谛。”在巴萨 1 ： 2 被巴黎圣日耳曼淘汰后，克鲁伊夫说：“一切都结束了。”

克鲁伊夫仍然热爱着足球，1996 年，由于克鲁伊夫的执教成绩太差，努涅斯最终解雇了他。5 月 18 日上午，克鲁伊夫的老朋友、巴萨前任副主席胡安·加斯帕特（Joan Gaspart）在球队更衣室里与他见了面。见面前，克鲁伊夫已经知道即将发生的事情，当天报纸的体育版已经报道了加斯帕特与克鲁伊夫的继任者博比·罗布森（Bobby Robson）会面的新闻。

“为什么你要和我握手，犹大[①]？”克鲁伊夫质问加斯帕特。

当加斯帕特明确告知克鲁伊夫被解雇了时，克鲁伊夫摔坏了椅子并大声喊道：“上帝会因为这件事惩罚你们，我想上帝已经惩罚过你们了。”克鲁伊夫这么说似乎指的是努涅斯死去的孙子。

被解雇后，克鲁伊夫以为他的朋友雷克萨奇会和他一起离开巴萨，但是雷克萨奇并没有这么做，克鲁伊夫从此再没有和雷克萨奇说过话。

离开巴萨前，克鲁伊夫对球员们说：“如果我伤害过你们，请原谅我。”有的球员当场伤心落泪了。根据荷兰电视评论员西尔德·德·沃斯（Sierd de Vos）的报道，当天克鲁伊夫从诺坎普球场直接前往奥林匹克港参加了一场帆船比赛。在那里他遇到了西班牙国王胡安·卡洛斯一世（Juan Carlos）。国主用低沉的声音和他打招呼：“你好吗，克鲁伊夫？”“唉！”克鲁伊夫答道，“我被解雇了。”国王问道：“他们是不是疯了？”随后，他们一起航行，并在港口的萨拉曼卡海鲜餐厅共进晚餐。

此外，2000—2003 年，加斯帕特担任巴萨主席一职，但他是一位成绩让人失望的主席。他给人留下的好印象是，1974 年，米开朗琪罗·安东尼奥尼（Michelangelo Antonioni）在巴塞罗那拍摄了电影《旅客》（*The Passenger*），加斯帕特在影片中扮演了一个小角色——酒店服务员。而在现实生活中，加斯帕特也曾是个酒店从业人员。作为伦敦康诺酒店的年轻服务员，

① 指出卖朋友的人，叛徒。——编者注

他曾服务过摩纳哥王妃格蕾丝，当他端上沸水煮鲑鱼这道菜时，盘子不小心被打翻。他让沸水洒在了自己身上，而不是王妃身上，他疼晕了过去，在医院住了 3 天。作为奖励，他被评为康诺酒店当月最佳服务员。

第5章

克鲁伊夫时代落幕

克鲁伊夫踢球时创造的足球思想，就是现代足球的起源。

——加里·莱因克尔
英国球星，巴萨前球员

克鲁伊夫对他个人执教巴萨多年的总结是：“**当我最初执教巴萨时，我的知名度是巴萨的 3 倍多，现在，我们已经名气相当了。**”尽管被巴萨解雇时只有 49 岁，但是克鲁伊夫此后再也没有执教过任何俱乐部。他在巴萨担任主教练的时间长达 8 年之久，这是迄今为止俱乐部的纪录，同时，这 8 年也让克鲁伊夫精疲力竭。“你不必开始一段新的旅程。”克鲁伊夫后来说，“当你在阿贾克斯和巴萨都获得过成功后，你还需要再做什么呢？”

很多和克鲁伊夫一样出生于国家“生育高峰期”的荷兰人，都选择在 50 岁左右提前退休去做一些“快乐的事情”。寿命已经超过父亲和祖父的克鲁伊夫并不认为什么事情都是理所当然的，特别是在 1997 年因心脏动脉阻塞做过心脏搭桥手术之后。离开巴萨后，他开始花更多的时间打高尔夫球和踢足球，带着孙子和孙女游览动物园，在自家庄园中为他的家人烹饪圣诞大餐。总之，他成了巴塞罗那中产阶级的一名退休人员。

放下教鞭后，克鲁伊夫继续影响着荷兰人的足球思想，他在一家报社担任专栏作家，在公众电视台担任权威评论家。1998 年，他在法国体育场角落里的电视平台上观看了橙衣军团在世界杯的所有比赛，他瘦弱的身躯，在天空的映衬下轮廓分明，具有很深的寓意——“荷兰足球之父”正在欣赏由他一手创作的作品。在荷兰的电视节目上，他很好地保留着 20 世纪 50 年代阿姆斯特丹工人阶级的口音，在这个教育程度越来越高的国家里，让这里的人们产生不合时宜的好奇心，更是把他变成了偶像人物。在荷兰，还出现了克鲁伊夫模仿者的小产业。

退休后，克鲁伊夫会去观看当地的“烤盘足球[①]队”巴塞罗那龙队的比赛，他的女婿安戈伊在短暂效力巴萨后，加盟了这支球队，并已经成为一名出色的定位球主罚者。克鲁伊夫当时注意到，包括安戈伊在内，球员在主罚定位球时总是低着头，他随后对巴塞罗那龙队的一名工作人员说，这是一种错误的主罚方法。这名工作人员反驳说，“烤盘足球”的定位球主罚者已经这样踢了 100 年了。克鲁伊夫说，那也是错的。

他还致力于发展约翰·克鲁伊夫基金会，该基金会旨在帮助儿童。他创立了克鲁伊夫研究所、克鲁伊夫大学和克鲁伊夫学院，这些机构大多在荷兰，运动员们可以在这里补上自己年轻时错过的正规文化课教育。在他的有生之年，每年都有数以千计的学生从这些机构毕业，对于花时间和精力用于教育年轻人，克鲁伊夫从未感到过麻烦。他在晚年时说：“我拥有的唯一证书是我在 8 岁那年获得的游泳证书。”

在游览阿姆斯特丹期间，克鲁伊夫和一群老家伙在阿贾克斯逗留了好几

① 指的是除美国和加拿大以外，用来称呼美式足球和加拿大式足球的用语。——译者注

天。2000 年的一天，阿贾克斯在 20 世纪 70 年代的右边锋沙克・斯瓦特走进了在阿姆斯特丹城外新建的、带有太空时代风格的阿贾克斯体育场的餐厅，发现球队的前“伪 9 号”克鲁伊夫和左边锋凯泽尔坐在一张桌子旁。见到二人，斯瓦特不禁喊道：“他们又回来了，伟大的锋线组合！”

意外冲突

千禧年之初，我正为《观察家报》（*The Observer*）的足球专栏撰写文章。该报体育编辑布赖恩・奥利弗（Brian Oliver）对我说，他一直在寻找一位荷兰足球专家，能够在 2000 年荷兰和比利时联合主办的欧洲杯期间为特约专栏撰写文章。他问我：“谁是荷兰足球界最具吸引力的人？”

就这样，《观察家报》联系了克鲁伊夫基金会。一天晚上，布赖恩给我打电话说：“明天早上你能飞到巴塞罗那来采访克鲁伊夫吗？”我这辈子都在为这个机会做准备。“当然。”我说。

《观察家报》和克鲁伊夫基金会达成了协议，在 2000 年欧洲杯期间，每周我会通过电话和克鲁伊夫交流半小时，然后为他代写专栏文章。作为回报，《观察家报》承诺让报纸的读者为克鲁伊夫基金会捐款，如果该报无法筹集到一定额度的善款，差额将由报社支付给基金会。当布赖恩听取协议内容后，他连续一周没有睡觉，一直在努力工作。最终，布赖恩同意了协议的内容。我在巴塞罗那的工作是对克鲁伊夫进行长时间的公开采访，把他介绍给对他了解很少的《观察家报》的读者。

我问布赖恩：“我什么时候可以见他？”“你到了巴塞罗那就能找到他了，”布赖恩说，“赶紧订最早的航班飞过去。”

我在早上 6 点就到达了英国希思罗机场的西班牙国家航空公司的值机柜

台，还好有票。上午 10 点左右，在飞机上喝了几杯咖啡后，我降落在巴塞罗那机场，并致电克鲁伊夫的女儿钱特尔。她问道："你可以过会儿再打过来吗？"过了几小时后，我联系上了她，这期间她的电话一直在占线。"我父亲今天去了穆尔西亚。"钱特尔说，"他回来后会给你打电话的，你的电话号码是多少？"

随后，我打车前往一家咖啡馆，与我的加泰罗尼亚摄影师特克玛会面。我把自己那台便宜、笨重还总是电量不足的手机放在了桌子中间，没过几分钟，电话就响了，我咳嗽了几声，拿起电话，用清晰而文明的荷兰语打了招呼。"我是菲利普。"电话里，我的荷兰朋友说，"帮我问问克鲁伊夫，他是否还记得我。"

我立刻挂断了电话。那天下午，每次当电话响起时，我和特克玛都会跳起来，但是每次都是别人打来的电话，手机的电量即将消耗殆尽。

大约在下午 6 点，我的电话又响了，来电号码显示是英国的电话，那么，这应该不是克鲁伊夫的来电。我接通了电话，不耐烦地喊道："喂？"

一个阿姆斯特丹的声音从电话那头传来："西蒙"然后，他用清楚而别扭的晦涩句法说道，"我是克鲁伊夫。"他解释说他刚从穆尔西亚回来，现在要去理疗师那里。"但是，"他很肯定地说，"理疗时间绝对不会超过半小时。"他说我所在的咖啡馆距离他在博纳诺瓦的住所只有 5 分钟的路程，等他理疗完后，会尽快给我回电，让我可以先在四周转转。他平静而清晰地描述着所有事情，好像这不是我们人生中的一次重要会面，而是两个善良的人之间一次简单的邂逅，这使我平静了下来。

"好的。"我说。万幸我的手机还有电。随后克鲁伊夫又核实了一遍，确定我理解了他的话，然后便在电话里和我道别了。

一小时后，他再次来电：“西蒙，我是克鲁伊夫。”5 分钟后，我和特克玛来到了蒂比达博山脚下的一栋装饰着正方形白色砥柱的庄园，我敲了敲木门，钱特尔随后打开了大门。很快，她便以“克鲁伊夫转身”般的速度消失了。我们向里看，一个像意大利时装设计师一样身着黑衣的人，正站在楼梯顶层，那就是克鲁伊夫，他高兴地和我们握手。

克鲁伊夫说他准备在晚上观看欧冠的比赛。我问他准备看哪一场。他让我坐在小沙发上，他坐在我对面的扶手椅上，这时特克玛趴在地板上照相，这是摄影师经常会做的拍照动作。我和克鲁伊夫之间有一个玻璃茶几，上面放着伦勃朗和维米尔的著作。墙壁上则挂着当代绘画作品，这些作品出自他的孩子之手。

当时，我感觉自己有点兴奋，我喝了咖啡，没有丝毫困意，能见到克鲁伊夫，我感觉自己身处梦境一般。克鲁伊夫之前并不了解基金会和《观察家报》签署的协议内容，让我把具体的细节解释给他听。后来，我发现科技发展让克鲁伊夫长期处于信息不足的状态，他没有移动电话或电子邮箱，也不知道如何使用互联网。所以，当所有人都在上网时，克鲁伊夫就这样被时代抛弃了。

我的采访重点是英国和英国足球。多年以来，我发现克鲁伊夫是一个“亲英者”，在谈论英国时，他的表达总是充满了爱，不像很多荷兰人那样一副傲慢的样子。他儿时在与阿贾克斯的英国主教练维克·白金汉和基思·斯泊金（Keith Spurgeon）共进午餐时学会了英语。他和我一起回忆了他人生中的首次国外假期，在他将近 20 岁时，他和时任阿贾克斯俱乐部主席的迈克尔·范·普拉格（Michael van Praag）开车去了英国。

我问道：“你去了诺维奇，是不是？”但事实表明我比他更了解他的生活细节。克鲁伊夫表示他有些记不清了，他回复说：“即使你敲碎我的脑袋，我也想不起来。”

在他住的庄园里，他通过英国天空电视台观看足球比赛，他用一种不便明说的方法接收电视信号，他不许我把这个方法和读者们分享。退休后，他爱上了在英国乡村住宿、悠闲吃早餐的旅游生活。

克鲁伊夫是一个天生的老师，聊天过程中，他突然从椅子上起身为我演示如何用弱侧脚踢球。克鲁伊夫边示意边说："看，无论你用哪只脚踢球，重点是你是单脚站立的。如果你单脚站立，你就会摔倒。所以，你需要调整平衡，唯一的方法就是利用你的胳膊。"他用左脚踢出一脚想象中的传球，同时摆开了他的右胳膊。我发誓克鲁伊夫的言传身教对我帮助很大，在随后那周的伦敦五人制足球比赛中，我的左脚技术提高得很快。

他一直想把我们之间谈论的话题转向他的基金会，而我则坚持聊足球。在两小时愉快的采访后，我向他表示了感谢。克鲁伊夫说："我要去看欧冠的下半场了，看看皇马踢得怎么样。"接着他快速走出房间。这时，特克玛拦住了他，克鲁伊夫对此并没有怨言，他跳到了预定的位置上，开始摆姿势拍照，而我则在客厅里转来转去。后来，我发现他有点着急了。

拍照完成后，他把我们送到了门厅，从柜子中拿出我们的外套。突然，我发现他像家长一样，试图帮我穿上衣服。这有点"过分"了，我赶忙从他手中把外套拿了过来，我们握了握手，然后他就"消失"了。很快，我和特克玛走到了宽阔而空荡的大街上。我很高兴，克鲁伊夫很友善，而我没有像个十足的白痴。但事后回想起来，我意识到他不是一个才华横溢或与众不同的人，也不是一个能改变你看待事物方法的人，我见过的这个人更像是个友好的、聪明的、游历甚广的邻居。同时，像多半退休的人一样，克鲁伊夫停止了"深入思考"。

第二天上午，我乘坐早班飞机离开了巴塞罗那。当我着陆后打开手机，我收到了一条短信，是克鲁伊夫发来的："西蒙，又是我，克鲁伊夫。昨天我们谈论过基金会如何运转的问题后，我找到了一封信，信里面有关于基金会的一切内容。”然后，我们通了电话，他在电话里几乎读出了整封信的内容，他告诉我基金会在秘鲁有业务，“在玻利维亚、坦桑尼亚、巴西等地也有业务”。他把基金会联系人的姓名告诉了我，他甚至念出了他们的电话号码。其实，我此前就已经掌握这些信息了。

几周后，布赖恩打来了电话，告诉我说：“我们和克鲁伊夫的协议终止了。”原因是克鲁伊夫基金会认为我们误解了此前的协议条款，基金会希望在欧洲杯期间，我能为克鲁伊夫代写专栏文章，但是不能每周都和他通电话。之后，《观察家报》决定退出。

“真遗憾！”布赖恩说，“你本来可以定期采访你童年时的英雄的。”我诚实地说：“我真的不在意。”

过了些日子，《观察家报》刊登了我对克鲁伊夫的采访，因为我们认为这是经过克鲁伊夫同意的，但克鲁伊夫基金会立刻发出了一封信件，声称我们违约，并向我们索赔。2000 年欧洲杯结束几个月后，我在荷兰足球杂志《硬草》（*Hard Gras*）发表了一篇关于崇拜明星的报道。当克鲁伊夫看到这篇文章时，他大发雷霆，他认为我第二次撰写有关我们之间那次采访的文章是为了赚更多的钱。要知道，我从《硬草》得到的稿费只有 500 美元。他说我应当再次向基金会支付费用。之后，克鲁伊夫在荷兰媒体的忠实走卒把我写成一个剽窃者，一个污蔑克鲁伊夫是个骗子的人。对此，我为自己辩护，这些指控完全是无中生有。如果任何人和他们儿时心中的英雄有过比我和克鲁伊夫之间更加不愉快的经历，那么我真的想听一听。

在这次冲突发生的几个月后，我曾遇到克鲁伊夫的前队友，一位曾经参加过两届世界杯决赛的传奇球星。我告诉了他所发生的一切，这位传奇球星听完后同情地点了点头，他说他很少见到克鲁伊夫，因为克鲁伊夫更喜欢和忠于自己的媒体记者们打交道，而不是前队友。我认为他的评价让我释怀了，但是说完，这位传奇球星的脸上掠过一丝恐惧，他恳求我说："不要在书上写出来这是我说的！克鲁伊夫会找我算账的！"

我认为我和克鲁伊夫的这段经历有助于我以更客观的态度对他进行描述。

永恒的幕后噪声

在位于山脚下的庄园里，这位"现代巴萨之父"变成了他曾经抱怨巴萨"外部环境"的"教父"。克鲁伊夫似乎成了一种永恒的"幕后噪声"。他利用加泰罗尼亚地区和荷兰当地的报纸专栏攻击他的敌人，尤其是巴萨前主席努涅斯以及曾在1997—2000年和2002—2003年执教过巴萨的范加尔，尽管范加尔和克鲁伊夫有很多相似之处：比克鲁伊夫小4岁，来自阿姆斯特丹东区，也对足球痴迷，他的父亲也英年早逝。20世纪60年代，还是少年的范加尔就站在球场边观看米歇尔斯训练伟大的阿贾克斯。作为球员，范加尔是克鲁伊夫的"劣质复制品"，他没有速度，对他最有名的描述是"跑动起来就像在吞咽一把雨伞"。范加尔长期在阿贾克斯预备队效力，后来在更小的俱乐部度过了漫长的职业生涯。巴萨之所以会任命他为俱乐部主教练，完全是因为俱乐部认为他是克鲁伊夫足球理念的追随者。相较之下，范加尔会比克鲁伊夫更加严格地约束手下的球员。范加尔执教后，克鲁伊夫每周都会对他进行猛烈的抨击。

2003年，克鲁伊夫的球迷胡安·拉波尔塔当选巴萨主席，拉波尔塔是名律师，也是加泰罗尼亚地区最有魅力的人之一。拉波尔塔问克鲁伊夫谁应该担任球队的主教练，克鲁伊夫无意复出，但是他想利用自己的权力推荐以他为模板的教练，即在球员时代就是伟大的球星，而不是像范加尔那样是个带着笔记本电脑的"教师"。对于巴萨主教练人选，克鲁伊夫支持当年和他闹翻后离开阿贾克斯的里杰卡尔德，而里杰卡尔德执教的鹿特丹斯巴达足球俱乐部刚从荷甲降级。作为巴萨主教练候选名单上愿意接受薪资报价的唯一人选，里杰卡尔德最终得到了这份工作。此外，克鲁伊夫还利用个人影响力提名贝吉里斯坦担任巴萨的技术总监，他是当年克鲁伊夫效力的那支巴萨“梦之队”的队友。

被国际足联评为“20 世纪最佳教练”的米歇尔斯于 2005 年去世，享年 77 岁。克鲁伊夫说：“我从未遇到过比米歇尔斯对我影响更大的人，我一直试图模仿他。”克鲁伊夫曾说，他做过的一切都是“遵循米歇尔斯的理念”。克鲁伊夫这番话也许过于谦虚了，但是米歇尔斯理应被视为现代巴萨的奠基人。

里杰卡尔德在巴萨获得了成功，他率队夺得了 2006 年的欧冠冠军。到了 2007 年 12 月，由于里杰卡尔德执教战绩不佳，拉波尔塔要求克鲁伊夫重回巴萨，并在剩下的联赛场次中担任主教练，助教是巴萨 B 队的 36 岁主教练瓜迪奥拉，当赛季结束后，瓜迪奥拉将会接任主教练一职。

对此，克鲁伊夫回复道：“瓜迪奥拉已经准备好了，他不需要我，你应该直接选择他。”换句话说，是克鲁伊夫塑造并任命了巴萨 2003—2012 年期间的两任主教练，10 年里他们带领球队赢得了巴萨历史上 5 个欧冠冠军中的 3 个。拉波尔塔后来说：“我们在体育竞技方面的所有决策都要经过克鲁伊夫的确认。”

拉波尔塔任命克鲁伊夫为巴萨的“名誉主席”，但实际上，他却一直在“控制”着他心目中的英雄。拉波尔塔从未给过克鲁伊夫一份正式的工作，他解释道：“克鲁伊夫会把身边所有的事情都两极化。”最好的方法是让克鲁伊夫远离俱乐部，作为组织之外的天才，这样他就会默默地放弃他那些疯狂的想法。

当克鲁伊夫的敌人桑德罗・罗塞尔在 2010 年当选俱乐部主席后，克鲁伊夫和巴萨之间的关系永远破裂了，他此后将精力转向了阿贾克斯。2011 年，他在阿贾克斯组织了一次“政变”，让马克・奥维马斯（Marc Overmars）和埃德文・范德萨（Edwin van der Sar）两位球队名宿进入阿贾克斯管理层。20 世纪 60 年代的特有观点，“天才应该经营企业”，如今变成了让朋友来经营企业。此前，因为住在巴塞罗那，信息没那么畅通，所以克鲁伊夫不了解阿贾克斯的管理层都在做什么，而当他在阿贾克斯露面后，事情就变得更糟了。他告诉他的同事、董事会成员、前球员埃德加·戴维斯（Edgar Davids）："你之所以能在这里，只因为你是个黑人。"然后克鲁伊夫还对律师马尔扬·奥尔费斯（Marjan Olfers）表示，她之所以能被俱乐部聘用，只是因为她是个女人。

就这样，克鲁伊夫最后和阿贾克斯、他的哥哥亨尼以及荷兰电视台都闹掰了。与电视台产生矛盾是因为他认为新闻节目主持人质疑了他的观点。克鲁伊夫退休后在家观看足球比赛时，经常会关掉声音，这样他就能为朋友解说比赛了。2014 年，83 岁的努涅斯因逃税漏税被判监禁，对克鲁伊夫而言，这算是迟到的安慰。

当没有什么可争吵的时候，克鲁伊夫还算是个可爱的人。渐渐远离足球后，他卸下了他所谓的"盔甲"。他会漫步在巴塞罗那或阿姆斯特丹的街头，逛逛小商店。在那些小店里，他会想起曾经和超市竞争、辛苦工作的父母。他和路上遇见的人闲谈，告诉一个骑车抽烟的姑娘抽烟有害健康，或者给修整街道的工人提供不准确的建议。一天早上，我认识的一位荷兰女士正坐在阿姆斯特丹街头的台阶上，这时克鲁伊夫正好骑车经过，她突然发现了一张熟悉的面孔，自然而然地喊道："你好！"然后，她意识到只是在电视上见过眼前的这个人。克鲁伊夫立刻知道发生了什么，咧着嘴笑着回答道："你好！"15 分钟后，克鲁伊夫又折返回来，发现她仍坐在那儿，于是对她说："我又回来了！"

克鲁伊夫基金会筹措资金，在全世界城市社区建设"克鲁伊夫球场"，即小型的人造体育场，克鲁伊夫的目标是复制他童年时期的街头足球。据报道，2014 年，当克鲁伊夫在家乡贝通多尔普为新建的社区球场揭幕时，他罕见地流下了眼泪。此外，他花了很多时间指导残疾儿童踢球。在一段视频里，他将点球轻轻地射向患有唐氏综合征的小守门员，在这个孩子做出扑救后，克鲁伊夫想和他击掌庆祝，但是这个男孩从他身边跑过，和兴奋的队友们一起庆祝。对任何人来说，这都是一天中最美好的时刻。

当克鲁伊夫在 2016 年 2 月接受肺癌治疗时，梅西模仿克鲁伊夫在 1982 年对阵赫尔蒙德足球俱乐部的比赛中主罚点球的方式，以示对他的赞扬和钦佩。在巴萨和皇家维戈塞尔塔足球俱乐部的比赛中，梅西将点球传向自己的右边，期待内马尔插上射门，但是，路易斯・苏亚雷斯（Luis Suárez）第一个插上来将球打入了球门。

2016 年 3 月 24 日，克鲁伊夫在家人的陪伴下离世，享年 68 岁。他的骨灰埋葬于加泰罗尼亚群山下蒙塔尼亚避暑别墅的花园里。克鲁伊夫告诉过我："我一辈子都是荷兰人，理由很简单，我拥有荷兰人的精神。"但就像巴萨创始人、瑞士人的胡安・甘珀和俱乐部 20 世纪 50 年代的匈牙利球星库巴拉一样，克鲁伊夫将加泰罗尼亚地区看作自己永远的家。如今，克鲁伊夫那件破旧难看的米色教练外套陈列在巴萨博物馆，你能想象到他的妻子终于摆脱了那件衣服后有多"高兴"。2019 年，巴萨在诺坎普球场外为比"克鲁伊夫转身"更有特点的雕像举行了揭幕仪式，雕像底座上刻着克鲁伊夫的名言——"出去享受比赛吧！"

克鲁伊夫的追随者

克鲁伊夫去世后，阿贾克斯用他的名字重新命名了体育场，巴萨的第二个体育场也被命名为"约翰・克鲁伊夫球场"，巴萨青年队、预备队和女子足球队平时在这个体育场进行训练和比赛。体育场附近的墙壁上写有克鲁伊夫的名言——"足球是靠脑子踢的。""如果你拥有了球权，你的对手就没有。""在我的球队当中，进攻最先由门将发起，而防守最先由前锋开始。"

巴萨运动分析部门的负责人哈维尔・费尔南德斯（Javier Fernández）对

我说，他经常使用克鲁伊夫的一句名言来开始和结束他的谈话：“克鲁伊夫拥有一种惊人的能力，可以用很短的语句表达出事情的精髓。”克鲁伊夫这个阿姆斯特丹学校的辍学生可以凭直觉感知一个体系，这是拥有博士学位的数据分析师费尔南德斯在50年后仍旧无法理解的事情。

克鲁伊夫按照他的理念改造了巴萨，他为俱乐部留下了一种足球语言：“三角形”“第三人”“各条线之间”“数字优势”。哈维说：**“一个叫克鲁伊夫的人来到了这里，改变了足球的理念和踢法，他努力成为场上的主角，保持控球、控制比赛、踢出赏心悦目的攻势足球。而且在过去的二三十年中，我们一直朝着这个方向努力训练。”**瓜迪奥拉指出，足球世界里很少有一项工程能持续这么久。

克鲁伊夫还改变了西班牙足球的“力量均势”。1988年，在他重返巴萨执教前，巴萨只夺得了10个联赛冠军，皇马则已经夺得了23个。而1989—2020年，巴萨夺得了16个联赛冠军，皇马夺得了11个。在克鲁伊夫的带领下，巴萨发展成为一家成功的欧洲俱乐部，直到1992年巴萨才赢得俱乐部的第一个欧冠冠军，但自那以后，巴萨5次夺得欧冠冠军。因此，人们对巴萨的看法也改变了，巴尔达诺说：“巴萨从一家受害者的俱乐部，发展到现在马上就要变成一家傲慢的俱乐部。”

同时，克鲁伊夫改变了足球这项运动本身。卡佩罗认为，现代足球历史上有三大遗产：荷兰足球青训营、AC米兰的萨基时代和瓜迪奥拉的巴萨时代。所有这些善于快速传球、高位压迫的球队都是受克鲁伊夫理念启发而成功的。克鲁伊夫的加冕时刻是2010年世界杯决赛，两支崇尚“克鲁伊夫式”足球的球队，西班牙队和荷兰队最终争夺冠军。参加决赛的这支西班牙队中有7人曾在拉玛西亚踢球，而荷兰队中同样有7人来自“克鲁伊夫式”的阿贾克斯青训营。克鲁伊夫本人更支持西班牙队，他认为西班牙队更接近他崇尚的足球风格。

克鲁伊夫的全攻全守足球中的很多革命性元素，在当今的比赛中已经很常见了，德国作家迪特里希·舒尔茨－马梅林（Dietrich Schulze-Marmeling）举例说：“攻击型后卫、后防线前压、高位压迫对手、后场快速过渡到前场、强调控球等。”现任利物浦主教练尤尔根·克洛普（Jürgen Klopp）曾经让助教把擅长压迫式踢法的伟大球队的比赛做成了一段视频，从 1974 年克鲁伊夫领衔的“橙衣军团”开始，到克洛普执教的利物浦队结束。

克鲁伊夫关注最多的位置是守门员。他认为，德国队两位出色的门将曼努埃尔·诺伊尔（Manuel Neuer）和马克－安德烈·特尔施特根（Marc-André Ter Stegen）是天生的足球守门员。如今，会传球的守门员已经成为一支球队的标配。在英国，体育数据和技术公司 Stats Perform 的报告中称：

> 2000—2001 赛季，英格兰足球超级联赛（简称英超）中没有一名主力守门员的传球成功率超过 62%，其中传球率最高的是切尔西守门员埃德·德胡耶（Ed de Goey），这是克鲁伊夫的国家荷兰培养出的球员。而到了 2019—2020 赛季，英超球队中有 13 名守门员的传球成功率超过了 19 年前的德胡耶。

巴萨青年队前任教练卡佩拉斯指出，你现在甚至可以在英超中看到球队从守门员开始进行三角传球。他们可能没有直接被克鲁伊夫影响，却间接地被克鲁伊夫影响过的教练所影响，即从 20 世纪 60 年代十几岁起就观看阿贾克斯训练的范加尔开始的一代。范加尔和瓜迪奥拉后来塑造的拜仁慕尼黑足球俱乐部（简称拜仁慕尼黑）中的球员成为德国夺得 2014 年世界杯冠军的核心球员。

更确切地说，穆里尼奥是克鲁伊夫追随者中的“害群之马”。在成为主教练前的最后 4 年，也就是 1996—2000 年，穆里尼奥是罗布森和范加尔在巴萨的助教。巴萨是他在训练课中带领的第一支职业球队，他还经常训练巴萨 B 队和 U19 队。当穆里尼奥离开巴萨时，他说他以后会“执教皇马击败巴萨，但我永远都会是巴萨的球迷”。他吸收了克鲁伊夫的足球理念，认为足球是一种空间之舞。然而，克鲁伊夫沉迷于创造自己球队的空间，穆里尼奥则更专注于封闭对手的空间。

像范加尔、瓜迪奥拉和塞鲁尔罗这些人，完成了克鲁伊夫从未完成的事情，将他的“直觉”变成了“体系”，然后在“体系”中找到了训练球员的方法。足球的发展把克鲁伊夫留在了原地，如果看到后来巴萨让右脚球员踢左边锋而左脚球员踢右边锋的话，他会被气死的。但是，就像瓜迪奥拉所说：“不管怎样，我们都是他的追随者，追随他作为教练、技术总监、解说员等每一种角色的脚步。”莱因克尔说：“克鲁伊夫踢球时创造的足球思想，就是现代足球的起源。”

Barça

第三部分

巴萨王朝的兴盛，天才缔造黄金时代

第6章

从拉玛西亚走出的天才

皇马购买欧洲年度最佳球员，而我们则培养欧洲年度最佳球员。

——胡安·拉波尔塔

巴萨主席

在 20 世纪末至 21 世纪初的几年时间里，巴萨的拉玛西亚培养出了足球历史上最优秀的一代西班牙本土球员，包括 2010 年世界杯冠军西班牙队阵中的多名主力球员，当然，还有来自阿根廷的梅西。此外，拉玛西亚提出了对“身高和足球之间关系”的革命性思考，这使得巴萨几乎改变了全世界足球俱乐部挑选和指导年轻球员的方法。

独一无二的青训新方法

当克鲁伊夫小时候在阿贾克斯青年队效力时，俱乐部一线队的半数球员经常会去观看他的比赛，他回忆道：“我感觉他们是专门为看我踢球而来的，因为我和他们刚认识不久，还谈不上什么私交。”有时，他的球队会在一线队比赛前进行一场垫场赛，他的母亲坐在看台上，听到身边的观众惊叹：“这个小家伙今后一定能成为职业球员！”当时，阿贾克斯人就认为克鲁伊夫会在未来成为荷兰足球历史上最好的球员之一。

回顾自己的职业生涯，克鲁伊夫表示：“我在阿贾克斯最美好的时光是12～17岁，可能因为这段时光和其他事情都无关，还可能因为当时每个人都在帮助我。”

到了1973年，当克鲁伊夫来到巴萨时，他就开始思考指导年轻人的新方法了。克鲁伊夫并不是独一无二的，自称在1957年就发明了抢圈的巴萨青年队教练劳雷亚诺·鲁伊斯（Laureano Ruiz）表示，在克鲁伊夫之前，他就一直尝试在整个拉玛西亚使用4-3-3的阵型踢全攻全守风格的足球。

那时，巴萨的首席球探是奥里奥尔·托特（Oriol Tort），他平时的工作是医药代表。有时，托特一天可以观看20多名球员的比赛，并用打字机记录下有前途的球员的名字。他物色球员的标准是：“第一印象最重要，因为你观看一名球员的比赛越多，你就会发现这个球员的缺点越多。”

巴萨的董事们，例如尼古拉·卡索斯，梦想着有一天巴萨一线队的大部分球员都是加泰罗尼亚人。但是，巴萨在海外发现了很多天赋异禀的球员。当时，巴萨的“采石场”青训营，虽然在西班牙足球界具备一定知名度，但在整个西班牙及国际上的名气并不大。为了加强俱乐部的后备力量，托特决定创建当时西班牙足坛没有的东西——为巴塞罗那城外年轻的天才球员们提供住所。就这样，在1979年，拉玛西亚正式“开门”接纳年轻球员。

刚开始时，拉玛西亚就不仅仅是一个青训营，青训营在加泰罗尼亚地区招募的很多男孩都是巴萨会员的孩子，大多数人都是巴萨的球迷。经营巴萨的商人们渴望以他们的中产阶级形象重塑这些年轻人，在20世纪70年代，甚至在拉玛西亚正式招生前就是巴萨青年队一员的佩雷·格拉塔科斯（Pere Gratacós）

曾表示，巴萨为他支付了两个大学学位的学费，这是他的家人永远负担不起的费用。后来，每个青年队都配备了一名学校老师。有一段视频记录了瓜迪奥拉在黑板上写下代数方程式的镜头，当时他只有十几岁，是青训营早期的学生，每天去距离诺坎普球场不到 100 米远的学校上学。当时人们还不知道，这个小城镇搬砖工人的儿子日后将成长为加泰罗尼亚地区中产阶级的典范。

瓜迪奥拉能够进入托特创建的拉玛西亚，完全是因为他满足了青训营身高方面的要求。有一天，在加泰罗尼亚的村庄圣培多尔，小瓜迪奥拉跑回家告诉母亲："医生说我会长到 1.8 米，那么我就能成为一名职业足球运动员了！"巴萨当时对于球员身高的要求有多严苛？鲁伊斯也曾回忆道："以前在教练房间的门上都有一个便条，上面写着'如果你推荐了身高不到 1.8 米的年轻球员，那么就请你转身回家吧！'"那时候，骨骼扫描和"腕关节测试"可以将身高无法达标的年轻人排除在外。几十年来，几乎所有足球俱乐部都有类似的做法，在 20 世纪 60 年代的贝尔法斯特，来自格伦杜兰足球俱乐部、伍尔费汉普顿流浪者足球俱乐部（绰号"狼队"）和曼城的球探错过了身高只有 1.6 米，看起来像得了肺结核的年轻边锋乔治·贝斯特（George Best）[①]，最终是曼联冒了很大风险签下了贝斯特。

1980 年前后，正是拉玛西亚慢慢发展壮大的时期，当时身处美国的克鲁伊夫敦促华盛顿外交官队为美国年轻球员建立二队和三队，但是他的建议没有被采纳。后来，他在阿姆斯特丹成了一个"足球父亲"，带着儿子约尔迪参加阿贾克斯青年队的训练和比赛，就和他自己小时候一样。

自从 1985 年担任阿贾克斯主教练以来，克鲁伊夫就开始改造俱乐部青年队。此前，阿贾克斯青年队的教练们总是在餐厅吹嘘他们的队伍又取得了胜利，当然，很多豪门俱乐部也是如此。但是，克鲁伊夫随后强调，青训营的目

① 曼联传奇球星，司职左边锋。——编者注

标不只是赢得青年冠军，还包括给俱乐部培养优秀的年轻球员，为了达成这个目标，出现输球的情况便是很正常的。如果一个 12 岁的孩子在他的年龄段表现出色，克鲁伊夫不会为了一个青年队的冠军而让他继续留在那里，克鲁伊夫会把这个孩子提拔到 U15 青年队。这样一来就惹恼了 U12 青年队的教练，因为他失去了球队的最佳球员，而 U15 青年队的教练也并不满意，因为他还得负担这个瘦弱的小个子球员。但是对于这个孩子来说，他会提高不少。在青年队，年长的孩子们会用凶狠的铲断阻拦喜欢盘带的球员，在克鲁伊夫还是孩子时也有过同样的经历。克鲁伊夫说："优秀球员的成长必须经过丢脸和犯错的历练。"

在阿贾克斯青训营，每件事都需要经历学习的过程。克鲁伊夫有时会把表现出色的前锋放在后防线，这样他们就能了解防守球员是怎么思考的。荷兰球星博格坎普就享受过这种待遇，在阿贾克斯青训营，博格坎普受到过克鲁伊夫的亲自监督，克鲁伊夫曾作为主教练训练过博格坎普所在的球队。赛后，克鲁伊夫还会让朋友把阿贾克斯青年队每次比赛的技术统计发给他。

到了 20 世纪 80 年代，克鲁伊夫喜欢的街头足球因为场地被汽车占用而不复存在了。为了重现街头足球，他建议青年队的球员们在阿贾克斯停车场进行训练。别人劝他说，如果在混凝土地上摔倒的话，孩子们可能会伤到自己。克鲁伊夫答道："那么你就不能摔倒。"保持直立是你在街头足球学到的技能之一。

在 1988 年担任巴萨主教练后，克鲁伊夫派他的助教斯洛特去给巴萨青年队的教练们解释新的训练方法。斯洛特在黑板上画了几个传球动作，然后用蹩脚的西班牙语说："这是位置感训练，训练的精髓是球员只能触球一次，最多两次。"青年队的教练们听后面面相觑，最后，有人问道："就这样？"的确这次"传授"没有任何细节。

拉玛西亚成了一所传授如何传球的学校，这里的理念认为，和队友互相传球是一种对话的方式，就像一支爵士乐队在没有语言交流的情况下进行的即兴演奏。传球的不同力度表示“向右移动”、“来个二过一吧”或者“加快节奏”。球速也能发出信息，哈维解释道：“如果你准备助攻队友射门，你的传球力量就需要大一些，这样你的队友就能利用球速来完成一脚高质量的射门。你必须提前预测队友是否能一脚传球，或者他们是否有时间控球，如果他们接球后直接传球的可能性很大，我就会更加坚决地把球传给他。”每个球员都要知道如何阅读每次传球。

抢圈教会孩子们巴萨的“足球语言”：斜线传球、破坏对手传球路线和寻找第三人。“抢圈、抢圈、抢圈，每天都要练习。”哈维告诉记者西德·洛维（Sid Lowe），“嘭、嘭、嘭、嘭，总是一脚传球。如果你一直站在中间抢不到球，那是很丢人的，其他人会鼓掌嘲笑你。”

拉玛西亚的男孩们知道一连串的传球就像是一个连贯的句子，而不是随机的单词。传球时，你需要站在正确的位置上，创造一个新的三角形，并接住下一个传球。“传球后跑位”，他们在巴萨都这么说。

直到孩子们进入青少年阶段，足球中的技巧和理念才被明确地教给他们。而且，这些道理也没有必要提前讲清楚。如果你误解了克鲁伊夫的传球方法，那么你就会成为抢圈的防守球员了。如果你能在抢圈的狭小空间里，或者在不到 30 米长的场地中进行的 10 对 10 比赛中控制住足球，那么等到了真实的足球场上，你就会轻松地发现场上的空间是那样的宽阔开放。拉玛西亚资深教练卡佩拉斯将这个道理比作超人在地球上展现出的能力，因为超人出生在万有引力更强的氪星，所以他在地球上能跳到摩天大楼上。

拉玛西亚的训练课大多是有球训练，克鲁伊夫取消了 U16 球队球员们的力量训练和越野跑训练。梅西后来发现拉玛西亚的训练方法和他在阿根廷的训练方法完全不同，阿根廷更注重身体训练，他还惊讶地发现，拉玛西亚更重视个人的提高，而不是球队的胜利。

总的来讲，拉玛西亚的秘密从来不是指导，而是观察。如果你发现了一个优秀的孩子，那他需要教练再指导的地方就不多了。克鲁伊夫愿意招收进攻型的球员，因为他们的技术一般都比较好，总能把他们再培养成防守球员，或者把他们直接放在后防线，就像克鲁伊夫执教巴萨时让瓜迪奥拉踢的位置那样。瓜迪奥拉执教巴萨时，也对阿根廷球星马斯切拉诺做了同样的事。他们能够很快地选择使用简练的技术。塞鲁尔罗说："实际上，伊涅斯塔在训练赛中是球队最好的防守球员，比任何防守球员都要好，因为他不仅能反抢，还能不断跑位创造机会。"

"拉玛西亚的球探寻找的是那些能够面对正确方向接球、抬头踢球、观察球场的孩子，这些都是优秀球员的标志。"克鲁伊夫说，"这就像开车，你必须抬头看路，而不是看着仪表盘和挡位。"哈维说："我在巴萨学到的第一条经验就是抬头踢球，在我的职业生涯中，我吸收了很多好的建议，但是第一条建议一直是最重要的。"无论你此前的足球水平如何，提高个人能力最快的方法就是不断观察球场上的情况。**在球场上，信息犹如金子般宝贵，你需要用双眼搜集信息，那些总是低头奔跑的球员会错过他周围出现的大量信息。**

克鲁伊夫在发掘球员过程中最大的创新，是他对球员身高的不同看法和态度。从本质上说，克鲁伊夫认为"小即是美"，他指出："可能听起来很奇怪，但是小个子球员几乎到最后都有优势。"克鲁伊夫亲身经历过这一切，15岁时，他还没有足够的力量将角球踢到门前。"所以，你时时刻刻都要调整。"他解释道，"如果你个子矮、速度慢，那么你就必须反应更迅速。如果你速度很快，你就没有必要在这方面费心思了，因为当你跑动起来，你总是比对手快。"

克鲁伊夫曾经表示哈维、伊涅斯塔和梅西之所以技术完美且动作速率快，正是由于他们在个子很小时就开始这方面的训练。哈维说，他身体上的“缺陷”迫使他必须在“每小时 200 千米”的速度下思考，这使得他总是在高大的孩子扑上来抢球前就将球转移了。

身材矮小的孩子要比四肢长、重心高的孩子拥有更快的加速度、停球和转身速度。等到了 18 岁，当身高不再那么重要时，小个子球员就积累到了更多的东西。**在克鲁伊夫的名言中，记录了有关生活的一个普遍真理：“每个缺陷都有各自的优势。”体育运动科学家目前将它称为“补偿现象”，即在某方面有缺陷的运动员会发展出“补偿优势”。**

在克鲁伊夫担任巴萨主教练期间，巴萨青年队就在诺坎普球场旁边的球场踢球，他会定期在青训营出现，一是为了看看约尔迪的表现，二是为了观察青年队的表现。在他执教巴萨的 8 年中，大约有 30 个孩子从拉玛西亚进入巴萨一线队，他们都是技术精湛且身高不高的青训球员，如 1.75 米的吉列尔莫·阿莫尔（Guillermo Amor）、1.7 米的阿尔韦特·费雷尔（Albert Ferrer）和 1.7 米的巴尔胡安。这些青年球员可以与克鲁伊夫的“梦之队”球星，如 1.68 米的罗马里奥和 1.7 米的萨克里斯坦一起踢球。

如果有人反驳说小个子球员容易让球队在角球和任意球攻防中处于劣势，那么克鲁伊夫会说：“所以我们不能让对手获得角球或任意球。”可以说球队的身高决定了球队的战术。

克鲁伊夫发现了足球人才市场的一个缺口。类似的情况在美国棒球界也发生过。美国职业棒球大联盟老牌强队奥克兰运动家队总经理比利·比恩（Billy Beane）是迈克尔·刘易斯（Michael Lewis）的著作《点球成金》（*Moneyball*）中的英雄。在 20 世纪 90 年代，比恩发现棒球球探中存在着一种“基于视觉的偏见”，球探歧视身体肥胖的球员、骨瘦如柴的小个子或“矮小的右撇子投手”，他们还高估了像比恩这种 17 岁时就英俊魁梧的运动员的能力。在此之前，奥克兰运动家和巴萨在自由球员市场上发掘好球员的效率都比较低下。

巴萨会员希望在一线队看到来自巴萨之家的人，在滑冰场咖啡馆里喝咖啡的员工们也是这么想的。对拉玛西亚的教练来说，一个孩子在巴萨一线队的首秀可能是对他们10年来默默无闻工作的一种奖励，克鲁伊夫也是这么认为的。在1.69米的巴萨前中场球员伊万·德拉佩纳（Iván de la Peña）于1995年首次登场后，克鲁伊夫说："我回忆起当年见到11岁的德拉佩纳和他的父母时的情景，我曾经和他们交谈过。"对于主教练来说，如果一线队中有一半球员从小就在俱乐部青年队训练，那么在队中灌输复杂的革命性体系就会相对容易得多。

在"克鲁伊夫主义"的熏陶中成长

1996年5月，巴萨解雇了克鲁伊夫，但这对拉玛西亚的影响是有限的，那时，在"克鲁伊夫主义"的熏陶中成长起来的第一代巴萨球员已经成形。

1996年，在克鲁伊夫离开巴萨4个月后，伊涅斯塔的家人开着没有空调的老福特汽车，带着这位面色苍白的12岁小男孩，驱车500千米从丰特阿尔维利亚村庄来到了拉玛西亚。当时，是托特亲自招募的小伊涅斯塔。当和孩子说再见时，伊涅斯塔的父亲何塞·安东尼奥·伊涅斯塔（José Antonio Iniesta）却有点后悔了，他想把伊涅斯塔直接带回家。伊涅斯塔的传记著作《艺术家伊涅斯塔》（*The Artist: Being Iniesta*）中就写道：这位父亲的足球梦拆散了一个家庭。

伊涅斯塔哭着度过了他在拉玛西亚的第一个晚上，随后的几天也是如此。年仅12岁的他从家来到了一个陌生的房间，房间里只有一张双层床、一张小桌子、一个保险柜和一个抽屉，还有好几名新招募来的高大的篮球队员。幸好，拉玛西亚的大孩子们，像 18 岁的卡莱斯 • 普约尔和 14 岁的守门员维克托 • 巴尔德斯（Victor Valdés）主动当起了“老大哥”，当普约尔进入一线队时，他更是把自己的床垫留给了伊涅斯塔。和所有寄宿学校一样，拉玛西亚的学生们从相识开始就成了一辈子的好朋友。

拉玛西亚中的本地孩子比较幸运，因为他们可以住在家里。在担任儿童中卫时就被称为“老板”的杰拉德 • 皮克是在离拉玛西亚 5 分钟路程的地方成长起来的。皮克从 13 岁起就在一群由 1987 年出生的孩子们组成的“小梦之队”中踢球，队里的本地人还有塞斯克 • 法布雷加斯（Cesc Fàbregas）以及一个全家随他移民的小个子阿根廷男孩，这个男孩的教练是蒂托 • 比拉诺瓦（Tito Vilanova）。

梅西、皮克和法布雷加斯没有想到，他们最后都能成为巴萨一线队的球员。每个赛季后，各个年龄组的球队都会调整 8 ～ 10 个孩子。在拉玛西亚，孩子们的平均逗留时间只有 3 年。一般来说，在巴萨宣布让孩子离开的会议上，被淘汰的孩子的父亲想要知道为什么孩子没被选上，而母亲和孩子则都在哭泣。留下的孩子们也并不轻松，他们担心什么时候会轮到自己离开。8 岁就加盟巴萨的巴尔德斯回忆说：“在 18 岁以前，我的生活压力很大，我一直无法平静下来，一想起周日的比赛我就恐慌不已。”

从小到大，皮克一路看着很多队友离开了球队，17 岁前，他甚至不允许自己梦见快乐的时光。17 岁那年，皮克从巴萨转会到了曼联，因为他无法找到自己进入一线队的途径。法布雷加斯则加盟了阿森纳。从那时起，外国球探就一直在窥探着拉玛西亚，有一位用摄像机录制青年队比赛的观众后来被发现，原来他是为利物浦工作的球探。

在曼彻斯特，皮克买了一只兔子和自己作伴。他后来回忆道：“我孤单得要死。”令皮克的主教练亚历克斯 • 弗格森（Alex Ferguson）失望的是，皮克让兔子在俱乐部给他租用的公寓里吃喝拉撒。

身处异国他乡的孤独感击碎了很多年轻球员的足球梦想，甚至会毁掉他们的人生之路，拉玛西亚人是在吃了苦头后才体会到这一点的。过去30年来，只有两名来自西班牙之外的拉玛西亚毕业生进了一线队——梅西和蒂亚戈·阿尔坎塔拉（Thiago Alcântara）。他俩都是和父母住在一起的。阿尔坎塔拉的父亲马津霍（Mazinho）曾在1994年随巴西队夺得了世界杯冠军，并最终在西班牙的足球赛场上退役。后来，马津霍关闭了他在加利西亚维戈市经营的足球学校，搬到了巴塞罗那指导他的两个孩子踢球。到了2022年，阿尔坎塔拉效力于利物浦，他的弟弟拉菲尼亚效力于皇家社会足球俱乐部（简称皇家社会）。

伊涅斯塔的父母住在西班牙，但是他依然在没有父母陪伴的情况下在拉玛西亚撑了6年，伊涅斯塔的父亲安东尼奥常常会在周末开车过来看他的比赛。16岁时，伊涅斯塔被提拔到与一线队一起训练，一部分原因是他表现良好，从未逃课。伊涅斯塔身边的拉玛西亚“老男孩”瓜迪奥拉和哈维在一年前就听说过他，因为他俩一直询问他们的老教练谁是青年队中冉冉升起的天才球员。在看过伊涅斯塔的表现后，瓜迪奥拉和哈维开玩笑说：“他会让咱俩退休的。”时任巴萨青年队教练洛伦索·塞拉·费雷尔（Lorenzo Serra Ferrer）详细叙述了伊涅斯塔首次参加一线队训练课的情况：“如果他想让比赛提速，他可以做到，如果他想让比赛降速，他也可以做到……他了解足球比赛，更了解巴萨的足球理念。所以，他没有出错的可能。”很快巴萨就让这个少年担任了球队的进攻组织者，而不是高价签入的阿根廷人胡安·罗曼·里克尔梅（Juan Román Riquelme）。在巴萨一线队时，伊涅斯塔和瓜迪奥拉一样是搬砖工人的儿子，还考上了大学。

在21世纪初，来自拉玛西亚的很多孩子在足球场上取得了成功，他们形成了一个“势力集团”。在2003年前后，当俱乐部成绩再创新低时，从拉玛西亚走出的球员们决定不再忍受队中自私的球星，他们要亲自管理球队的更衣室。可以说，当罗纳尔迪尼奥（Ronaldinho）和德科（Deco）几年后出岔子时，其实他们的结局早就已经注定了。

寄宿学校的小个子球员

哈维、伊涅斯塔和梅西这样优秀的球员最终进入一线队，这似乎是顺理成章的事情。但其实不是这样的，如果是在其他豪门俱乐部中，他们很可能永远无法进入一线队。哈维说，只有在巴萨他才能获得成功，因为克鲁伊夫呵护小个子球员，如果不是克鲁伊夫转变了教练们对小个子球员的看法，他都很难进入拉玛西亚。在骨骼扫描政策的时代，曾有一个巴萨球探想招募 6 岁的哈维，但由于担心他的身高，直到哈维 11 岁时才将他招进拉玛西亚，当时的巴萨主教练是克鲁伊夫。自那以后的很长一段时间，巴萨还是有人会担心哈维太矮了，而伊涅斯塔也是在好多年后才成为一线队的主力。即使是拉玛西亚，也不能消除对小个子球员的质疑，在 21 世纪初，拉玛西亚经历了另一个身高歧视的短暂阶段。

鉴于高昂的激素治疗费用和搬家成本，如果不是在巴萨，其他俱乐部大概早就淘汰了 13 岁时还很瘦小的梅西。看看法国，青春期的安托万·格里兹曼（Antoine Griezmann）就因为个子矮小曾被 6 个职业青训营拒绝。2005 年，14 岁的格里兹曼，这位未来的世界杯冠军队主力球员不得不移居西班牙，在皇家社会的青训营获得了机会。其他小个子的法国球员，例如弗兰克·里贝里（Franck Ribéry）、纳比尔·费基尔（Nabil Fekir）和马修·瓦尔布埃纳（Mathieu Valbuena）都曾被法国的青训营拒绝或抛弃过。身高 1.69 米的恩戈洛·坎特（N'Golo Kanté）则完全被职业俱乐部忽略了，直到 19 岁时，他才和法国乙级联赛的保洛尼足球俱乐部签署了一份业余合同。“巴萨例外主义”发扬的标志是在 21 世纪头 10 年，球队的平均身高是在 42 支欧洲顶级球队中最低的。

那么多小个子球员遭到了拒绝，但是，那么多世界最佳球员都是小个子。如果你把两个事实结合起来思考的话，你会发现小个子球员往往天赋异禀，能够克服身高的歧视和劣势，更有可能在未来成为伟大的球员。如果这种歧视在某天彻底结束了，那么小个子球员将统治足球。

在 2009 年的一天，当巴萨一线队赢得欧冠冠军后，我走进了离大街很近的拉玛西亚，并没看到有保安在门口。那时，青训营位于陈旧的红砖农场，紧挨着诺坎普球场，位于正面的墙上雕刻着“1702 年”字样和一条青训营的日规。

在青训营里，斯巴达式的装饰风格让人想起了学校。我去的时候，两层楼空空荡荡，当时孩子们正在教室里上课。一个戴着厨师帽的女人正在餐厅摆放木桌，餐厅里飘着家常饭菜的香味，送货员正把一个大火腿拖向厨房。当有人在吧台给我冲了一杯咖啡时，我意识到巴萨实际上是一家小俱乐部。

我遇到了当时的拉玛西亚联络人卡佩拉斯、首席球探佩普·博德（Pep Boade）和青年队教练兼教师鲁宾·博纳斯特雷（Ruben Bonastre）。他们带我走过装饰在餐厅白墙上的拉玛西亚老一代球员的照片，头发花白的博德指着一张 1979 年的照片，照片里是一名一头卷发的少年。博德说：“这就是我。”在一张 1988 年的照片里，在一群留着胭脂鱼发型的人中，我们发现了当时的巴萨主教练瓜迪奥拉，这张照片里还有另外两个男孩，分别是比拉诺瓦和奥雷利·阿尔蒂米拉（Aureli Altimira），他俩之后都成为瓜迪奥拉的助教。在这个大家庭里，你永远属于巴萨，即使你的角色在不断变化。

不只是挑选天才球员

来自豪门俱乐部青训营的球员一生或许只有一次进入一线队的机会，前提是他是个天才球员，或者一线队主教练曾花时间亲自指导过他。大多数俱乐部的主教练都曾是职业球员，他们根本没有时间在短暂的任期中了解俱乐部的青训营和青年队的队员。主教练必须立刻带队取胜，不然就会被解雇，所以他会尽一切努力在比赛中派上成熟且昂贵的职业球员。幸运的是，在克鲁伊夫和瓜迪奥拉执教巴萨的两个伟大的时代中，拉玛西亚和巴萨一线队的联系非常紧密。

从速度缓慢、身材瘦长的中场球员塞尔吉奥·布斯克茨和并不出众的小个子前锋佩德罗·埃列赛尔·罗德里格斯·莱德斯马（Pedro Eliezer Rodríquez Ledesma）的职业生涯履历中可以发现，他俩显然没有成为顶级球星的潜质。瓜迪奥拉的首次执教经历是在 2007 年担任巴萨 B 队的主教练，助教是比拉诺瓦，当时球队在西班牙第四级别联赛踢球，布斯克茨正在队中踢球。卡佩拉斯向瓜迪奥拉简单地介绍了球队：“布斯克茨看起来不像是最好的球员，但只要你慢慢培养他，你会发现他是个球星。”布斯克茨在成长过程中，一直将巴萨“梦之队”的进攻组织者瓜迪奥拉视为榜样。

2007 年，已经 20 岁的佩德罗还在更低级别的巴萨 C 队踢球，卡佩拉斯后来说：“大家都知道他是个出色的球员，但由于某些原因他无法在 C 队的比赛中发挥出来。”那时候，佩德罗似乎注定要离开俱乐部了，随后，卡佩拉斯将佩德罗推荐给了自己的前球队，位于巴塞罗那城外海滨城镇的加瓦足球俱乐部（简称加瓦），它是西班牙第四级别联赛的球队。瓜迪奥拉在得知此事后说：“佩德罗可以去加瓦，但他必须在赛季开始前两周留在巴萨 B 队，直到我们有了足够的球员以后他再走。”在赛季前，卡佩拉斯不断询问瓜迪奥拉，佩德罗是否可以离开，瓜迪奥拉总是告诉他再等等。最后，瓜迪奥拉决定留下佩德罗。

2007—2008 赛季，瓜迪奥拉执教的巴萨 B 队成功晋级西班牙第三级别联赛，佩德罗和布斯克茨就是队中的一员。在赛季中期，佩德罗在巴萨 B 队 4 ∶ 0 大胜穆尔西亚的比赛中替补登场，完成了球队首秀。每当他接球时，诺坎普球场的球迷们都会乐此不疲地欢迎这个来自拉玛西亚的年轻人，高喊“Oléééé”为他加油。当瓜迪奥拉在2008年夏季出任巴萨一线队主教练时，他把佩德罗带到了一线队，而布斯克茨还在B队，但当B队新任主教练路易斯·恩里克（Luis Enrique）将他放在替补席时，瓜迪奥拉把布斯克茨也提拔到了一线队。瓜迪奥拉从自身经历中得知，未达到最佳状态的身体条件有时会掩盖一名优秀球员的光芒，而一个顽固的主教练则可以毁掉一个有潜力的球员的职业生涯。2008年9月，布斯克茨和佩德罗在巴萨1∶1闷平皇家桑坦德竞技足球俱乐部（简称桑坦德竞技）的主场比赛中登场，完成了他们在西班牙顶级联赛的首秀。在随后的22个月里，他们先后夺得了西甲冠军、欧冠冠军和世界杯冠军。

2009年，卡佩拉斯站在拉玛西亚的马路上与我交谈，他用鞋在地上画了一个圆圈后说道：“瓜迪奥拉在拉玛西亚待过，最后担任了巴萨一线队主教练，并在一线队借鉴了拉玛西亚的经验。作为主教练，他了解巴萨的每一名希望之星，他和他的助教们总是询问青年队教练这个孩子或那个孩子踢得怎么样，以及16岁的孩子中哪个可以在第二天一线队的训练中填补空位。”

从2009年开始，在执教巴萨的3年时间里，瓜迪奥拉一直思考着谁能加盟球队，像克鲁伊夫一样，他只会尝试签下国际足坛前10名的优秀球员，或者是连拉玛西亚也无法填补空缺位置的球员。瓜迪奥拉执教期间，这个圆是闭环的。

2009年，12岁的安德鲁·凯斯·芒德（Andreu Cases Mundet）作为守门员加入了拉玛西亚。11年后，我通过电话和他取得了联系，当时他正靠奖学金在圣塔克拉拉大学学习。“当我加入拉玛西亚时，我感觉俱乐部中的每个人，从上到下，都完全相信拉玛西亚。”他回忆道，“这就是我们与众不同的地方。”那时，当巴萨想招募一个孩子时，这个孩子可能先会被带到一线队的更衣室，随后，拉玛西亚的毕业生，例如普约尔或哈维，会在那里和孩子踢几脚球。对这个孩子来说，他永远不会忘记这种经历。芒德回忆，他本人当年也接受过巴尔德斯的训练。

当时，从拉玛西亚进入一线队是非常小的一步，在某种程度上，来自拉玛西亚的孩子要比经验丰富的巴西或英国球星更容易进入巴萨一线队。拉玛西亚中土生土长的孩子们认识一线队的球员，他们从童年时期起就开始在巴萨体系中踢球，而且在巨大的体育场中踢球也不会感到恐慌，因为孩子们平时就住球场看台后面的宿舍里。当然，即使在当时，巴萨的主教练也没有多少犯错的余地。他们没有多少时间教导新球员，但拉玛西亚的教练已经帮他们付出了时间。

青年队教练博纳斯特雷告诉我："来自拉玛西亚的球员发现，在一线队反而比较轻松，因为与哈维和伊涅斯塔一起踢球要比和青训营的球员踢球更容易。"的确，哈维总能在正确的时间将球准确地传到队友擅长的那只脚下。

加盟巴萨一线队的新球员都要从抢圈的中间位置开始，他们要为断球拼命奔跑，但是如果这名新人此前已经在拉玛西亚的"老男孩网络"里，他就能有所依靠。当拉玛西亚青年队的年轻人被提拔到一线队时，青年队的教练们会告诉伊涅斯塔："好好照顾他。"伊涅斯塔会说："别担心，我们会好好照顾他的。"

并不是每家俱乐部都是这样的。几十年前，当来自南非的年轻人马克·伯恩（Mark Byrne）到朴茨茅斯足球俱乐部试训时，他在训练中被安排盯防前英格兰前锋保罗·马里纳（Paul Mariner）。这次新人和老将对抗的结果是，伯恩的额头缝 4 针，小腿缝了 3 针。伯恩生气地问马里纳："你要干什么？"马里纳说："如果你忍不了，就给我滚开。"这样的回答让伯恩印象深刻，标志着一个真正的职业球员的态度。

在我撰写这本书之前，我认为运气可能是二流球员能否成为职业球员的决定因素。但同时我也相信，球星在任何情况下都会成功的。不过，我现在不会这么想了，对优秀的球员来说，他们的职业生涯是否顺利似乎取决于他们进入一线队的时间和地点。想象一下，如果佩德罗和布斯克茨在英国的足球俱乐部踢球的话会发生什么？那里的一线队主教练可能都不会知道他们的名字。特别是，布斯克茨是在“克鲁伊夫式”的足球环境中被培养成才的，如果在强调速度和喜欢长传球打法的球队里，他也许已经消失得无影无踪。

“如果没有瓜迪奥拉，佩德罗也许只能在西班牙第二级别联赛中混迹。”卡佩拉斯曾说，“只有最勇敢的主教练才会说，即使没有人相信这个孩子，但是我相信他，我会让他在球队中顶替身价 2 000 万英镑的球星。”

皇马在这些年里错过了多少个布斯克茨和佩德罗呢？据卡佩拉斯介绍，在两支俱乐部青年队的“西班牙国家德比”中，皇马球员和巴萨球员一样出色，但是皇马的青训球员从来没有进入过一线队。在皇马，这个圆圈不是闭环的。

像一个家庭在运营

拉玛西亚知道它在足球以外的责任。拉玛西亚招募的一些孩子表示他们不想学习，他们就想踢球，梅西就是那样。但是到了 2009 年，巴萨不再允许他们这么做了，每个孩子必须学习一些东西，即使学习的是 IT 和英语。在我参观拉玛西亚的那天，游戏室里的桌式足球桌和台球桌都用布盖上了，因为学习是最重要的。当然，日常训练是维持在最大强度的，每一次传球和位置选择都很重要，但其实，每天的训练只持续大概 90 分钟。

拉玛西亚不希望这些青少年整天只想着足球，因为他们中的大多数人最终都无法成为职业足球运动员。青训营之所以不断招募孩子，更多的需求是为了补充球队人数。通常，需要大约 18 个球员来充实 U16 青年队，即使他们以后无法成为职业球员。哈佛大学商学院在 2015 年进行的研究中，对孩子们成为职业球员的失败率进行了量化。在那个夏天，有超过 530 名球员进入拉玛西亚，其中只有 14% 的球员最终在巴萨一线队登场，有 33% 的球员曾踢过职业足球，但他们中的很多人在职业球队效力的时间只有一两个赛季。

拉玛西亚鼓励孩子们接受适当的教育。2015 年，拉玛西亚的时任主管卡尔斯 • 福尔格拉（Carles Folguera）告诉哈佛大学的研究人员："在欧洲顶级俱乐部中，我们的 18 岁和 19 岁球员在大学学习的比例是最高的，达到了 50%。和其他大多数俱乐部不同，我们很高兴球员们能够花更多的时间来学习，而不是在健身房里训练。" 拉玛西亚的年轻人给人们的印象比他们的外国队友更像是中产阶级，巴萨试图为孩子们准备一种足球之外的生活，俱乐部鼓励他们说话有礼貌，劝导他们不要文身、染发或穿发光的防滑钉球鞋，他们只需在球场上表现出色就足够了。甚至，他们在脆玉米片中倒入过多的牛奶也是不被接受的。巴萨更喜欢给孩子们支付适度的薪水，不仅是为了省钱，也是因为当天才球员获得大量财富后，会让其他的孩子产生嫉妒之心，从而破坏球队的氛围。2009 年，拉玛西亚对 17 岁的丹麦天才球员克里斯蒂安 • 埃里克森（Christian Eriksen）失去了兴趣，因为他的经纪人在球员薪资上向俱乐部狮子大开口。

这个方法似乎很奏效，大多数成为球星的拉玛西亚球员，在言谈举止方面都非常谦逊，只需要看看梅西的穿着就知道了。哈维说："我只是'巴萨学校'的一个学生，除此之外，我一无是处。" 至于伊涅斯塔，他 24 岁时还和他的父母及姐妹住在一起，即使是巴萨球迷，也觉得伊涅斯塔真的是非常乏味，连当地体育报纸都发现，只要他出现在头版，报纸销量就会大幅下滑。在电视节目《恶搞》（*Crackòvia*）中，伊涅斯塔被描述成"跟屁虫"，紧跟在手提购物篮和西班牙香肠的来自乡村的母亲身后。这些谦逊的球星是拉玛西亚的榜样，如果你获得了很高的荣誉但依旧保持举止得当，那么这会给大家留下深刻的印象。

兹拉坦 • 伊布拉西莫维奇（Zlatan Ibrahimović）不喜欢巴萨的平淡无奇，

但是他承认这些都是真实的。在 2009—2011 年效力巴萨后，他惊呼道：“巴萨有点像学校，或者像某种机构。这里没有一个人的举止像超级明星，这非常奇怪。梅西、哈维、伊涅斯塔以及整个球队，他们就像是一群学生，我不知道为什么世界最佳球员在这里总是低头站着，真是有点可笑。”对于这个评价，瓜迪奥拉对伊布拉希莫维奇说：“这里是巴萨，我们不会开着法拉利或保时捷去参加训练。”进入一线队后，瓜迪奥拉多年来一直使用大众高尔夫牌汽车，他的内心还是一个拉玛西亚男孩。成为球星的拉玛西亚的孩子们经常和成为普通老百姓的前室友保持着亲密的关系，成人后留在巴萨的球员们一般都会继续互帮互助。2009 年，伊涅斯塔经历了一个月的个人危机，看起来好像是患了抑郁症，有一次，当年 25 岁的伊涅斯塔甚至寻问他的父母，他是否可以和他们睡在一张床上。

对于伊涅斯塔的情况，巴萨毫不犹豫地为他提供了支持。瓜迪奥拉直接告诉他必要时可以不用训练，并对他说：“你可以不用得到任何许可，想走就走。你是最重要的！你，仅仅是你！”伊涅斯塔接受了瓜迪奥拉的建议，经常一声不吭地离开更衣室。瓜迪奥拉称，巴萨尊重专家的意见：“我不知道该如何处理这个问题，我们需要专家来告诉我们。”巴萨让伊涅斯塔去找俱乐部的“首席情感官”心理学家因玛 • 普伊格（Inma Puig），伊涅斯塔之后去了几个月，普伊格每次都会提前 10 ～ 15 分钟到达并做好准备。普伊格还和拉玛西亚的老校友博扬 • 科尔基奇（Bojan Krkić）进行过一次长谈，后者在年轻时经历过惊恐发作。

那时的足球俱乐部对精神疾病了解很少，但瓜迪奥拉和助教们在伊涅斯塔童年时就认识他了，他们相信伊涅斯塔可以好起来，不仅如此，他们还很爱他。

2010 年 7 月，西班牙国家队在南非约翰内斯堡赢得了世界杯冠军，在第 116 分钟，伊涅斯塔打入制胜一球。进球后，伊涅斯塔和替补门将巴尔德斯这对拉玛西亚兄弟紧紧相拥，眼含热泪，巴尔德斯深知伊涅斯塔在此前经历了怎样的艰辛和磨难。

那时，巴萨的管理者们总是有些傲慢，这是可以理解的，因为他们认为巴萨破解了培养球员的秘密。时任巴萨主席拉波尔塔炫耀着说："皇马购买欧洲年度最佳球员，而我们则培养欧洲年度最佳球员。"巴萨的内部目标是希望一线队中有 50% 的球员出自拉玛西亚，甚至希望将该比例提升到 60%。那时，我询问巴萨首席执行官胡安 • 奥利弗（Joan Oliver），巴萨是否非常幸运，因为他们肯定不能在每一代都培养出一个梅西、哈维或伊涅斯塔吧？奥利弗答道："我同意你的看法，世上总有好运，或许你无法一直从你的青训营中得到世界最佳球员，但是，我们至少可以将六七名球员充实到一线队。"

2012 年 11 月 25 日，巴萨 4 ∶ 0 战胜了莱万特足球俱乐部（简称莱万特）。当马丁 • 蒙托亚（Martín Montoya）在开场 14 分钟换下了受伤的丹尼 • 阿尔维斯（Dani Alves）后，巴萨在场上的 11 名球员都在拉玛西亚踢过球，甚至连那天比赛的教练比拉诺瓦也是拉玛西亚的毕业生。在拉玛西亚长期任教的格拉塔科斯对我说："在足球领域，你总会回首过去或者畅想未来，但是那场和莱万特的比赛可以说是拉玛西亚的巅峰之作，没有比那个场面更好的了。"

在我和一个 14 岁球员的母亲交谈后，我更好地理解了拉玛西亚的生活。这位母亲并不是巴萨帮我们联系的，她是我朋友的朋友。通过与这位母亲视频通话，她向我讲述了她的故事。她们全家因为工作原因搬到了巴塞罗那，她的儿子加盟了当地的一家足球俱乐部。巴萨密切关注着加泰罗尼亚地区所有的青年足球队，有一天，她的家人发现巴萨梯队的教练在观看她儿子的比赛，当她周围的人开始向她表示祝贺时，她才注意到巴萨对她的儿子十分感兴趣。这个男孩随后加盟了巴萨，但像大多数本地球员一样住在家里，而不是住在拉玛西亚。

这个孩子参加完首次训练课后兴奋地回到家里，他说自己并不关心以后事情进展如何，至少他有过这样的机会。巴萨的工作人员称赞了他在比赛中的表现，但他们从未提及他职业生涯的未来走向。巴萨的意思是：这里只是让球员训练和提高的地方。

随后，这个男孩在青年队的首秀中领到了红牌，因为他在比赛后向裁判抗议。教练对此非常不满，严厉地批评了他，还把这件事当作了充满教育意义的一课。最后，这个男孩向裁判道了歉。这位母亲说："那是巴萨最看重的——尊重。"2016 年，这个孩子所在的巴萨 U12 足球队在世界足球挑战赛中战胜了日本球队，赛后，他和队友们安慰了因失利而落泪的对手。

负责联系球员父母的巴萨员工会把有关球员睡眠质量、作业完成情况、营养摄入情况和学习习惯等常规信息发送给家长，并监督孩子们完成日常作业。这位母亲说她接触过的巴萨员工都为人和善，和她相处愉快。她说："无论我在什么时候提出问题，我都能立刻得到他们的回应，非常周到。"

最初，她的孩子每周训练 3 天，到了 14 岁后，每周训练 4 天，踢一两场比赛。"他们没有过度训练。"这位母亲评价道，"训练只有 90 分钟，而且他们不会再进行其他训练，我觉得这非常合理。同时，这让我非常惊讶，俱乐部就像是一个家庭在运营。"

我问道："所以，胜利就不那么重要了？"她笑着说："胜利很重要，他们可能会说，'这不是你表现最好的比赛'。当你发挥出色时，他们通常不会告诉你，但是当你发挥失常时，他们一定会提醒你。"

除了对孩子严格要求，她说巴萨还要确定球员父母的行为是否良好，俱乐部不允许他们在观看训练时朝裁判大喊大叫。"我喜欢的是，"她补充道，"赛后父母给孩子们深情的拥抱和吻，然后可能再和祖父母一起吃顿午饭。"有时，球员父母也会拥抱其他的孩子，不同家庭之间没有明显的竞争。有的孩子待在拉玛西亚好多年，所以他们的父母之间的关系也会愈发亲密。

她听到被淘汰的孩子的父母说，他们很高兴自己的孩子有机会在巴萨青年队踢球。其实，淘汰的结果确定时很少会让人大吃一惊，通常的预警信号是孩子的比赛时间逐渐减少了。

她的儿子表现不错，她觉得他踢球时很快乐，他偶尔还能担任球队队长。当他十一二岁时，一些运动服装公司的人，其他俱乐部的人以及来自英国、西班牙和美国的足球经纪人开始接近他的家人。尽管他在拉玛西亚的很多队友都已经有了经纪人，但是他的家人没有聘请经纪人。这位母亲对我说："老实说，我们受到了这些人的打扰。"她的儿子已经阻止了那些经纪人和她联系。

有人建议她"不要让经纪人在比赛时坐在你的身边"，此后她一直这么做。然而，她还是和几个经纪人成了朋友，一家西班牙的小型经纪公司会在赛后给这个家庭反馈，并向他们反馈加泰罗尼亚同年龄组国家队的情况。大约有 6 个中介机构每个月会定期与这个家庭联系。她说："有些经纪人令人满意。"当我们交谈时，这个孩子的家人正考虑在他 15 岁时聘请经纪人，她告诉她的儿子："坚持下去，你的梦想就要实现了。"

很多经纪人对她说，16 岁是球员的转折点，到了这个年龄，有的孩子可以发展到拉玛西亚少年队的水平了，而其他人可能就得远走他乡。我问："如果他受伤了呢？"她答道："如果他受伤了，他也会拥有一段了不起的经历，然后继续做一些了不起的事情。"

写到此处，我要停顿片刻，将西班牙最负盛名的青训营和美国的体育运动项目中顶级的青年队来进行比较是值得的。一些美国运动员的父母会以每小时 225 美元的价格聘请运动治疗师，还会在他们孩子的比赛中大声喊叫，在赛后骚扰裁判。当孩子升入中学时，如果这个孩子还没有遭受过渡性劳损，孩子的父母就会雇用“经纪人”将孩子推销给大学的田径运动队。有的孩子并不具备运动天赋，也没有机会成为职业运动员，却长期坚持每天训练。少数能获得大学体育奖学金的青少年通常也只会获得一部分奖学金，这部分奖学金很难偿还他们的家人因付出培养费用而产生的债务。

就拿珍妮弗·塞伊（Jennifer Sey）来说，她是1986年美国的全国体操冠军，而这一切的代价就是她的整个童年都在经历频繁的骨折、无数盒通便药、半饥饿状态以及和母亲之间不正常的关系，她的母亲从她的职业生涯中获得了现在的地位。当塞伊想退役时，她母亲说：“我不会让你吃饭！我会锁上柜子！在我们耗费了这么多时间和金钱后，你不能就这么一走了之。”

美国田径巨星卡尔·刘易斯（Carl Lewis）在自己撰写的一本有关青少年体育职业化的书中指出：

> 如果你想看人变得疯狂，那就找个他们正在观看自己孩子运动的地方，相比之下，美国民主党和共和党之间的问题在它面前都不值一提。按照美国消费者花费的钱财数额来看，青少年体育这门生意比所有职业体育合起来都要庞大。

刘易斯的女儿是青少年垒球运动员，2019年一整年，她在酒店中度过了37个夜晚。刘易斯说：“她的行程看起来就像大公司的旅行推销员。”

相比之下，巴萨中的大多数人似乎真的把年轻球员当作孩子来对待，他们这么做并不只是出于“利他主义”，足球中的人性也能成为竞争优势。首先，父母更愿意把孩子送到这样的青训营，青训营里友好的球探会到孩子的家里吃晚饭，像普通人一样和孩子的家人保持着联系；其次，利他主义能够降低“因欺凌而损失年轻足球天才”的风险；再次，如果你能时常提醒孩子们，他们都是普通人，而不是球星，他们便可以避开名利的诱惑。

最后——这听起来可能像废话，人性是必要的，因为巴萨球员必须将个性带到球场上。人们所称的“巴萨体系”，并不是真正的体系，而是由独立思考的个体组成的运动。球员不能只是简单地遵照教练的指令踢球，因为足球是不断变化的。实际上，优秀的巴萨球员几乎不需要教练，因为他们学会了独自传球和跑位。塞鲁尔罗说：“球员是充满情感的、情绪化的、协调的，而且最终是富有表现力和创造力的，这些是拥有自由意志的普通人应有的特质。”

第7章

巴萨的“1号员工”

马拉多纳有时是马拉多纳，而梅西每一天都是马拉多纳。

——圣地亚哥·塞古罗拉

西班牙记者

2015 年的一个晚上，我坐在巴萨的一位官员旁边，观看了在诺坎普球场举行的巴萨和马竞的比赛。比赛开始时，他说:“注意看梅西。”

这是一幅不可思议的场景。比赛开始后，梅西在对手的后防线漫步，似乎没有理睬足球。“在比赛最初的几分钟里，他只是在球场上走动。”这位官员解释道,“他在观察对方的球员，观察他们是如何站位的，对手的后防线是如何防守的。”

场上，梅西一边走一边在他的视觉记忆中积累观察的结果。刚开场时，巴萨中卫马斯切拉诺将球传了给他，梅西只是看着球滚到自己的脚下，他还没准备好开始踢球。每场比赛，他都会以同样的模式开场，巴萨前主教练瓜迪奥拉解释道:“在比赛开始后的前 5 ～ 10 分钟，他的双眼和头脑里形成了地图，知悉了球场上的空间和总体情况。”

梅西是一个容易被“忽略”的球员，这种说法很让人好奇。由于他一直是个才华出众的球员，所以我们总会认为他的出色表现都是理所应当的。温格说：“梅西是‘虚拟游戏中的足球运动员’。”萨穆埃尔·埃托奥（Samuel Eto'o）说：“就像卡通人物一样。”电视台的解说员则经常这样喊道：“梅西是魔术师！”而我想弄清楚的，就是这个魔术的窍门。

2015 年 2 月一个阳光明媚的早上，在甘珀训练基地，我看到梅西开车从我身边经过，进入了球员停车场。他看起来就是一个戴着棒球帽的小个子，坐在赞助商提供的豪华 SUV 上到单位打卡上班。我陷入了沉思，想着巴萨每天是如何管理他的，他又是如何在 2004 年首次为一线队登场后，日复一日地完成他所做的一切的。巴萨是如何将一个喜欢单打独斗的球员变成一个具有团队精神的球员的？巴萨高层又是如何让他在球队效力了这么久？要知道，巴萨若想实现这一切，需要围绕他们的“1 号员工”梅西，塑造整个工作场所，同时要持续 15 年，这可能是足球历史上最成功的长期员工管理方案。而且，这个策略奏效了，当然也和梅西的职业生涯处于足球运动中对球星最友好的时代有关。本章节收集了梅西在大约 2015 年之前的故事，2015 年之后，巴萨“退化”成了梅西俱乐部，梅西的离开最终让一切画上了句号，本书的最后几个章节将详细叙述此部分内容。

我没有单独采访过梅西，我不想影响我和俱乐部之间的良好关系，而且我知道，俱乐部不会接受采访他 15 分钟的要求。

即使俱乐部真的可以让他接受我的采访，采访他那么长时间或许也不值得。梅西已经 30 多岁了，此前几乎从未在公开场合说过一句让人感兴趣的话。我的同事约翰·卡林（John Carlin）曾经采访过梅西两次，他说如果有第三次采访机会的话，他会选择拒绝。即使梅西随着年龄的增长开始“开口讲话”，他也不会解释他的技术由何而来以及他在巴萨内部拥有的权力，没有人知道他是怎么做到的。因此，我试图通过近距离观察梅西和与那些更近距离观察过梅西的人进行交流的方式来了解他。

家庭和拉玛西亚的共同“作品”

来自梅西的家乡罗萨里奥的一个人向我预言了梅西的出现。2000 年 10 月，我和名叫罗伯托·丰塔纳罗萨（Roberto Fontanarrosa）的乐天派小个子足球迷，在阿根廷布宜诺斯艾利斯的一家咖啡馆喝着咖啡，他还是一名漫画家和小说家。他向我解释说，阿根廷人的普遍看法是，马拉多纳只能来自阿根廷。按照丰塔纳罗萨的说法，马拉多纳是 20 世纪 20 年代甚至更早年代的阿根廷人的典型，他是来自崎岖不平的都市空间的男孩，擅长通过盘带过人赢得比赛。丰塔纳罗萨承认，他自己也有一种荒谬的信念，认为阿根廷是可以“制造”出另一个马拉多纳的。丰塔纳罗萨活了很久，他看见自己的预言变成了现实。他于 2007 年去世，他的送葬队伍在他挚爱的罗萨里奥中央足球俱乐部的球场旁停留了一会儿。

同样是在 2000 年 10 月，一个来自罗萨里奥的 13 岁男孩和他的父亲正在巴塞罗那焦急地等待和巴萨签合同。梅西当时身高仅 1.43 米，这仅仅是 9 岁男孩的平均身高，但是在一次大孩子的训练课上，13 岁的梅西只用了 5 分钟就让当时的巴萨技术总监雷克萨奇惊呼：“那是谁？”然后雷克萨奇又高喊道：“我的天，我们必须立刻签下他。”当有人说那个孩子看起来就像是桌式足球运动员时，雷克萨奇说：“那就把所有的桌式足球运动员都给我，因为我希望他们全部加入我的球队。”

几个月后，也就是在 2000 年 12 月，雷克萨奇最终在一张如今已成为传奇的餐巾纸上潦草地和梅西签署了一份原则上的协议。巴萨同意为梅西的生长激素疗法[1]提供资金支持。可以说，如果没有巴萨的资助，梅西不会长到成年后的1.69米，而且像许多贫穷国家的人一样，他可能会因为发育不良而错过参与最高级别运动项目比赛的机会。在足球界，虽然“小即是美”，但是个子太小却并非如此。

作为梅西童年时期的俱乐部，阿根廷足球甲级联赛的纽韦尔老男孩竞技俱乐部（简称纽韦尔老男孩）很有预见性地拍摄了梅西的比赛录像。当观看梅西年少时踢球的视频时，你会发现他来到巴塞罗那时是个近乎完美的孩子，还是个将对手的抢断看作慢动作的“盘带大师”。在一段视频中，一个梳着背头的看起来酷劲儿十足的小个子男孩对着摄像机镜头微笑着说：“我叫利昂内尔·梅西，今年13岁，我想为巴萨踢球，我认为巴萨是世界最佳球队。”

梅西是那样的出色，以至于巴萨愿意出资让梅西的父母和兄弟姐妹移民到巴塞罗那，和梅西住在一起。当时梅西加入巴萨的年薪是12万欧元，这在拉玛西亚可能是史无前例的，这意味着他13岁时已经可以养活全家。梅西全家以一种颠倒的方式维持着家庭结构，他们最小的儿子，13岁的梅西，成为这个移民家庭的“顶梁柱”。和12岁时就失去了父亲的克鲁伊夫一样，梅西的童年自此戛然而止了，责任也随之而来。据梅西回忆，他们一家人在去罗萨里奥机场的出租车上哭了。和家人一起前往巴萨对于梅西的成长起到了作用，虽然他的母亲和哥哥在西班牙待了几个月就难以忍受思乡之苦，暂时返回了阿根廷，但是他的父亲一直陪着他。如果当时梅西和他的整个家庭远隔重洋，他还要每天在宿舍里自己注射生长激素，那么这或许会超出他的极限。只要生长激素帮助梅西战胜了大自然，他就觉得自己可以征服任何事情。

与很多拉玛西亚球员的家庭不同，梅西一家人团结一致，拒绝赚快钱，他们耐心地等待着梅西在巴萨成长起来。一名和梅西关系不错的拉玛西亚员工对

① 通过注射生长激素治疗“发育激素缺乏症”。——编者注

我说：“梅西有一个组织，不管这对他是好是坏，但他的确有。”在父亲的呵护下，梅西无须在足球领域再寻找一个如同父亲般的人物，这有助于解释他一直对于球队主教练不感兴趣的原因。但是，他的哥哥罗德里戈后来承认：“我们一家人没有完全适应在巴塞罗那的生活。我们很团结，但是只有梅西一个人在努力，其他人则无所事事。所以，我们家的每个人都在以不同的方式受苦。”

梅西比过去那些伟大的球星更加自律，也更加严格要求自己，因为他从青春期开始就是个职业球员了。马拉多纳和克鲁伊夫是阿根廷和荷兰两个国家的“杰出产物”，相比这下，梅西几乎是在社会之外成长起来的，他是一个家庭和一家足球青训营共同创造的“作品”。

曾在拉玛西亚执教过梅西的格拉塔科斯回忆说，梅西在年少时期几乎不需要传球。直到他 17 岁进入巴萨一线队，遇到了争抢球权的队友后，他才开始传球。据梅西自己回忆，他以前总是“忘记”传球，他补充道：“我后来逐渐开始为球队踢球了，但我总是非常固执地不爱传球，这对我的队友来说很不容易。”

巴萨必须想办法让一个天才球员适应团队足球，虽然主教练曾两次因为梅西在球场上持球过多而将他放到了替补席，但拉玛西亚从未将梅西变成一个“克鲁伊夫式”的团队球员。在“小梦之队”里，梅西靠“单打独斗”得分，这不是一个好兆头。其实梅西的踢球风格也并非个例，在本该成为下一个马拉多纳的阿根廷男孩中，没有一个人能将踢球风格从街头足球过渡到欧洲团队足球，巴勃罗 • 艾马尔（Pablo Aimar）不是，阿列尔 • 奥尔特加（Ariel Ortega）不是，马塞洛 • 加利亚多（Marcelo Gallardo）不是，在 2001 年加盟巴萨的哈维尔 • 萨维奥拉（Javier Saviola）也不是。

德国作家罗纳德 • 伦（Ronald Reng）回忆说，梅西身上有一种令人担忧的孩子气。当瓜迪奥拉第一次在机场的耐克专卖店认出这个害羞的小个子男孩和他的父亲时，瓜迪奥拉惊讶地说："这个小孩真像他们说的一样好吗？"那时在巴萨，梅西几乎天天穿着运动服，似乎没有牛仔裤，他只试着读过一本书，就是马拉多纳的自传，而且他还没有读完。此外，他的队友都以为他是个哑巴，直到有一天他在玩一场激动人心的虚拟足球游戏时突然说话。梅西在拉玛西亚时的教练格拉塔科斯对我说："只有比赛是他的沟通方式。"

在 16 岁的梅西即将加入一线队时，巴萨的成绩很不理想。拉多米尔·安蒂奇（Radomir Antić）叹着气说："我们会被臭骂一顿。"安蒂奇在 2002—2003 赛季短暂执教过巴萨一线队，最终巴萨在那个赛季结束后排名联赛第六位，而且巴萨的比赛在场面上都踢得很无聊。哈维回忆说："2003 年，我成了巴萨的累赘。"当时，哈维认为他的踢球方式似乎已经过时了，而且其他大多数豪门俱乐部都选择了又高又壮的球员担任球队的中前卫。那一年，巴萨的债务总额约为 1.86 亿欧元，远超俱乐部的年收入，球员的薪资总额甚至超过了俱乐部的总收入。在 2003 年担任巴萨首席执行官的费伦·索里亚诺表示，那时的巴萨是一个"赔钱的机器"，有沦为当地小品牌的风险，巴萨的境况更像是瓦伦西亚足球俱乐部（简称瓦伦西亚），而不是皇马。那时，巴萨历史上只有 1 个欧冠冠军奖杯，而皇马有 9 个。

2003 年夏天，当选为巴萨主席的拉波尔塔承诺会签下大卫·贝克汉姆（David Beckham）。英国人本来要加盟巴萨的这支"银河舰队"，但可以理解的是，贝克汉姆更喜欢加盟皇马组成的、有他的好友们在的那支"银河舰队"。此外，巴萨也没能签下当年 18 岁的葡萄牙边锋克里斯蒂亚诺·罗纳尔多（Cristiano Ronaldo，简称 C 罗），他最终选择加盟了曼联。索里亚诺后来坦言："我们认为 C 罗 1 800 万欧元的转会费太贵了。"可以想象一下，在足球历史上，如果当时巴萨同时签下了少年 C 罗和少年梅西，那又会发展成怎样的一段故事。

相反，巴萨仓促地从巴黎圣日耳曼签下了进攻组织者罗纳尔迪尼奥，他此后将在巴萨度过起起伏伏的几年，有时是替补席上的“魔咒”，有时则被当作英国传统站桩式中锋使用。

最初，巴萨官员试图说服俱乐部新任主教练里杰卡尔德，让梅西这个 16 岁的小个子男孩参加一线队的训练。当这位荷兰教练最终允许后，一位员工从离体育场几条街远的梅西哥哥罗德里戈的公寓中接走了梅西。梅西上车后，这位员工亲切地问道：“紧张吗？”梅西回答：“不紧张。”随后，这位员工问罗纳尔迪尼奥，这个花盆头型的阿根廷男孩是否已经优秀到可以和球队一起训练了？罗纳尔迪尼奥答道：“他早就应该进入一线队了。”

在“梦二王朝”崭露头角

2003 年 11 月，在一场和葡萄牙波尔图足球俱乐部（简称波尔图）的友谊赛中，波尔图主教练是年轻的巴萨校友穆里尼奥，梅西首次为巴萨一线队正式出场。里杰卡尔德的助手亨克·滕卡特（Henk ten Cate）回忆道：“他一点都不紧张。”梅西不愿在电视上观看足球比赛，所以他不知道对手球队的名字和俱乐部的历史，这些都不能提起他的兴趣，他只知道他属于巴萨一线队。梅西成为巴萨一队的一员后，他很快学会了淡化自己的天赋，这样就不会冒犯名气很大的队友。实际上，球队在那段时间的境况并不好，2003 年 12 月，巴萨在一场雨战中 1 ∶ 5 惨败给马拉加足球俱乐部（简称马拉加）后，西班牙《世界体育报》几经修改确定了它的头版标题《“羞耻”还是“无法容忍的”？》，标题中原本会使用的“愚蠢的”这个词被编辑们否掉了，因为措辞太过严厉。直到 2004 年初，巴萨的战绩才有所好转。

巴萨的每次训练课后，球队都会去健身房，其他球员会练习举重，梅西却无动于衷。他会和巴西边后卫西尔维尼奥（Sylvinho）玩网式足球，滕卡特说：“我看见小个子梅西和西尔维尼奥一起玩网式足球，最开始，西尔维尼奥几乎每次都以大比分取胜，但不久后，梅西便赢了西尔维尼奥，然后他还赢了罗纳尔迪尼奥。”当里杰卡尔德的另一个助手萨克里斯坦和梅西玩网式足球时，他注意到这个男孩每次都想以 11 ∶ 0 赢球。“他拥有成功者的心态，”萨克里斯坦说，“其他球员并不这样。”

伟大球员的“民主作风”可以淡化他的年龄和地位。罗纳尔迪尼奥在巴萨更衣室的“球星角”为梅西准备了柜子，紧挨着他的衣柜。值得一提的是，巴萨的更衣室被圆柱分割成了好几个独立的部分，更衣室的这种设计会使球队自然形成几个“小团体”。瓜迪奥拉发现，这种更衣室的设计方式对球队团结的破坏性很大，所以当他后来设计曼城的更衣室时，他将更衣室设计成了椭圆形。

2004 年 10 月 16 日，在巴萨与皇家西班牙人足球俱乐部（简称西班牙人）的比赛中，梅西替补出场，完成了他代表巴萨的西甲联赛首秀。6 个多月后，不到 18 岁的梅西成为巴萨历史上最年轻的进球球员，他在巴萨与阿尔瓦塞特足球俱乐部（简称阿尔瓦塞特）的比赛中接到他的良师益友罗纳尔迪尼奥的挑传后挑射得分。进球后，罗纳尔迪尼奥把梅西背了起来，庆祝他在巴萨的第一个进球。罗纳尔迪尼奥后来说：“看看这个球员，他会超过我们所有人。”

我第一次见到梅西时他正好刚过完 18 岁的生日，那天是 2005 年 6 月 28 日，U20 世界杯半决赛上，阿根廷在荷兰乌得勒支对阵巴西。我去那里是为了记录球场上的未来之星的表现，这样我就可以在以后的写作中用上这些资料。

作为当时阿根廷队中最矮也是最年轻的球员，梅西的那次大赛之旅从替补席开始，但当阿根廷首场比赛 0 ∶ 1 不敌美国后，梅西随即进入了球队的主力阵容。阿根廷队进入半决赛时，梅西已经在 4 场比赛中攻入了 3 球，时任巴萨主席拉波尔塔立刻赶到荷兰，通过提高薪水的方式阻止潜在的来自其他俱乐部的报价者，据报道，拉波尔塔为梅西开出的薪水是以前的 30 倍。在那场半决赛中，除梅西外，没有其他球员与欧洲俱乐部签订合同。我匆匆翻阅了我当时的笔记，发现从比赛一开始我就关注到了梅西。

“球队的单前锋，无球跑动不是很积极，更多时间在低着头无所事事。”这是我当时的第一段记录。但之后我写道：

> 比赛进行到第 7 分钟，梅西第一次有所表现。他从距离对方球门大约 30 米的区域接到球，加速过人后，在禁区外利用左脚弧线球将球传给了禁区角上的队友。好球！
>
> 梅西是球场上唯一一个频繁盘带过人的球员，观众喜欢看他盘带……
>
> 特别连贯、专注，从不浪费球权，总是传出好球，而且比其他岁数大的年轻人更加成熟……
>
> 我希望梅西能够更多地参与到比赛中，因为他不仅是个射手，还是阿根廷队最好的传球手……
>
> 梅西没有任何情绪上的变化，甚至都没有尝试过有变化。

4 天后，我回到乌得勒支观看 U20 世界杯决赛，阿根廷对阵尼日利亚。我坐在看台上，旁边是 70 多岁的荷兰球探皮特·德维瑟（Piet de Visser），虽然已经 70 多岁，但德维瑟走起路来依旧敏捷轻快，他战胜了多种癌症，胃已被切除，他为切尔西工作，这是他试图隐瞒的事。德维瑟横跨半个地球来观看 U20 世界杯，他了解地球上所有天赋异禀的青少年足球运动员，甚至仅看球衣号码就能认出他们。当尼日利亚队换人时，他说：“是的，11 号球员让他们更强，11 号比 15 号踢得好。”

这场决赛以德维瑟对阿根廷队 7 号中场球员费尔南多·加戈（Fernando Gago）的一大段的称赞开始：“他是最棒的，传球从不失误，就是那个 7 号。开场一分钟，他已经传了好几脚球，没有一次失误。他是博卡青年竞技足球俱乐部（简称博卡青年）的指挥官，嗯，优雅的球员。”

德维瑟对阿根廷队长巴勃罗・萨巴莱塔（Pablo Zabaleta）的印象并不深：“他能做的就是控制，但是你不能让他带球。”

接着，梅西在禁区内被尼日利亚球员侵犯，阿根廷队获得点球，由梅西主罚。梅西等对方守门员移动后，将球轻轻推入球门的另一个角。德维瑟用低沉的嗓音说：“好球，他太出色了。”他接着告诉我，早在几年前在芬兰举行的国际足联 U17 世界杯上，梅西就已经是最佳球员了。

这场决赛的比赛质量非常高，下半场，荷兰观众意识到他们在看一场特别的比赛，并开始为比赛有节奏地鼓掌。但如果有人问场上的哪个球员将成为世界最佳球员时，可能很多人的答案都是尼日利亚中场球员约翰・欧比・米克尔（Jon Obi Mikel）。当米克尔在阿根廷队禁区内带球连过 3 人时，德维瑟大喊道：“看，这个年轻人！多么优秀！嗯，他就是中场指挥官，比加戈还要强大。”

但是，当比赛还剩 20 分钟时，加戈却被卢卡斯・比利亚（Lucas Biglia）替换下场，德维瑟大叫道：“这个混蛋教练！嘘……！他不能那么做。”

后来，阿根廷队又获得了一个点球，梅西再次主罚。德维瑟解说道：“梅西这个年轻人真是太冷静了，他会等待守门员先做出动作，但是如果守门员原地不动，他就会遇到难题。”这一次，守门员最初真的原地没动，但就在守门员把重心转移到右腿的那一刻，梅西将球打入了球门的另一个角。最终，阿根廷队夺得了 2005 年 U20 世界杯冠军，梅西在本次大赛中进球最多，包揽本届赛事的金球奖和金靴奖，米克尔则拿到了银球奖。值得一提的是，当天决赛中阿根廷 U20 队的 6 名球员——加戈、比利亚、萨巴莱塔、梅西、埃塞基耶尔・加雷（Ezequiel Garay）和 57 分钟替补上场的塞尔吉奥・阿圭罗，将是 9 年后巴西里约热内卢世界杯决赛上阿根廷队的主力球员。

在乌得勒支的比赛结束几个月后，梅西成了巴萨的首发右边锋。最初，他不太喜欢这个位置，因为他一直想踢中锋，但这是世界足球的最新流行踢法——左脚球员踢右边锋，右脚球员踢左边锋，然后进行内切。这个位置成了梅西今后职业生涯的模板。在 2005 年 10 月巴萨对阵奥萨苏纳竞技足球俱乐部（简称奥萨苏纳）的比赛中，梅西第一次代表巴萨首发出场，全场完成了 11 次盘带过人。

梅西也开始代表阿根廷国家队踢球，但在资历上是从球队最底层开始做起的，在巴塞尔踢完和克罗地亚队的友谊赛后，阿根廷足协让他乘坐易捷航空的廉价航班回到了巴塞罗那。

在巴萨一线队踢球的前几个月，梅西都是从哥哥的公寓步行去球场的。他喜欢喝可乐，爱玩电子游戏，帮助照看小侄子，还经常在晚上被小侄子吵醒，但他依然在诺坎普球场上发挥出色。巴萨的队医告诉我，在这个阶段，梅西感觉自己是“不可战胜”的，同时他也因天赋异禀而忽视了维持运动生命的必要性。不久后，梅西在卡斯特尔德费尔斯，这座克鲁伊夫曾在 1973 年拒绝的市镇购买了一栋房子。

那时，可以用后背传球的罗纳尔迪尼奥被视作世界最佳球员。2005 年，梅西表示：“罗纳尔迪尼奥的控球能力让我羡慕不已。”罗纳尔迪尼奥那时候也计划在巴塞罗那度过一生，他曾说：“世界上没有其他地方能让我生活得更好了。”但是，巴萨人那时已经开始担心他的状态不会维持得太久，巴萨熟悉这种剧本：伟大的球员加盟了巴萨，在短暂的辉煌期过后，便逐渐失去了光芒。克鲁伊夫、马拉多纳[①]和德国球员贝恩德·舒斯特尔（Bernd Schuster）都有过类似的经历。舒斯特尔说：“所有球星都是通过‘后门’离开巴萨的。”1997 年，年仅 20 岁的巴西人罗纳尔多从巴萨转会加盟了国际米兰足球俱乐部（简

① 马拉多纳在 1982—1984 年期间效力于巴萨。

称国际米兰），他的经纪人在一天下午安排了这次转会，当时巴萨董事们正在餐厅庆祝和他的合同即将续约。当他们吃完午餐回到俱乐部办公室准备签订续约合同时，已经为时已晚了。

2006年5月，在梅西缺阵的情况下，巴萨在巴黎2 ：1战胜阿森纳夺得了欧冠冠军。梅西当时正处于伤病恢复期，里杰卡尔德让他整场比赛都坐在了替补席上。后来，当球队在香榭丽舍大街的一家夜总会庆祝球队的胜利时，梅西却独自一人闷闷不乐地坐在角落的沙发上。没有为球队的胜利做出贡献的替补球员常常会感到不满，这种情况很常见，但是对一个年仅18岁的球员来说，厚着脸皮表现出不悦却很罕见。

那个晚上仿佛标志着罗纳尔迪尼奥“霸权”的开始，但之后发生的事实证明，那晚其实是个终结，此后这个当时年仅25岁的巴西人在他的职业生涯中再也没有踢出过一场伟大的比赛。有一次，我的一个记者朋友被叫到巴塞罗那讨论有关代笔撰写罗纳尔迪尼奥自传的事。他入住酒店后，一直在等待罗纳尔迪尼奥的电话，大约在凌晨2点，电话响了，罗纳尔迪尼奥和他的随行人员正在夜总会。随后，我的朋友去见了他们，但是短短几分钟后，他就发现罗纳尔迪尼奥永远不会集中精力坐下来讲述他的人生故事。

没过多久，罗纳尔迪尼奥的腹部开始臃肿，训练也经常迟到，令人担心的是，梅西有时也在半夜陪罗纳尔迪尼奥出去玩。罗纳尔迪尼奥的坏习惯也影响了球队的其他球员，时任巴萨首席执行官的索里亚诺爆料了某个球员在2007年对他说的话：

> 在我之前效力的那家俱乐部，球员们通常习惯在训练开始前一小时抵达训练场，主教练到的更早。但在巴萨，如果训练课是上午11点开始，有的球员会提前5分钟到达，有的来得更晚。起初，我还是会提前很久到达训练场，但是现在我就提前5分钟到达，和其他球员一样。

克鲁伊夫说过，**对伟大的球员来说，职业生涯中最危险的时刻是他在 20 岁时突然名利双收的时候，特别是他还没有结婚生子的时候。**简而言之，那个时候他最容易做出越轨行为。

梅西比罗纳尔迪尼奥更有抵抗这种诱惑的优势，因为他是个内向的人，和家人住在一起，而且没有随行人员，与罗纳尔迪尼奥相比，梅西对足球更感兴趣。2007 年，梅西在世界足球先生的评选中排在巴西球星卡卡之后，位列第二名，排名第三的是来自葡萄牙的年轻边锋 C 罗，这是这位年轻边锋首次出现在国际足坛的舞台上。但是，当 C 罗和梅西身着西服走上舞台时，C 罗却意外拿到了第二名的奖杯。当天担任颁奖主持人的是时任国际足联主席塞普·布拉特（Sepp Blatter），他发现了这个失误，于是 C 罗表情僵硬地把奖杯递给了梅西，这或许是他们首次遇到的公开羞辱。

在这个时期，梅西是个尚未被改造的、喜欢单打独斗的球员。体育数据公司 StatsBomb 官方网站上的数据显示，在效力巴萨的前三个赛季，梅西平均每场比赛完成七八次盘带过人，在此前的两个赛季，这个数据在欧洲各大足球联赛中排名第一，而且很多球队整个赛季的球员盘带过人次数甚至还没有梅西一个人多。2008 年 1 月，梅西在与西班牙人队的比赛中带球过掉防守球员克莱门特·罗德里格斯（Clemente Rodríguez）多达 6 次。在 2007—2008 赛季，梅西创造了新的纪录，平均每 90 分钟完成 8.6 次盘带过人。但是，只有盘带是不够的，早些时候，对手找到了阻止梅西盘带的方法——踢他。在 2006 年的一场欧冠比赛中，切尔西队长约翰·特里（John Terry）直接冲向禁区外的梅西，拽住他的手臂将他压在身下，场上裁判员可能是受到了巴萨球员吵闹着要犯规的干扰，居然没有判罚点球。有些巴萨球员觉得梅西在场上太自私了，不知道如何踢团队足球，考虑到他瘦小的身躯和非职业的生活方式，拥有一个长期的职业生涯似乎不太可能。那些年，对梅西来说，最可能的结果似乎是成为足坛的伤仲永，一个光速陨落的天才。

里杰卡尔德对此也有点担心。2008 年 3 月，我在诺坎普球场的主教练办公室中采访了他。里杰卡尔德在办公室里吞云吐雾，他穿着牛仔裤，双腿搭在桌子上，看上去就像 20 世纪 70 年代电影里的英雄。那时，梅西不在队中，因肌肉伤病在休养。里杰卡尔德说："梅西必须意识到，当一场比赛结束时，另一场比赛还在等着他。休息好并照顾好自己的身体是一种防护手段，他要学会和伤病和解，因为伤病总会反复发作，他还要尽可能地消除伤病反复出现的可能性。"

里杰卡尔德进一步评价了梅西的表现，他说："我看了很多比赛，发现好像是 1 个人在对抗对方的 11 个人。梅西在场上总是被对手踢倒，场面上看起来似乎很精彩，但是比分呢，我们只是 1 ∶ 0 取胜或 0 ∶ 0 打平，抑或 0 ∶ 1 失利。"他同时也称赞，梅西在比赛中总是寻求变化，不再是每次拿球都要盘带过人了，而是拉玛西亚的报告中描述得"非常有潜力，但是必须做得更好"。

当我拿梅西和马拉多纳比较时，里杰卡尔德反驳道："我们评价的是马拉多纳的整个职业生涯，而梅西现在只有 20 岁。让我们祝愿他再次康复，但是有一种可能，他可能会在两年后说，'我已经尽力了，现在我想要这样。'"里杰卡尔德大概想到了罗纳尔迪尼奥。

事后想来，梅西在职业生涯初期遇到的难题是所有天才运动员都会遇到的，但并不是所有人都能克服的。我为炫耀"认识梅西来提高身价"的行为道歉。2019 年，当我在一架私人喷气式飞机上采访网球巨星罗杰 • 费德勒（Roger Federer）时，我提到了梅西。费德勒可以说是"网球界的梅西"，即使他的全球知名度要比梅西差很多，梅西在 2011 年开通 Facebook 账号后，只用了 7 小时，他的粉丝数量就超过了费德勒。

费德勒热爱足球，当我提起梅西时，他兴奋地问我是否见过梅西。然后他说：

> 可笑的是，我还没有和梅西说过话。我最喜爱梅西的是当他接到球时，他能够面向球门，拥有广阔的视野。然后，你知道他会传出好球，或继续盘带，或选择射门。他总会有 3 种选择，他是世界足坛上少数几个拥有这种技能的人之一。

费德勒也有类似的技能，据估计，他有 12 种不同的正手击球方式。拥有这么多选择，费德勒说：“如果你能做到的话，这的确会成为你的优势。当你年轻时，你需要知道在正确的时间使用正确的技能。”他解释说，对能力有限的球员来说，一切都更简单，“因为能力有限的球员可能只擅长正手和反手击球，而且每天都只做到这些”。换成足球的话，可能指能力有限的球员在抢下球后只是选择将球传给离他最近的队友，因此能力有限的球员没有选择上的问题。但是，对才华横溢的球员而言，就会遇到是传球、射门还是自己带球的问题。费德勒接着说：

> 对我们来说，这更具有挑战性。我会想，我应当从球包里取出哪种球拍进行击球或者打出穿越球？我认为这是相当令人兴奋的，而且这就是我所热爱的运动现在发展到如此规模的原因。运用哪种几何结构、角度，何时击打哪个球，我应当发球上网吗？我应当留在底线吗？我应当回发球时带着下旋然后上网吗？我应当大力击球吗？

像网球运动一样，足球也是一项需要不断做出决定的运动。关于在你盘带过人后如何选择的问题，克鲁伊夫在 1972 年曾解释说：“你面对的局面是，你已经过了一个人，对手防线出现了漏洞，现在你必须做一些事情。那么，你该做什么呢？是继续盘带过人，还是选择传球？关键是你做了什么？”瓜迪奥拉曾说，如果你看到梅西持球并按下了暂停按钮，接下来他总是会做出最好的选择。梅西是花了好多年才达到这个水平的：2005—2008 年，他的直塞球、有威胁的传球和助攻的数量都在增加，在那之后，他开始在比赛中提高盘带过人的成功率，同时略微减少盘带过人的频率。回首往事，32 岁的梅西说：“我学会了更好地阅读比赛，知道在何时何地表现出高效和决定性。”

他能够掌握这些技能，部分原因是因为他选择加盟了巴萨，加入一所擅长传球的“克鲁伊夫式”的学校。克鲁伊夫的儿子约尔迪说：“我认为巴萨和梅西是命中注定的，他加盟了他能加盟的最好的足球俱乐部。”在巴萨一线队，梅西遇到了一些球员，如罗纳尔迪尼奥、德科和埃托奥，他们想从他的脚下得到球，然后再回传给他，用传球进行沟通。梅西很愿意学习，因为他的志向不是成为单打独斗的球员，而是成为胜利者。即使在训练中，他也每球必争，当训练中无法赢球时，他会和队友争吵，有时甚至会踢他们。2007 年从阿森纳转会加盟巴萨的蒂埃里 • 亨利（Thierry Henry）描述说：

> 训练中，如果教练没有吹罚犯规，或诸如此类，梅西会习惯性地走开，并说道：“哦！这不是犯规吗？好吧。”然后，他会得到球，然后带球把全队都过掉，最后射门得分。如果你得到了球，他会追上你，把球抢回来，然后射门得分。当他再次回到正常状态，放松下来，你已经 1 ∶ 3 落后了。

到了 2008 年夏天，在为巴萨首秀大约 4 年后，梅西只为巴萨打进了 42 球。相比之下，21 岁的费德勒已经夺得了职业生涯的首个大满贯奖杯，而 21 岁的梅西正在逐渐成长为世界最佳球员。在随后的 4 个赛季里，梅西攻入 221 个进球，成为巴萨最高产的前锋。

梅西时代来临

从 2008 年夏天起，巴萨进入了梅西时代。时年 37 岁的瓜迪奥拉被任命为巴萨主教练也是非常重要的，但是他的作用被高估了。更重要的是，巴萨使用“梅西策略”的关键是：俱乐部优先考虑的事情是取悦梅西。用瓜迪奥拉的话说：“巴萨主教练的主要工作是让梅西高兴。”俱乐部的工作人员、前职业球员佩佩·科斯塔（Pepe Costa）一直扮演着梅西的“专职密友”、保镖和“影子”的角色。在这个阶段，梅西依然少言寡语，他在巴萨的理疗医师胡安霍·布劳（Juanjo Brau）说，让梅西重拾信心的关键是“尊重他的空间和沉默”。但这也就造成了主教练总是想知道他在想什么。瓜迪奥拉知道梅西并不关心谁是球队的主教练，但梅西也始终明白，其他欧洲豪门俱乐部不会给他提供比巴萨更好的环境。从那时开始，巴萨愿意为了梅西牺牲任何一名球员和教练。一名伟大的球员将要在巴萨创造神话，这还是第一次。

令人尴尬的是，巴萨“梅西策略”的第一步就是出售梅西心目中的英雄，瓜迪奥拉公开宣布罗纳尔迪尼奥必须离开巴萨，这就不可避免地压低了可能的转会费。尽管巴萨知道罗纳尔迪尼奥已经造成了很坏的影响，但梅西并不这么认为。在罗纳尔迪尼奥离开巴萨后不久，梅西就在训练中和拉法埃尔·马克斯（Rafael Márquez）打了一仗，因为他怀疑是这个墨西哥人密谋反对罗纳尔迪尼奥。幸运的是，瓜迪奥拉和他的团队继承了巴萨的优良传统，像普通人一样对待球员，特别是来自拉玛西亚的球员。“里奥（梅西的昵称），”瓜迪奥拉在一堂训练课后说，好像他俩还是拉玛西亚的教练和孩子，“如果有人不喜欢一些事情，他们应当这样说出来。”在5分钟的交谈中，瓜迪奥拉让梅西感到巴萨会一直爱他。

瓜迪奥拉还发表了有关“纯净生活”的辅导讲话。一位巴萨官员对我说，这时的梅西走到了人生的岔路口，是瓜迪奥拉让他选择了正确的道路。此后，梅西的饮食更加健康，当成年运动员在达到最佳身体状况时，他就不会再受伤，他能一直戏耍防守球员。现在他过人后，还能加速甩掉他们，对手对他犯规都很费劲，如果他们敢的话。时任巴萨的首席球探博德对我说：“瓜迪奥拉已经制定了一个‘梅西策略’。如果特里在比赛中再对梅西犯规的话，全队都会冲上去保护梅西”。

为了迎合梅西，巴萨开始了它的计划。2007年，巴萨签下了阿根廷后卫加布里埃尔·米利托（Gabriel Milito），部分原因是他和梅西的关系很好。一年后，随着2008年北京奥运会的临近，巴萨得到了法庭裁决，俱乐部没有义务让梅西为阿根廷队比赛，然而，他们却发现梅西已经飞到了中国。这该怎么办呢？瓜迪奥拉的做法是致电梅西，并预祝他夺得金牌。梅西最终做到了，他与阿圭罗、安赫尔·迪马利亚（Angel Di María）和里克尔梅一起组成了令对手胆寒的阿根廷队攻击线，最终拿下了2008年北京奥运会男足冠军，这样的阵容在其他大赛中再也不会出现了。

年轻的梅西主要通过沉默来表达内心的不满，瓜迪奥拉成了解决这些问题的专家。瓜迪奥拉发现，梅西总想在比赛中踢满90分钟，即使巴萨已经5：0领先了，部分原因是梅西总是不停地追求个人得分纪录。梅西有意识地从职业生涯一开始就塑造他一生的作品，其中有一条不成文的规定，并且一直持续到梅西职业生涯的末期，那就是他从来不会被替换下场。

2009年，巴萨签下了伊布拉希莫维奇，梅西随后向瓜迪奥拉传达的信息是，他不想让高大的瑞典人挡住他的跑动路线。他对教练说："让其他人离得远点。"梅西眼中的足球，多年来几乎从未改变，那便是教练应当挑选最好的球员上场比赛，不用担心球队的战术问题。

当伊布拉希莫维奇发现自己在巴萨注定要失败时，他异常愤怒，这很合理，何况他在加盟巴萨后的前5轮联赛中都有进球。在其他俱乐部，如果有球员反对俱乐部签下世界排名前10名的球员，那这个球员也得忍着，但梅西不会忍。伊布拉希莫维奇严厉地谴责了瓜迪奥拉，而瓜迪奥拉用加泰罗尼亚地区特有的非对抗的方式做出了回应。伊布拉希莫维奇将主教练的礼让误解为缺乏男子气概。实际上，瑞典人高估了自己的身价，多年后，瓜迪奥拉表示："这就好像配角想抢主角的戏份。"梅西成了巴萨的"宝贝老板"（The Boss Baby）。

巴萨对梅西的顺从违背了足球传统，当一家俱乐部总是迎合某个球员的愿望时，就违背了这项运动的等级观念。

权威人士认为，球员的权力具有负面效应，这种想法是正确的。有时，球员会滥用权力，在训练中偷懒，或者按自己的喜好挑选搭档。任何工作场所都存在这种紧张关系，如果员工得到更多的权力，他们有可能会做出更好的决策，也有可能会开始混日子，或者二者兼而有之。

但克鲁伊夫塑造了巴萨，而且他从 15 岁开始就在阿贾克斯的训练中指挥经验丰富的国际球员了，自那时起他就相信球员的权力。对此，克鲁伊夫曾辩称，**如果你让球员享有权力，那么你也要让他们承担责任，对伟大的球员来说，这一点尤为重要。克鲁伊夫有一句名言：普通的球员只对自己的表现负责，而伟大的球员要对整个球队的表现负责。**

这就是克鲁伊夫个人职业生涯的写照。他发现额外的负担让人充满压力，他为了缓解压力只能不停地抽烟，但他愿意接受这种负担。齐达内也是这样。齐达内的法国队队友描述过齐达内身上的这种压力。赛前，齐达内会在更衣室里安静地穿上足球装备，他知道他将和 21 名世界级球员走上球场，决出胜负，他认为自己必须上场比赛。

梅西也是这样，他感觉比赛让人充满压力，所以有时在比赛开始前，他会在更衣室的卫生间里不停地呕吐。瓜迪奥拉回忆说，当梅西输球时：“他很生气，甚至恼怒，但是他会直接回家，而不是抱怨教练或者其他事情。”如果你是最佳球员，那么球队的成绩便与你息息相关。在巴萨成绩不佳时，梅西感觉他有责任改变比赛，对他来说，拿到西甲冠军就像完成了任务，履行了责任。

如果伟大的球员对球队的成绩负责，那么他还需要对过程有发言权。如果俱乐部允许他做出让伊布拉希莫维奇必须离开的决定，那么责任就落到了他的肩上，他就需要证明这个决定是正确的，他是俱乐部未来成绩的保证。相反，如果俱乐部对他的意愿置之不理，那么他就有借口耸着肩说："我不负责球队的成绩，我只是在这里工作。"

2009 年，时任巴萨首席执行官奥利弗对我说："从某种意义上讲，你不得不为梅西组建球队，但是，你必须让他意识到他也需要这支球队。你为他提供了足球界最好的机会，只要继续保持下去，他就很难离开俱乐部。"

巴萨将克鲁伊夫有关"球员权力"的理念与加泰罗尼亚地区有关"非冲突和谐相处"的态度融为一体。巴萨将俱乐部的关键交给了梅西，尽管他可以在场下"如幽灵般"地存在，但他一上场就做回了自己，开始表达想法，虽不常见，却效果明显。如果他在比赛中告诉队友改变位置，或者改变传球路线，队友都会服从。奥利弗说："他没有做出明确的手指，但是场上的梅西让所有队友都知道他们需要做什么，这并不明显，都是体现在细微之处的。"

即使在场下，梅西也慢慢开口说话了。一位巴萨前任官员对我说："梅西开始对俱乐部和其他球员的谈判进展情况很感兴趣，他想知道接下来的赛季我们是如何加强阵容的。"有时，梅西会推荐转会目标，例如他的朋友阿圭罗或者迪马利亚。但是，俱乐部没有给予梅西决策权，俱乐部内部有很多其他趋势表明了这一点，例如，2014 年，巴萨签下了苏亚雷斯，而不是阿圭罗。然而，巴萨的决策者在球员转会、主要战术选择和教练任命方面都开始考虑梅西的意愿。这些意愿经常表达得很明确，他感觉将自己的个性凸显在俱乐部之外是毫无意义的，他在俱乐部内部展现了个性。2010—2014 年担任巴萨主席的罗塞尔对我说："梅西无须讲话，他的肢体语言是我一生中见过的最具有影响力的，我见过他在更衣室里用一个表情就能让大家知道他是否同意方案，他比大家认为的或者比他所传达的要聪明得多。"

我问道："那么他想要什么呢？"

“他想要足球。”罗塞尔回答，意思是梅西希望巴萨完全按照他的方式踢球。克鲁伊夫说过：“如果你每场比赛都可能成为最佳球员，那么你必须具有独裁者的气质，就像梅西一样，因为这关系到你的威信。”

一般情况下，职业足球队都有着严格的等级制度，通常岁数最大的球员、最冷静的球员，或恃强凌弱的球员，都处于球队的最高等级。但在最高水平的比赛中，能力胜过一切，最佳球员将主导一切。梅西的一个队友曾说：“他的右脚技术、左脚技术和头球技术都比你好，他擅长防守和进攻，他的速度更快，他擅长盘带过人和传球。”这个队友伸出手表示，梅西的出色表现让人难以置信。

“那做守门员呢？”问题来了。

这个队友突然笑着说：“如果他要试试的话，那就要当心了！”这位对梅西极度赞美的队友就是哈维，他和伊涅斯塔都接受了他们是梅西配角的事实，他们放弃了应得的一份荣耀。

有些队友畏惧梅西，梅西曾经承认：“我能对任何事发脾气，通常是愚蠢的事情，我很容易发火，尽管别人在场上看不出来。”皇马前门将耶日·杜德克（Jerzy Dudek）回忆道：“没人能想象得出，这么安静可爱的家伙居然说一些难听的话攻击佩佩（Pepe）和塞尔吉奥·拉莫斯（Sergio Ramos）。”裁判也认为梅西是个喋喋不休的“抱怨者”，荷兰裁判比约恩·库伊佩斯（Björn Kuipers）曾在比赛中用英语向梅西喊道：“梅西，拜托！给我放尊重点！梅西！每次你都这么无礼！为什么你要这样？给我走开！”

梅西承认道：“其实我应该去咨询心理专家，但我从没去过。为什么？我不知道。对我来说，迈出那一步很难，尽管我知道我需要这么做。安东内拉·罗库索（Antonella Roccuzzo，简称安东内拉，梅西的妻子）多次坚持让我去咨询心理专家，但是我把所有事情都藏在心里，我不会去分享。我知道去了对我有好处，但我一直没去。”

没有教练能阻拦梅西这样的明星球员。在过去的时代，米歇尔斯、1988年的克鲁伊夫、亨内斯·魏斯魏勒、塞萨尔·路易斯·梅诺蒂（César Luis Menotti）和范加尔都被看作可能的“救星”。瓜迪奥拉在2012年离开巴萨后，他的接替者都是不太出名的人：第一个是瓜迪奥拉的助教比拉诺瓦，他是梅西最喜欢的青年队教练，当比拉诺瓦因咽喉癌辞职后，不知名的阿根廷人赫拉多·丹尼尔·马蒂诺（Gerardo Daniel Martino）出任巴萨主教练，他来自梅西的家乡罗萨里奥，也和梅西一样曾在纽韦尔老男孩踢过球。在巴萨，主教练沦为了梅西后勤队伍中的一员。

2014年，马蒂诺的继任者恩里克和梅西进行了“权力斗争”。首先，恩里克试图在一场巴萨和埃瓦尔竞技足球俱乐部（简称埃尔瓦）的比赛中换下梅西，但是梅西拒绝下场，并在场上向恩里克竖起大拇指，表示一切都在掌控之中。后来，恩里克不得不对媒体撒谎：“在换人之前，我总会询问球员们是如何想的。”但是，恩里克还是想证明，谁才是球队老大，他在训练中判罚梅西的进球无效，并在2015年1月与皇家社会的一场比赛中让梅西坐在替补席上，直到下半场才让梅西替补出场，结果巴萨输掉了比赛。这时，哈维、马斯切拉诺和其他球员对此事进行了干预，向主教练解释说，对待梅西与对待其他人的“规则”应该是不同的。最终，恩里克妥协了。5个月后，巴萨再次成为三冠王球队，主教练终于知道了谁才是球队的老大。

这样的情况在阿根廷国家队也发生着。2008年以来，梅西一直帮助国家队挑选队员和制定战术，尽管在他沉默无语的职业生涯初期，他的朋友阿圭罗和迪马利亚也经常扮演他的传话筒。在2014年世界杯期间，阿根廷队主教练是缺乏经验的亚历杭德罗·萨维利亚（Alejandro Sabella），他之所以被任命为主教练，完全是因为他愿意“服从”梅西。同样地，在那届世界杯上，正是梅西主张让加戈和冈萨洛・伊瓜因（Gonzalo Higuaín）成为球队的一员。

事实证明，阿根廷国家队和巴萨都是围绕梅西不可思议的漫长巅峰期来构建的。费德勒对此惊叹道：“这种连续性……刚刚打进他的第 600 个入球，这些都是前所未闻的数字。现在我们看到同样的事情也在篮球界发生，所有的记录都被打破了，人们会更加意识到这些问题，我认为这些优秀的运动员会更加努力，变得更加专业。”

梅西通过与 C 罗竞争世界最佳球员来激发自己的潜力。法国前锋基利安・姆巴佩（Kylian Mbappé）对我说，最好的球员都在密切关注彼此的表现。他说：

> 我认为梅西让 C 罗变得更好，而 C 罗也让梅西变得更出色。对我来说，他们俩是足球历史上的最佳球员，同时我认为如果缺少了彼此，他们是不会在 15 年中一直保持这么好的状态，并遥遥领先其他球员的。有时，他们可能会放松一下，但是，当你想到有一个和你一样出色的人时，战胜他的想法会激发出你最大的动力。

当姆巴佩在 2018—2019 赛季有希望成为欧洲进球最多的球员时，他发现梅西的进球数一直领先着他。姆巴佩说：“如果我进了 2 个球，他就进 3 个，我进了 3 个，他就进 4 个。这太疯狂了，所以我和奥斯曼・登贝莱（Ousmane Dembélé）说，‘这不可能！他是故意的吗？他查过我进了多少个球吗？’”登贝莱答道：“当然，他一直在关注着你！”那个赛季结束后，梅西以 36 个进球，领先姆巴佩 3 球，成为欧洲顶级联赛中进球最多的球员。

2008 年，C 罗获得了他的首个金球奖和“世界足球先生”荣誉称号，他的经纪人豪尔赫・门德斯（Jorge Mendes）举办了豪华的自助餐庆祝宴会。负责组织金球奖投票的《法国足球》（*France Football*）杂志的代表回忆到，相比 C 罗的庆祝宴会，梅西在 2009 年赢得首个金球奖后，他们全家人则享用了超市的比萨进行庆祝。在 2008—2021 年的 13 次金球奖评选中，梅西赢得了 7 次，C 罗赢得了 5 次，在他俩之前，没有球员获得过 3 次以上的金球奖。

2019 年的欧冠抽签仪式在摩纳哥举行，当时坐在 C 罗旁边的梅西对记者说："这是一种良性竞争，尤其是当他在皇马的时候。"C 罗全神贯注地听着梅西的话，然后补充道："我非常好奇，因为我和他在这 15 年来共享了这个舞台。我不知道足球领域此前是否发生过这种事情。当然，我们关系融洽，我们还没有一起吃过饭，但是希望以后能有机会。"说这话时，C 罗的声音越来越小，并且笑了起来，可能是为自己"鲁莽"的提议感到尴尬。

现在，依旧有人在愚蠢地争论梅西和 C 罗谁更优秀。在我看来，如果说谁更有价值，梅西略微胜出，他们二人都是世界上最出色的前锋之一，但梅西还是世界上最好的进攻组织者。不过，真正的问题是，正如 C 罗所说，他俩是如何保持最佳状态这么久的？久到足以超过以前任何伟大的球员，当然，可能除了皇马名宿阿尔弗雷多・迪・斯蒂法诺。答案是，在他们出现后的前 10 年里，人们开始变得更偏爱"超级英雄"般的球星。

以前，伟大的球员活得就像摇滚巨星，他们受到追星族的追捧，预计自己的身体在 30 岁时就会透支。他们不会发财，因为他们年轻时便挥霍了巨额的财富。毕竟，成为天才球员就意味着你无须再努力工作，比如，20 世纪 50 年代的费伦茨・普斯卡什（Ferenc Puskás）很胖，60 年代的贝斯特酗酒，克鲁伊夫烟不离手，马拉多纳则吸食过违禁药品。作为球星，各方面的诱惑是很大的，关键是很少有人能抵挡住这些诱惑。

1968 年以后的贝斯特、马拉多纳和贝利在俱乐部职业生涯的大部分时间里都和平庸的队友一起踢球，马拉多纳在那不勒斯足球俱乐部（简称那不勒斯）踢球时，经常接到传到他身后的球，他都会宽容地鼓掌。在他效力的俱乐部和国家队，他被动地学会了单打独斗。

在他们当中，很少有人渴望每周都有精彩的表现，贝利经常长途跋涉去踢表演赛赚钱，马拉多纳虽然在世界杯上光芒四射，但他在世界杯以外的赛场很难一直保持最佳状态。而且，他们一直是对方球员犯规的对象，在 1966 年世界杯上，贝利就在比赛中因伤退出。几年后，克鲁伊夫加盟了巴萨，时任皇马主席的圣地亚哥·伯纳乌（Santiago Bernabéu）就曾警告说，西班牙联赛不适合这个荷兰人，“因为这里的防守球员会在 3 周内铲断他细小的双腿”。

在观看克鲁伊夫在巴萨的比赛视频后，你会发现，绝大多数对手都在比赛中对他进行各种犯规，或者至少尝试过犯规，包括冲撞、绊人、肘击、双脚飞铲等。在他登上西甲赛场后与格拉纳达的首场比赛中，为了避免他受伤，他的队友甚至不让他进入对方禁区争顶角球。一位队友曾直接叮嘱道：“你不要进入禁区和这帮家伙对抗。”

1983 年，毕尔巴鄂竞技俱乐部（简称毕尔巴鄂竞技）的防守球员安东尼·戈伊科切亚（Andoni Goikoetxea），外号“毕尔巴鄂屠夫”，在比赛中凶狠犯规，铲断了马拉多纳的脚踝，随后马拉多纳离开了巴萨。对于这次犯规，戈伊科切亚曾这样说道：“马拉多纳还没死呢。”有时，恐吓会以“巴洛克式”①的心理形式出现。在戈伊科切亚重伤马拉多纳前 1 个月，巴萨在一场热身赛中主场迎战诺丁汉森林足球俱乐部（简称诺丁汉森林）。据诺丁汉森林中场球员史蒂夫·霍奇（Steve Hodge）回忆，赛前，诺丁汉森林的主教练布莱恩·克拉夫（Brian Clough）在球员通道里走到马拉多纳面前说：“你可能会踢得不错，但是我早晚会控制住你的。”而比赛也的确是这么进行的。

改变球星不断遭受凶狠犯规现象的是电视直播的出现。20 世纪 90 年代以

① 巴洛克式是一种艺术风格，指“不常规的”“怪异”的形式。——编者注

前，足球比赛很少进行电视直播。之后，鲁伯特·默多克（Rupert Murdoch）和西尔维奥·贝卢斯科尼（Silvio Berlusconi）创建了足球电视频道。突然，足球俱乐部成了电视节目的供应商，而球星便是优质资源。俱乐部为球星提供了新合同：如果你像职业球员一样生活，我们会付给你一大笔钱，梅西和C罗都接受了报价。

足球管理机构通过对犯规进行处罚和禁止背后铲球的方式来保护球星。梅西在2005年说："在职业足球中，其实没发生什么变化，因为场上原本就有裁判。在学校进行的比赛中，踢人才是真的踢人。"大约从2008年开始，梅西被看作国际足坛的"宝贵财富"，所以他受到了额外的保护。即使裁判在场上漏判了犯规，犯规队员还是担心自己的小动作会被场边的摄像机镜头捕捉到，因此不敢对梅西犯规。克鲁伊夫指出："电视直播提高了足球技术水准，现在，优秀的球员得到了保护。"设想一下，如果过去克鲁伊夫踢球时也得到保护的话，他会达到什么样的高度。

适合电视直播的完美场地条件，也对促进足球技术水准提供了很大帮助。梅西无须像年轻时的克鲁伊夫那样在泥泞的荷兰球场上踢球，梅西也无须经历优秀前锋布莱恩·克拉夫（Brian Cloagh）在1962年遭遇的不幸，在英超节礼日[①]比赛的结冰场地上伤到自己的膝盖。

在电视转播时代，最好的球员都集中在少数几家富有的俱乐部。梅西的俱乐部生涯一直和世界级的队友一起踢球，他们帮助梅西达到了巅峰。创造力更多是团队的产物，而不是个人，就如同约翰·列侬、保罗·麦卡特尼、乔治·哈里森（George Harrison）、林戈·斯塔尔（Ringo Starr）组合在一起的披头士乐队创作的音乐，要好于他们单飞后的音乐作品。巴萨拥有哈维、伊涅斯塔和梅西，而且2014—2017年，拥有由梅西、苏亚雷斯、内马尔三人组

① 圣诞节后第二天安排的重要赛事。——编者注

成的“MSN”锋线攻击组合。非常有特点的是，“MSN”在比赛中不断尝试变换他们的阵型，主教练对此没有进行过明显的干预。

梅西需要优秀的队友，这一点显而易见，2022 年以前，拥有普通的中场球员和防守球员的阿根廷国家队在国际大赛中成绩平平也可以说明这一点。一个球员无法看到明显的撞墙式配合或进行基本的直接传球，这在梅西看来都是无法想象的。2010 年世界杯，我被来自纽卡斯尔联笨拙的右边锋霍纳斯・古铁雷斯（Jonás Gutiérrez）的表现惊呆了，担任球队右后卫的古铁雷斯在比赛中甚至很难站稳。2014 年世界杯，让我惊呆的是阿根廷中卫费德里科・费尔南德斯（Federico Fernández），他很清楚自己能力有限，害怕接球，所以他一接到球就会把球传给离他最近的队友。

一位世界排名靠前的国家队主教练向我解释了梅西在阿根廷队和在巴萨的区别：在巴萨，经过多名队友一系列的短传配合之后，梅西一般会在对方禁区附近接到球。然后，在他身边 20 米内有 5 名队友，每名球员都会无球跑动带走防守球员。接下来，他可以选择不同的传球路线，或继续盘带过人。他经常选择和对方防守球员一对一，就像穆里尼奥所说：“当梅西持球和你一对一时，那你死定了，这是无解的。”

相反，阿根廷国家队是一支没有体系的球队，首先他们很少能在对方球门前抢到球，他们一看到梅西就会传球给他，而不是梅西向他们要球时他们才传球。在球队的中场，当梅西拿球后没有队友靠近他，好像接下来就是梅西一个人的事了，让他重现当年阿根廷队和英格兰队的比赛中，马拉多纳单枪匹马得分的场面。围上来的对手自然知道该如何来防守了，他们知道梅西的选择就只有自己盘带过人。

阿根廷队强迫梅西像个男孩一样踢球，在 2014 年世界杯上，他完成了 46 次盘带过人，比第二名荷兰队的阿尔扬・罗本（Arjen Robben）多 17 次；

同时，梅西只完成了 242 次传球，比德国门将诺伊尔还少 2 次。但是，梅西不想再像男孩一样踢球了，马拉多纳是个希望打败体系的人，而巴萨已经将梅西培养成了适应克鲁伊夫团队足球踢法的球员。在阿根廷队，梅西的挫败感经常演变成他与队友和裁判之间的争吵，2011 年，阿根廷队后防队员尼古拉斯·布尔迪索（Nicolás Burdisso）在一场比赛中没有将球传给梅西，随后他和梅西在更衣室里发生了冲突，最后被队友们拉开。20 世纪 70 年代，克鲁伊夫非常享受国家队的比赛，因为荷兰国家队的比赛水平要比巴萨高，而对梅西来说，却恰恰相反。

只有在巴萨踢球时，梅西才能找到适合伟大球员的理想环境。一天下午，住在卡斯特尔德费尔斯的一名妇女开车带我经过了梅西的住宅，我发现他平常的精彩表现主要基于场外无趣的人生。他的家位于这个平凡市镇的高处，远离海滩，他还买下了邻居的房子，建造了一栋大房子，里面有个小足球场，棕榈树、叶子花和白色的围墙确保了住宅的私密性。他在这里居住了多年，一直没有安装监控摄像头或警报器，最后还是俱乐部帮他安装的。

梅西和他的妻子安东内拉相识于童年时期，一起在罗萨里奥长大，安东内拉教会梅西要在工作完成后远离足球。梅西说，养育 3 个儿子让他每天晚上感到“被摧毁了”，所以他每天睡得很早。梅西的朋友圈子很小，他几乎完全保留了罗萨里奥的口音，这使他显得平易近人。而且，和克鲁伊夫一样，他在这个地区生活了 20 年，还是不会说加泰罗尼亚语，他的物理治疗师布劳说：“他的中心是一直陪伴他的家庭。”

当梅西体验外面的世界时，大多数情况下他面对的都是一群人举着手机对他进行拍摄，好在，他已经学会了忽视这些。在卡斯特尔德费尔斯，他远离锡切斯的夜生活，住在距离公路 20 分钟路程的地方。白天，他送孩子们去学校，或者去巴萨甘珀训练基地参加训练。晚上，他们全家有时会去当地餐馆安静地吃顿晚饭，当地人不会去打扰他。

和梅西做了近 20 年队友的皮克告诉我：“小时候，踢球就只是球场上的那些事，但是长大后，你会发现还有很多其他事情，例如照顾自己，晚上早睡觉。我认为从这个角度来看，梅西成长了很多。”

15 年来，梅西的日常工作是在诺坎普球场上光芒四射，然后半夜沿着几乎空荡荡的高速公路开 25 分钟车回家，3 天后，他会再重复一遍。

无与伦比的梅西

当施展才华变成了定期必须完成的事，就会变得十分无聊。马拉多纳呈现了球员与灵魂抗争的壮观场面，而梅西和 C 罗的伟大似乎是无意识的。西班牙记者圣地亚哥·塞古罗拉（Santiago Segurola）这样比喻说：“马拉多纳有时是马拉多纳，而梅西每一天都是马拉多纳。”梅西提前几年就完成了克鲁伊夫所说的伟大的球员通常在 24 岁或 25 岁时发生的转变：从“球员”到“面包球员”。“面包球员”指的是职业足球运动员，他知道踢球是为了球队的生计，因此必须始终保持出色表现。

“普通的”伟大球员能维持巅峰状态 5 年，而梅西的巅峰状态已经维持了 15 年以上。根据我在《金融时报》的同事、数据记者约翰·伯恩–默多克（John Burn-Murdoch）的计算，截至 2019—2020 赛季，在 11 个赛季的比赛中，梅西平均每 1 场比赛就能贡献超过 1 个进球或 1 次助攻，这项数据比 C 罗还多 2 个赛季。相比之下，像罗本和亨利这种级别的前锋，平均每 4 场比赛才能贡献超过 1 个进球或 1 次助攻，埃托奥和迪迪埃·德罗巴（Didier Drogba）每 2 场才能达到这个数字。

梅西展现出了完美的职业天赋，这就好比和克劳德·莫奈（Claude Monet）签订合同，让他每周创作出两幅杰作，然后发表一样。但是，我们不能对梅西的优秀表现逐渐“麻木”，我们要知道他是如何做到的，这是值得来花时间研究的。梅西是如何能够经常带球连过 3 人，然后将球打入球门上角的？找到这些问题的答案有助于我们更加了解足球这项运动，因为梅西是顶级比赛的“实时分析师”。接下来，我将根据许多有识之士的观点，在这里诠释一下梅西是如何踢球的。

无论在巴萨还是在阿根廷国家队，在大部分比赛时间里，梅西都在场上散步。例如，在 2014 年世界杯，除了巴西中卫蒂亚戈·席尔瓦（Thiago Silva），梅西每场比赛的跑动距离比任何除门将以外的球员都要少。塞鲁尔罗说：“对梅西的研究结果表明，他在场上跑动距离最少，冲刺距离最少，比赛参与程度最少。”

这个结果似乎违背了我们所了解的现代足球的一切事实。瓜迪奥拉曾在拜仁慕尼黑对他的球员说：“如果我们不跑动，我们一无是处，如果我们非要要求队友将球传到我们的脚下，而不是我们的身前，那么我们的发挥就会大打折扣。”但有所不同的是，梅西的场上散步是有目的性的。在詹姆斯·厄斯金（James Erskine）拍摄的足球运动员纪录片《奇迹男孩》（*Wonder*）中，瓜迪奥拉指出：“梅西在四处走动，那是我最喜欢他的地方。他在转头，向右、向左、向左、向右。”瓜迪奥拉边说边模仿着梅西，将自己的光头从一侧转向另一侧。

梅西的场上散步是为了完成“侦察任务”。总的来说，球员越出色，他在球场上观察得就越细致，梅西把不必防守的那些时间用来进行观察，这就使他比其他球员观察得更加细致，他在为自己的下一步动作“绘制地图”。巴萨女子足球队球星莉克·马滕斯（Lieke Martens）曾经通过研究梅西的比赛来提高她的场上决策能力，她对我说：“梅西在得到球之前，就知道下一步要干什么了。”

我从大卫·森普特（David Sumpter）那里获得了更多有关梅西的信息。他是瑞典乌普萨拉大学的数学系教授，《足球数据学》（*Soccermatics*）一书的作者以及哈马比足球俱乐部的顾问。我们在诺坎普球场举行的数据分析大会上相识，后来，我们在体育场咖啡馆喝了点啤酒，他向我详细地分析了梅西。

森普特指出：梅西在无人防守的情况下接到球的频率令人吃惊。他一直是场上的主要进攻威胁，他总是在场上散步，所以当他决定要介入比赛时，他是如何摆脱对方防守的？

有时，梅西会简单地移动一米，到达正确的位置上，为队友提供一条不受阻碍的对角线传球路线。克鲁伊夫说过，如果正确的空间位置就只是“一步之遥”，那么跑动就没有任何意义。有时，梅西会通过扮演“雕像”来寻找空间，莱因克尔指出：“令人吃惊的是，如果你停止移动，会有很多人从你身旁跑过。”曼联球员马库斯·拉什福德（Marcus Rashford）在他首场与梅西比赛的中场休息时对队友说：“他没有移动，但是他无处不在，因为他让别人移动。”一旦对手从他身边走开，梅西就会立刻向队友要球。

森普特解释说，当梅西移动时，他能在想要得到球的地方立刻停下来，比盯防他的球员更快。通常情况下，他的第二次跑动更重要。当他第一次跑动时，他不会向队友要球，而是让对手防守失位。然后，像很多伟大的前锋一样，他会突然开始第二次跑动，而巴萨的球员会在梅西此时才传球给他，相比之下阿根廷队的球员则根本没有时间控球。

巴萨球员不断给梅西传球，部分原因是为了让他对比赛保持兴趣。在巴萨效力多年的右后卫阿尔维斯回忆道：“瓜迪奥拉不喜欢边后卫给边锋垂直线路的传球，因为这些传球不会有什么好的结果，但是我以前经常这样给梅西传球，这让瓜迪奥拉很懊恼。我告诉他，如果梅西有两分钟没有接到球的话，那么梅西就和比赛‘失联’了，我们需要梅西始终和比赛保持联系。最后，瓜迪奥拉同意了我的做法。”

优秀的球员都是面朝对方球门接球，对克鲁伊夫来说，这几乎就是对优秀球员的定义。然而梅西进行了更进一步的正确选位：他经常审时度势，在离他最近的防守球员背对他的时候制造出接球的机会。

梅西一般在对手后卫和中场线之间的空位区域接球，他从职业生涯之初就瞄准了这个接球区域，而瓜迪奥拉在 2009 年让他担任“伪 9 号”的决定更有助于他确定这个位置。瓜迪奥拉进一步发掘了米歇尔斯执教阿贾克斯时的创新成果——没有中锋的球队。

特别是对高大的英国中后卫来说，因为他们平时经常和高大的中锋交手，所以“伪 9 号”战术总是具有迷惑性。该战术首次出现是 1977 年荷兰队在温布利球场 2 ： 0 战胜英格兰队的比赛，当时英格兰队安排了 5 名中卫，结果发现克鲁伊夫是个“伪 9 号”，这让 5 名中卫突然无人可防。34 年后在同一块场地上，曼联在欧冠决赛中对阵巴萨，曼联后卫里奥·费迪南德（Rio Ferdinand）发现自己一直在寻找梅西。“在场上，梅西甚至都没有接近过我，我和队友内马尼亚·维迪奇（Nemanja Vidic）站在温布利球场的中线，彼此看着对方，不知道该去防守谁，然后便走开了。”费迪南德茫然地摇着头说，“我们当时站在那里想，开场这么久，我甚至都还没接触到我的对手。”

一般情况下，梅西在接到球后会变向带球，他喜欢面向对方中后卫带球，让他们处于进退两难的境地。对此，克鲁伊夫在几十年前就有过概述：“如果防守一方冲向了带球者，那么他们的身后就会出现空当，而如果防守一方原地不动的话，带球者就能继续前进。”

梅西的绝对速度并非快得惊人，但他的带球速度和无球跑动速度几乎可以一样快。他经常内切，然后突然停下，这样盯防他的球员也必须这么做，接着梅西再一个加速，对方就跟不上了。像克鲁伊夫一样，梅西也拥有二次加速的能力，他一看防守球员就知道他的重心在哪条支撑腿上，然后他就从那边突破过人，即使在盘带时，他也能抬头观察整个球场。莱因克尔评价道：“他似乎没有视线盲区。”梅西超级高效，他从来不做过多的假动作，也不会用内马尔式的华丽技巧羞辱对方球员。

最重要的是，梅西步幅很小，即使相对于他 1.7 米的身高来说也是如此。这让他可以不断触球，每次触球后，他就可以做一些新的动作。克鲁伊夫说：“C 罗每秒能触球 2 次，但是在相同时间里，梅西可以触球 3 次，他的节奏和位置变化更快。”另外，塞鲁尔罗解释说，梅西的双脚每秒可以接触地面 3 次，而盯防他的球员大多只能接触 1 次，高大的球员则需要花更多的时间让双脚离地奔跑，而双脚完全离地的人是无法变向的。梅西几乎总能变向，他就像以前的无声电影中，一只狗躲避警察那样躲闪防守球员。在厄斯金的纪录片中，费迪南德在稀薄的空气中挥动着他的胳膊说道：“当你接近梅西时，他小巧而快速，好像贴着地面在跑，“没有人可以对他进行粗暴的犯规。”

知名统计数据网站 FiveThirtyEight 2015 年的统计数据显示，梅西盘带过人的成功率其实只有 55%，但这已经是足球历史上最高的成功率了。即使他被抢断时，球的旋转变慢，他也能比盯防他的防守球员更快地重新恢复平衡，并再次赢得球权。

森普特认为，梅西的盘带有点像几何结构，他最喜欢的是梅西在 2015 年内切深入毕尔巴鄂竞技后防线的一段视频：刚带球启动时，梅西被对方 3 名防守球员困在了右侧边线，他突然停了下来，向内侧走了一步，让防守球员形成了一个完美的三角形将他围在中间。森普特解释道：“突然！梅西选择了一条路线加速突破，这条路线令他周围的球员都最大限度地远离了他。通过简单的数学计算可以知道，当你和对手的距离越远，空间就越大，你拥有的时间就越多。”随后，梅西带球过掉了中间的防守球员，身后留下了一个被突破的三角形。

森普特继续说道："大多数人思考时不会超过 4 个维度，而梅西能比其他球员以更多的维度进行思考。22 乘以 2，等于 44，再加上 4 个空间维度，那就是 48 个维度。"我不会假装理解了森普特的推理，但重点是梅西对克鲁伊夫式的空间理论进行了完美的诠释。

有些事情在梅西的比赛中是可以预测的，我们通常知道他要去哪里，他没有考虑过"对我来说最容易接球的地方是哪里"，或者"我如何盘带过掉防守球员"。相反，他的目光更长远，他想的是"我要在哪里结束？"他最喜欢的目的地是球场上最有价值的区域，就是对方禁区边缘的半圆区域，他偶尔来到这个区域，而不是站在那里不动。当他传球时，他总是尝试让队友出现在那个区域，通常是他的左前方。这些年来，最大的受益者是苏亚雷斯。

"我不是典型的射手，"梅西表示，"我喜欢从靠近对方球门线的位置启动，得到球并创造机会。我也喜欢射门得分，但我在场上不靠这个生存。"森普特还告诉我，阿圭罗，或许还有哈里·凯恩（Harry Kane）和穆罕默德·萨拉赫（Mohamed Salah），他们和梅西一样都是出色的场上终结者，但是他们不会像梅西那样多次进入射门区域。

以上内容都是我用一些冷静的分析术语进行描述的，让我们暂停一下，想一想梅西为了"全球幸福"都做了什么。克鲁伊夫的传记作者尼科·施普马克尔提到：如果没有梅西，我们的生活不会这么丰富多彩，我们生活在"梅西时代"，在这个时代最好的生活方式就是观看梅西的比赛。一位患有心理健康疾病的朋友对我说，多年来，他一直想观看梅西为巴萨效力的每一场比赛。对他来说，看梅西的比赛有助于他的恢复。总而言之，梅西是一个平易近人的天才，每周我都会持价格较低的季票去观看他的比赛。

即使梅西在为阿根廷国家队效力期间，他的表现也是非常出色的。如果梅西在阿根廷队的表现有时会令人失望，那也是因为我们拿阿根廷队的梅西和巴萨的梅西以及 1986 年世界杯的马拉多纳进行了比较。实际上，体育运动统计学家本杰明·莫里斯（Benjamin Morris）指出，巴萨的梅西和阿根廷队的梅西大概是“世界上最好的两个球员”。2007—2021 年，梅西带领阿根廷国家队 5 次闯入了国际大赛的决赛，其中包括 4 次美洲杯决赛和 2014 年世界杯决赛。除了 2021 年带领国家队赢得美洲杯冠军，其余 4 次最终都没能赢得冠军，但其中 3 次失利都是以微弱劣势输掉比赛的。如果伊瓜因在马拉卡纳体育场举行的 2014 年世界杯决赛上半场的比赛中，面对诺伊尔打入那个单刀球的话，那么在阿根廷国内早就把梅西当作“更值得信赖的马拉多纳”来进行赞美了。在阿根廷，马拉多纳是国家的救星，他带领一群平庸的队友夺得了世界冠军。2014 年世界杯决赛，德国队的马里奥·格策（Mario Götze）在加时赛的入球让阿根廷痛失世界杯冠军，2015 年和 2016 的美洲杯决赛，阿根廷都是在最后的点球决战中输给了智利队。对这些惜败的最好解释，可能就是“偶然性”。

这些比赛的失利并不会使我们否认梅西的伟大，它们只会让他的传奇性逊色一些，这给他造成了难以估量的痛苦。谈到伊涅斯塔在 2010 年世界杯决赛上为西班牙打入的那粒制胜球，梅西笑着说：“伊涅斯塔是如此幸运，可以在最关键的时刻打入这个进球！”当然，在阿根廷，梅西永远不能和马拉多纳相提并论，马拉多纳一生的大部分时间都居住在阿根廷，在马尔维纳斯战争结束的 4 年后，是马拉多纳带领阿根廷队战胜了英格兰队，并最终夺得了世界杯冠军。马拉多纳拥有“巴洛克式”的个性，所以在阿根廷人的心目中，他永远排在第一位。

马拉多纳本人则对梅西有些看法。2016 年，在巴黎举行的一次宣传活动中，扩音器捕捉到了他和贝利之间的私人对话。

贝利： 迭戈？

马拉多纳（身体倾斜着，上身穿着运动服，露出了腹部的赘肉）：什么事？

贝利： 你认识梅西吗？

马拉多纳： 认识，但是……

贝利： 他人不错吧？

马拉多纳： 是的，他人不错，但是缺乏个性，不具备领袖气质。

贝利： 啊，我明白了。在我们那个年代，有很多这样的球队领袖。

马拉多纳： 的确如此！很多。

他们的对话并没有说服力，在巴萨，梅西是整个俱乐部的“保护伞”，在他加盟之前，巴萨一直处于“下一场比赛就是下一次危机”的状态中。2005—2019年，是梅西让巴萨高层一直感到很轻松。当你在6年内夺得了3次欧冠冠军时，人们的焦虑和派别斗争都会减少，球迷用来宣泄情绪的白色手帕更是从诺坎普球场消失了。2003年至2020年1月，巴萨没有解雇过任何一任主教练。

年复一年，日复一日，梅西的存在让足球常见的戏剧性场面不复存在，诺坎普球场的气氛更像是歌剧表演，而不是体育大赛。新签约的球员有了时间和球队磨合，因为没有人需要他们扮演球队救世主的角色。在巴萨6∶2战胜皇马后的第二天上午，俱乐部的所有员工都面带笑容轻松地走进了办公室。

梅西让巴萨董事会令人质疑的决策看上去都还很不错，索里亚诺指出，2003—2008年他担任巴萨首席执行官期间，俱乐部的营收增加了一倍多。索里亚诺说：“这是因为我们投资了我们一直提供的产品——足球队，而且我们用高度的职业化和最好的管理方法来经营俱乐部。”他同时强调，建立一支冠军球队和运气毫无关系，但我猜这和梅西有关系。

在2020年以前，巴萨无须担心失去梅西。巴萨主席巴托梅乌曾经表示：“梅西的血液里流淌着巴萨的基因，他永远不会离开俱乐部。”甚至，其他俱乐部也从未鼓起勇气向梅西报价。曼城曾在2008年做过尝试，但那是一场意外。当时，一个泰国籍的曼城高层操着很重的口音说：“非常混乱，一切变得非常混乱（Very messy[①]，it’s getting messy）”，而俱乐部办公室的工作人员误解了他的话，以为他说的是“我们得到了梅西（We’ve got to get Messi）”。结果，曼城就向巴萨以 7 000 万英镑报价梅西。据报道，巴萨收到报价后立刻回电询问了事情的真实性。

近年来，梅西似乎只有一次认真考虑过转会，那是在 2013—2014 赛季，当时西班牙税务机关对他的调查迫使他有过离开西班牙的想法。2013 年 6 月，负责梅西个人事务的律师伊尼戈·华瑞兹（Iñigo Juárez）在给豪尔赫·梅西发送的电子邮件中称，他已经和皇马的代表完成了会面，皇马愿意为梅西支付 2.5 亿欧元的转会费来引进他。为了得到梅西，皇马甚至在税务问题上谋求了时任西班牙首相马里亚诺·拉霍伊（Mariano Rajoy）的帮助，华瑞兹在邮件中写道：“他们告诉我皇马会向拉霍伊施压，尽可能以更好的方式解决你儿子的问题。”

皇马提供了一份不会输的报价，但梅西如预期那样拒绝了，然而来自联赛主要竞争对手的报价帮助梅西在巴萨的薪资预算中获得了更大的份额。2014 年 5 月，巴萨和梅西正式续约，梅西的薪水大幅提高，这是他在 2005—2020 年期间的第 9 次涨薪。按照新合同的规定，每个赛季结束后，梅西都可以有权“免费”离开俱乐部。所以，巴萨必须让他在俱乐部过得高兴。

2016 年，西班牙一家法院以逃税为由对梅西和他的父亲处以罚款，并判处 21 个月监禁。这次逃税事件让他们父子俩留下了案底。随后，巴萨补偿了梅西的罚金，因为他们是初犯，梅西父子俩无须服刑。但这是一次警告，此前，梅西的个人经济事务管理得比较业余。

① “混乱”的英文 messy 和梅西的英文名字 Messi 发音相近。——译者注

这次判罚丝毫不会影响梅西的名声，球迷们并不关心他在球场外的表现。在球场上，他是“改良版”的罗纳尔迪尼奥，实际上，他变得越来越出色，让人难以想象。英格兰板球选拔委员会委员埃德·史密斯（Ed Smith）在2008年发表的著作《体育给我们的人生带来了什么？》（*What Sport Tells Us About Life*）中指出，在体育运动历史上，最具统治力的运动员是澳大利亚的板球运动员唐·布拉德曼（Don Bradman）。1928—1948年，布拉德曼在板球测试赛的平均击球率达到了99.94%。到了2021年，在参加超过20场板球测试赛的球员中，创造了击球率第二高的人是澳大利亚球员史蒂夫·史密斯（Steve Smith），他的击球率是61.80%。对此一看，布拉德曼生活在一个与其他人不同的世界里。

史密斯在2008年写道：“永远不会有另一个布拉德曼了。”他指出，在现代体育项目中，远远超过其他人是不可能实现的，因为对手的标准提高了，此外，在体育运动中，较弱的对手的能力也有所提高。他们不仅学会了防守，还通过观看视频、数据分析、“侦察”等，掌握了明星对手的更多信息。所以，史密斯解释道，在当今更加职业化的时代，最具天赋的运动员虽然仍旧领先其他人，但已经不再有那么大的优势了。

有充分的证据可以论证史密斯的理论。例如，在棒球界，自从波士顿红袜队传奇球星泰德·威廉姆斯（Ted Williams）在1941年创造纪录以来，还没有哪位击球手在单赛季的平均击球率达到40%（意味着10次击球中有4次要打）。在足球界，弱队防守能力的提升逐渐减少了比赛的进球数量，伟大球员之间和普通球员之间的差距也在不断缩小。

然而，我们拥有梅西。将伟大的板球队员和伟大的足球运动员进行数据上的比较是不可能的，但在伯恩-默多克提供的20世纪70年代以来最佳射手榜中（见图7-1），有一个人一枝独秀，他就像来自另一个独立星系的外星人一样。这个人就是梅西。

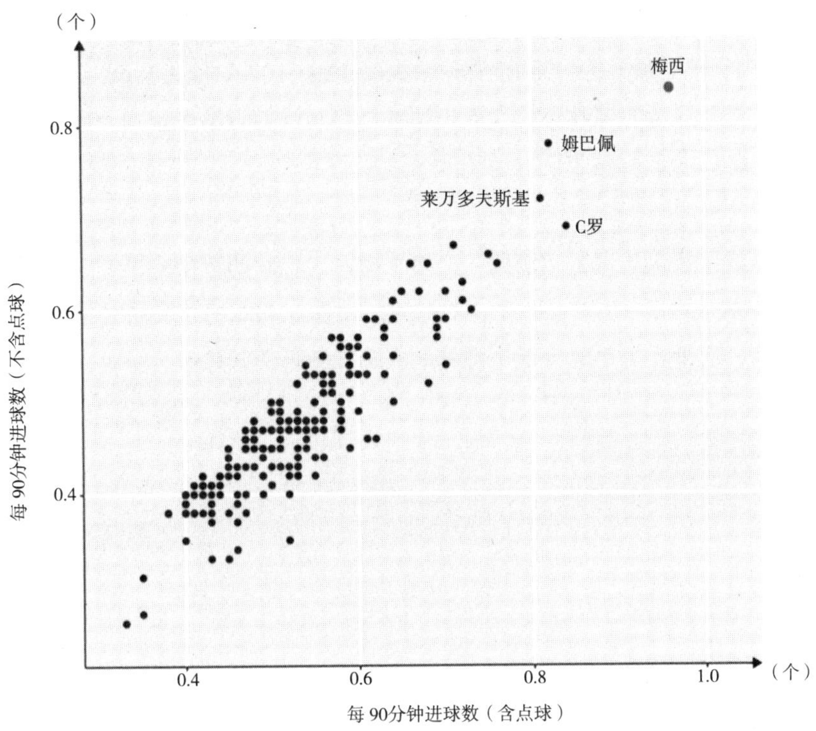

图 7-1　20 世纪 70 年代以来的最佳射手

注：数据涵盖在英国、西班牙、德国、意大利和法国顶级联赛中至少参加了 50 场比赛的 194 名顶级射手。

资料来源：足球数据网站 worldfootball.net 的分析数据，2020 年 12 月 3 日更新。

梅西就是另一个布拉德曼，没有人像他一样。对此，利物浦研究总监伊恩·格雷厄姆（Ian Graham）表示，每个赛季，相同位置上的顶级球员要比普通球员多为球队赢得 5 个积分。“在巴萨，”他补充说，“那个球员可以为球队赢得比 5 个积分更多的积分。”说话时，他指向他右侧的远方，也就是梅西所站的方向。

姆巴佩在伯恩 – 默多克绘制的图中排名第二，外界普遍认为他是新一代球员中的“世界最佳”。对于这样的赞美，姆巴佩对我说，他知道自己是无法与梅西和 C 罗相提并论的。“不止我一个人知道这一点，”他大笑道，“每个人都知道。如果你认为自己比他们优秀，那就是自负，并且缺乏认知。这些球员是无与伦比的，他们打破了所有的统计学规律。”

难怪巴萨将俱乐部的“钥匙”交给了梅西。巴萨的选择获得了成功，梅西为巴萨一队效力了 15 年。不过，不利的一面是，梅西的存在同时也让俱乐部变得懒惰，有他在场上时，俱乐部其他人则无须再费脑思考。

第8章

梦巴萨的超级大脑

瓜迪奥拉能让你理解这项运动的本质。在比赛前，他就创作了比赛的剧本。

——杰拉德·皮克

巴萨前球员

2012 年，瓜迪奥拉辞去了巴萨主教练一职，执教 4 年，他将巴萨打造成了世界最佳球队，这一点人们有目共睹。几个月后，在墨西哥召开的一场新闻发布会上，有记者要求瓜迪奥拉透露巴萨的一些秘密，他答道："只有一个秘密，那就是球员们热爱足球，有的人赢得了一切，但他们知道，如果丧失了对足球的热情，他们就会被其他球员所取代。"

大多数职业球员不爱踢球，他们把踢球看作充满压力的工作。每场比赛，他们都如履薄冰，有时为球队保级而战，有时则是自己没有进入球队的大名单，有时被球迷威胁，有时被媒体指责或忽视，有时想知道自己的职业生涯还能持续多久，有时上场比赛后希望不会被伊涅斯塔或者梅西羞辱，这并不好玩。迈赫迪·拉岑（Mehdi Lacen）曾多次代表西班牙的小俱乐部在联赛中对阵巴萨，他说自己最大的恐惧是被梅西戏耍的视频片段整整两周成为 Twitter

的“热门话题”。相比拉岑的恐惧，对于伊涅斯塔、梅西或者他们的队友来说，比赛是充满乐趣的。

很多曾在瓜迪奥拉执教的那支巴萨队踢过球的球员都认为，那些比赛是他们踢过的最好的足球比赛，即使在离开巴萨多年后，他们还是这么想。亨利经常回忆到，当主裁判吹响终场哨时，他会感到惊讶和失望，心想：“这就结束了？我正在享受比赛呢。”哈维说，一场比赛能够触球 120 次让他感受到了作为“主角”的“绝对幸福”。阿比达尔则会在比赛中自言自语：“多么漂亮的足球！虽然比赛过程不容易，但是我们踢得很漂亮。”球员们对踢足球的乐趣让他们不断提高并保持在最高水平，维持竞技水平的时间比其他现代足球队的大多数球员都长。克洛普在担任多特蒙德足球俱乐部（简称多特蒙德）主教练时指出：“巴萨会庆祝每一个进球，就好像他们之前从没进过球一样。”

对此，瓜迪奥拉在墨西哥的回答却略有偏差。实际上，他的球队有很多秘密，其中包括很多他自己的发明。在足球领域，主教练的作用通常被夸大了，但是瓜迪奥拉是罕见的例外，他是一个具有影响力的教练。在巴萨，他接手了一批伟大的球员，然后把他们组建成为一支伟大的球队。在瓜迪奥拉执教巴萨的 4 个赛季里，他们几乎赢得了一切，甚至比克鲁伊夫的“梦之队”赢的还多。可以说，瓜迪奥拉执教期的巴萨是克鲁伊夫主义的终极表现。那么，秘密是什么？这支球队又是如何变得如此出色的呢？

最能代表巴萨的教练人选

2008 年 3 月的一天，当我在诺坎普球场吃午饭时，有位巴萨主管告诉我，她希望俱乐部能选择瓜迪奥拉作为俱乐部的下一任主教练。我惊讶地问道：“真的？”要知道当年 37 岁的巴萨 B 队教练瓜迪奥拉从未执教过最高级别联赛的球队。她答道：“我们让巴尔德斯担任球队的门将，当时他也不是世界最佳，但他能从经验中学习，瓜迪奥拉也是一样，我们应当给加泰罗尼亚人一个机会。”在我看来，这是绝对行不通的。在当时，我相信瓜迪奥拉将来有朝一日可能会成为巴萨的主教练，但我不认为巴萨是他第一支执教的球队。

倘若换作其他豪门俱乐部，甚至都不会考虑这个任命。但是在巴萨，员工们彼此之间已经相识了 10 多年，而且包括克鲁伊夫、俱乐部主席拉波尔塔、董事会成员埃瓦里斯托・穆尔塔（Evarist Murtra）和时任巴萨足球主管提克希奇・贝吉里斯坦在内的很多人，都觉得瓜迪奥拉是与众不同的。

尽管如此，在 2008 年，接替里杰卡尔德担任球队主教练的第一人选，很显然是当时国际足坛的“常胜将军”穆里尼奥。他刚从切尔西离职，而且还是巴萨的老校友，渴望执教世界上最具天赋的球队。有的巴萨管理层很想将俱乐部的国际影响力和穆里尼奥的知名度融为一体，穆里尼奥的经纪人门德斯游说了巴萨官员，在里斯本进行的秘密求职面谈中，穆里尼奥做了出色的个人介绍。瓜迪奥拉在参加完求职面谈后，曾询问时任巴萨主管的马克・因格拉（Marc Ingla）:“你们为什么不聘请穆里尼奥呢？那样做对你们来说更容易。”

在 2008 年，绝大多数人认为葡萄牙人将比瓜迪奥拉赢得更多的奖杯，但问题是，穆里尼奥不会以巴萨的方式赢球。巴萨官员拟定了新任主教练必须满足的 9 个标准，其中一部分内容有关主教练和媒体打交道的方式，内容是：

- 他必须始终谨慎行事。
- 总的来说，他要尊重对手、裁判员以及其他机构，做到公平竞赛。

穆里尼奥太粗俗无礼了，不适合代表加泰罗尼亚地区商人的俱乐部，而且他执教的球队无法踢出“克鲁伊夫式”的足球。哥伦比亚大学经济学家夏威尔・萨拉－伊－马丁当时担任巴萨经济委员会的主席，后来他在给我的邮件中表示:“我们力排众议让瓜迪奥拉担任主教练，而没有选择众人推荐的穆里尼奥，这是因为我们遵循了原则。”穆里尼奥得知此事后，对拉波尔塔说，巴萨犯了一个严重的错误。

瓜迪奥拉的上任是典型的巴萨时刻，是俱乐部像一个大家庭一样的场面：那时瓜迪奥拉的女儿刚刚出生，拉波尔塔在当地产科病房里向他提供了这份工作。虽然整个过程就像大多数的家庭场面一样，但实际情况并没有看起来那么融洽。瓜迪奥拉曾经在 2003 年巴萨主席大选中支持过拉波尔塔的竞争对手，但不管怎样，他们都还是一家人。

从足球的角度看，瓜迪奥拉是克鲁伊夫的“儿子”，在克鲁伊夫建造的“大教堂”内部成长起来。成为主教练后，瓜迪奥拉产生了很多其他的影响，当然，他也称自己是个“偷取想法的人”，会从任何人那里窃取想法。但是，他的基本思想始终是“克鲁伊夫主义”，即在对方半场踢球、进攻，痴迷于球场空间，愿与自己的思想一起死去。

在瓜迪奥拉执教巴萨 B 队的首个赛季，他会定期前往克鲁伊夫的庄园，在那儿喝点啤酒，并征求建议。自从他开始执教一线队后，他还是会定期去拜访克鲁伊夫，其中更多是为了表达他的感激之情。

瓜迪奥拉说：“我是巴萨主教练，不过这支球队是克鲁伊夫的作品。”同时，瓜迪奥拉也知道，足球每周都会发生变化。在克鲁伊夫执教的“梦之队”中和瓜迪奥拉是队友的萨克里斯坦说：“自从克鲁伊夫执教巴萨以来，教练已经职业化了，他们学习了更多的战术，成了球队的主角。”可以说，“克鲁伊夫大教堂”的一部分在建造时存在“偷工减料”的情况，瓜迪奥拉想要对它进行修缮和改建。

瓜迪奥拉总是对主教练的作用轻描淡写，他曾经将自己比作高尔夫球童，只负责给高尔夫球手递上正确的球杆。这话有几分道理。然而曾担任过巴萨和阿根廷国家队主教练的梅诺蒂哼了一声说:“他说他只是因为拥有优秀的球员才取得了好成绩，但只有智障者才会相信他说的。”

那么，瓜迪奥拉为什么要这么说呢？梅诺蒂答道:“那你要他说什么？‘我最优秀？’你可以看一看在瓜迪奥拉上任前，皮克在哪里，佩德罗在哪里，布斯克茨在哪里，甚至伊涅斯塔也不是新人。”梅诺蒂说瓜迪奥拉是“世界上少数几个教练之一，可以做到只是打开更衣室大门说句‘下午好’，然后每名球员就知道该如何在场上踢球了”。

2008 年 6 月 29 日，在瓜迪奥拉正式上任巴萨的前一天晚上，擅长传控的西班牙队在奥地利维也纳以 1 ∶ 0 战胜了德国队，夺得了欧洲杯冠军，当时队中有 4 名球员来自拉玛西亚。西班牙国家队（“La Roja”，意为“红色”）[①] 主教练路易斯·阿拉贡内斯（Luis Aragonés）决定选择拉玛西亚的球员，以及西班牙其他模仿拉玛西亚建立的青训营培养出来的擅长控球的小个子中场球员。2013 年，阿拉贡内斯在他逝世前 3 个月回忆道:“我告诉球员们，我们必须抛弃愤怒（furia），因为我们踢的是世界上最漂亮的足球。”最后，西班牙队找到了属于自己的风格，称之为“极致攻守”（Tiki-taka）。

历史上，加泰罗尼亚地区的球迷一直比较冷落西班牙队，这支球队也几乎没怎么在加泰罗尼亚地区踢过比赛，生怕遭到不友好的对待，他们上一次在诺坎普球场进行比赛还要追溯到 1987 年。2008 年欧洲杯，巴塞罗那市政厅拒绝搭建大屏幕播放西班牙队与德国队的决赛，但在西班牙队夺冠后，快乐的本地人挤满了街区，很多人挥舞着西班牙国旗。民意调查显示，巴塞罗那的大多数人支持西班牙队。在获胜后的一天，哈维出现在巴塞罗那一个人山人海的广场上，大喊“西班牙万岁！”

① 西班牙国家足球队在球迷中享有“La Furia Roja”（红色风暴）的绰号。——译者注

2005 年 6 月，19 岁的拉斐尔・纳达尔（Rafael Nadal）夺得了法国网球公开赛男单冠军，他走上看台用出汗的双手握住了西班牙国王胡安・卡洛斯一世的双手。西班牙人通过电视高兴地看到了这一幕。在纳达尔之后，西班牙一级方程式赛车手费尔南多・阿隆索（Fernando Alonso）和西班牙国家男子篮球队分别在各自领域夺得了世界冠军。2006—2009 年，环法自行车赛的冠军也都是西班牙自行车运动员。

对于其他体育赛事，瓜迪奥拉看得津津有味，像克鲁伊夫一样，他也从其他体育运动中获取灵感。他的得力助手曼努埃尔・埃斯蒂亚特（Manuel Estiarte）是“水球界的马拉多纳”，年轻时的瓜迪奥拉经常和巴萨手球队一起训练，并按照塞鲁尔罗的指令锻炼身体。

瓜迪奥拉知道，很多体育运动在战术和训练方法上都领先于足球，诺坎普球场是“窃取”其他运动队思想的好地方。瓜迪奥拉上任后，巴萨的主要体育运动队都是由加泰罗尼亚人执掌教鞭的，五人制足球队主教练是马克・卡莫纳（Marc Carmona），轮滑曲棍球队主教练是费兰・普哈尔特（Ferran Pujalte），篮球队主教练是哈维・帕斯夸尔（Xavi Pascual），手球队主教练是另一个哈维・帕斯夸尔，是的，他们的名字真的完全一样。5 支球队全部使用了塞鲁尔罗的训练方法——有球训练，通过传球进行沟通，鼓励球员自己做决定。这 5 个加泰罗尼亚教练定期以聚餐的方式见面，讨论所有教练都会遇到的问题，特别是巴萨出现的问题，例如，如何与负责体育的主管和俱乐部执行官进行博弈。

五人制足球队主教练卡莫纳对我说：“瓜迪奥拉是个非常好奇的人，他想知道别人是如何工作的，我们能聊上好几个小时。我觉得我们彼此间学到了很多，但瓜迪奥拉总会提出更多的问题，他会问我：‘你是如何做到这些的？你是如何做到那些的？’瓜迪奥拉在角球上标新立异，例如，他引入了阻挡技术，这是在篮球、手球和五人制足球上常见的战术。”瓜迪奥拉执教的巴萨的确是在死球情况下使用有组织阻挡技术第一支球队——不让对手靠近接球球员。

瓜迪奥拉上任后不出所料，选择了以前的良师益友塞鲁尔罗担任巴萨的体能教练。法国记者蒂博•拉普拉特（Thibaud Leplat）写到，塞鲁尔罗是一个“不相信体能训练的体能教练”。这个老人拒不接受让人极度疲劳的体能训练的足球信条，他认为冲刺跑和森林越野跑是为了安抚上帝和球迷所做出的让步。他让球员每次跑步不超过 3 分钟，而且这是赛季前的训练。塞鲁尔罗的任何体能训练都具有社交属性，比如，被队友拽住腰部的球员可以尝试冲刺摆脱。在训练中，塞鲁尔罗告诉我：“在 98.93% 的比赛时间里，球员们其实都在寻找传球路线。”

他认为，足球需要在很小的区域内进行快速的决策并展示熟练的脚下技术，这就是球员需要练习的内容，他称之为“足球方面的准备”，而不是“赛前身体训练”。据说，瓜迪奥拉在 2007 年从西班牙著名体育报纸《马卡报》（*Marca*）上剪下了塞鲁尔罗和阿根廷教练安赫尔•卡帕拉（Ángel Cappa）的对话。

卡帕拉：记得有一天我和马拉多纳正在观看迈克尔·乔丹的篮球比赛。我说：“乔丹是一个伟大的球员。你说呢，马拉多纳？”马拉多纳答道：“是的，乔丹很伟大。我也崇拜他，但不要忘记他是用双手打球的，是吧？”

塞鲁尔罗：这是足球中最大的难点——双脚。这给足球运动带来了很多运动功能的约束，而这种约束也让运动员的人际关系复杂化。球员们经常对我说，“塞鲁尔罗，我们为什么不做速度训练？”而我回答说，我们每天都在这样做，因为这就是足球，在适当的时候加速，你不是在真空中奔跑，你的奔跑是为了适应对手或足球。足球运动指的是在你希望的方向，以必要的速度踢球。

在塞鲁尔罗和瓜迪奥拉的指导下，巴萨的球员们进行有球训练。

总之，瓜迪奥拉用西班牙老帅阿拉贡内斯传授给他的“克鲁伊夫式”的2.0版本开始了执教生涯，他的身边是一个“克鲁伊夫式”的哲学家，而且他还被其他体育运动的思想熏陶着。另一个大背景是全球金融危机，2008年9月15日，在瓜迪奥拉执教巴萨的首个主场比赛两天后，美国银行雷曼兄弟倒闭了。到了2009年初，西班牙人失业的比例达到了1/6。瓜迪奥拉经常激励他的球员，让球员们想想那些无法吃饱饭还愿意花35欧元到现场观看他们比赛的球迷。

皮克对我说：“人们一直以为球员的生活是与外界隔离的，但人们应当知道我们的亲戚和朋友也正在经历这场危机。显然，无论我如何设身处地地替他们着想，还是没有经历他们遭受的苦难，但是，我们知道自己身处何地以及这个国家发生了什么。”瓜迪奥拉感觉这支球队肩负的道德使命，甚至超过了以前所有的巴萨。好像是为了更加明确这一使命，球员们在瓜迪奥拉执教巴萨的大部分时间里，都是为了巴萨队服正面的联合国儿童基金会而战。

里杰卡尔德留下了一支完美的球队，但是球队脱离了正轨。瓜迪奥拉上任后，他卖掉了主要的麻烦制造者罗纳尔迪尼奥和德科，也计划好要抛弃埃托奥，但由于埃托奥在一场季前赛中发挥出色，巴萨队长说服瓜迪奥拉留下了他。

放弃两名伟大的球员是新手教练的勇敢之举，让年轻的佩德罗代替亨利也是如此。瓜迪奥拉开始整治巴萨的环境，但是如果成绩不佳，争论就会四起。即使那样，他也会将自己的想法一直贯彻下去。

瓜迪奥拉的执教秘诀

起初，巴萨的战绩的确不尽如人意，巴萨的赛季首战在客场输给了努曼西亚足球俱乐部，紧接着在主场被桑坦德竞技逼平。但是，瓜迪奥拉并没有担心，他有能力评估球队的真实状态，评估的标准当然不是比赛成绩。巴萨手球队教练哈维・帕斯夸尔告诉我："你应该用正确的方式踢球，即使最终输了比赛。但有时会截然相反，你赢了比赛，但是比赛的过程十分糟糕。"伊涅斯塔走进主教练的地下办公室，告诉教练不要改变任何事情，这增强了瓜迪奥拉的信心。在接下来的 21 场比赛中，巴萨豪取 61 个联赛积分。

瓜迪奥拉要求他的球员们具备空前的纪律性。里杰卡尔德是个把球员当作成年人对待的人，当我问他为什么不举行季前训练营，以防止球员参加派对时，他说："我必须相信球员的诚实度和职业化。"相较之下，瓜迪奥拉则从不指望任何人的诚实，巴萨左后卫阿比达尔对记者拉普拉特惊讶地表示："瓜迪奥拉有每个球员家里的电话号码，而且制定了很多规则，如球员必须身穿俱乐部短袖衬衣，训练不准迟到，周末半夜必须待在家里等。我们所有人都签署了文件并将文件带回了家。"

有时，瓜迪奥拉会在球队聚餐时对某个球员说："站起来，解释一下你为什么要支付罚款。"球员会问："什么罚款？"瓜迪奥拉就当着全队的面对他说，在某一天，他在某个时间去了某个地方。

在他执教生涯最狂热的阶段，瓜迪奥拉试图对球员的社交动态进行细致的管理。为了消除曾经困扰里杰卡尔德球队的"小团体"问题，他甚至禁止阿比达尔和亨利彼此间用法语交流。

球场上的纪律也十分严格。瓜迪奥拉要求每名球员都要各司其职，待在自己的位置上，直到球传到脚下，绝不能为了索要球权而打乱球队的阵型。在瓜迪奥拉执教巴萨初期，巴萨与里斯本竞技（又称葡萄牙体育足球俱乐部）的一场比赛中，亨利发挥出色并取得了进球，但还是被替换下了场，因为他违反了球队的场上规定。塞斯克・法布雷加斯在 2011 年从阿森纳回到巴萨后评价道：

> 巴萨拥有一个特殊的体系，每个人都要适应它，每件事情都被研究到极致。在我回到俱乐部后的最初几场比赛中，我不得不进行调整。我已经习惯了阿森纳的踢法，在那里我可以在球场上漫步，不用担心任何事情。这里的差别则很大，每个人都有自己的位置，你永远不能让自己的位置脱离你的视线。为了掌握球队的基本原则，我不得不让自己回到年轻时的巴萨时光。

尽管瓜迪奥拉十分严格，但是在他执教期间，巴萨是个友好的工作场所。他手下的几个球员早在拉玛西亚的宿舍里就相识了，巴萨的足球风格是通过传球进行沟通，这进一步增加了他们之间的亲密度。哈维在给伊涅斯塔的公开信息中说，他喜欢“以踢足球的方式和你沟通，无须真的和你说话”。社交属性是巴萨足球风格的重要组成部分，塞鲁尔罗告诉我：“这就是我们进行了那么多次传球训练，让所有球员都参与其中的原因。”埃蒙·邓菲（Eamon Dunphy）在他 1976 年的著作《只是一场比赛？》（*Only A Game?*）中将这一属性提到了更高的位置，他在书中写道：

> 如果你们两个人正在训练场上相互传球，那么你们之间的关系就会升华。这是一种表达方式，你正在沟通，就像是你正在向某人示爱一样。如果你让在中场合作的两个球员相互传球，那么他们会通过足球加深了解，就像情侣般亲密。举例来说，这就适用于迈克尔·约翰·吉尔斯（Michael John Giles）和比利·布雷姆纳（Billy Bremner）。当你们一起解决问题并尝试打造某种局面时，你们就可以建立一种紧密的关系。这种关系虽然没有通过言语表达，但你的动作在表达，你的比赛在表达。你们彼此间传球的方式和共同打造的局面在为你们表达。你们没有必要在社交层面成为亲密的朋友，但是你们发展了一种无法言喻的高度默契。

设想一下，巴萨的很多球员从青年时期开始就一直这样配合了 10 年多，这样所产生的情感冲击力比世界上任何球队都要好。

瓜迪奥拉总是控制球队的人数，尽量减少不安分的替补球员的数量，从而保持球队的内部和谐。巴萨替补门将何塞·曼努埃尔·平托（José Manuel Pinto）是队中唯一的“非世界级”球员，他从 2008—2014 年效力于巴萨，主要原因是他和梅西的关系很好。

俱乐部的其他员工，例如球衣管理员和理疗师，都被看作球队的一员。他们会参加阿比达尔组织的球队烤肉聚餐活动，参加活动的每个人都在聊天、开玩笑。

随后，皮克的回归缓和了球队的气氛。在效力曼联 4 年后，2008 年，这位加泰罗尼亚商人在 21 岁时回到了巴萨。他留着一脸胡须，在场上步态悠闲，控球时从容不迫，看起来像是周日在停车场享受休闲运动的时髦人物。他的目标是“面带微笑”踢球，就像他心目中的英雄“魔术师”埃尔文·约翰逊（Earvin Johnson）打篮球时那样。

皮克在巴萨非常放松，自始至终都是吵吵闹闹，他从曼联带回了英国更衣室里经常出现的幼稚幽默。他曾偷偷取出梅西的手机电池，无辜的梅西不会怀疑遭到了不公平的待遇。皮克和他的中后卫搭档普约尔在比赛中的交谈是这样的：

普约尔： 杰里（Geri，皮克的昵称）、杰里、杰里！
皮克： 什么？
普约尔： 没什么。我就是想知道你是否集中注意力了。

瓜迪奥拉认为皮克在认识夏奇拉·伊莎贝尔·迈巴拉克·里波尔（Shakira Isabella Mebarak Ripoll，简称夏奇拉）后变胖了，他对自己的要求降低了，而且在和小球队的比赛中踢得太过随意，但是，皮克有助于队友们消磨时间，他为更衣室带来了情感上的平衡，相比皮克的随性，更衣室里的教练和大多数球员都是“强迫症患者”。

瓜迪奥拉剧本

瓜迪奥拉和塞鲁尔罗的日常训练强度很大，当然，更多是体现在精神上而不是身体上。在克鲁伊夫的“梦之队”中，抢圈训练表现最好的就是已经 37 岁且背部有伤的主教练。训练中，亨利评价说：“如果球不在你的脚下，那一切就结束了。”塞鲁尔罗不屑于进行无球训练，他认为巴萨 10 分钟的有球训练比其他球队训练一整天的效果还要好。长远看来，这有助于保持球队的新鲜感。

瓜迪奥拉是首位不允许记者出现在训练场的巴萨主教练，自他做出那样的决定以后，记者们便一直没有出现在巴萨的训练场。在全球视野下，他使用一套比“克鲁伊夫主义”还要严格的规则来训练球员。克鲁伊夫更看重进攻，他曾说：“我更喜欢以 5 ∶ 4 的比分赢球，而不是 1 ∶ 0。”而瓜迪奥拉则更喜欢 5 ∶ 0 的胜利，尽管他一直在谈论进攻，但是他同样痴迷于防守，可以说，瓜迪奥拉在克鲁伊夫的大教堂中增加了扶壁。

观看瓜迪奥拉执教巴萨的比赛，你会发现一种自发的快乐，那是非常纯粹的东西，球员们知道自己的角色与 20 世纪 70 年代克鲁伊夫时期的阿贾克斯的球员不同，他们可以安静地踢球。当凯尔特人足球俱乐部的凯尔文 • 威尔逊（Kelvin Wilson）和巴萨比赛时，他指出：“他们不会告诉场上的队友们自己想在何时何地得到球，因为他们早就知道了。”

豪尔赫 • 巴尔达诺说：“克鲁伊夫发明了‘巴萨公式’，而瓜迪奥拉为这个公式找到了更好的算法。”以下是瓜迪奥拉剧本中的一些规则：

瓜迪奥拉剧本规则

- **15 次传球规则。**在篮球比赛中，进攻和防守阶段的区分非常明显，无论在什么时候，当一支球队进攻时，另一支球队的球员会在己方篮筐前进行防守。但是，足球中的防守和进攻之间没有那么明显的区分。对方球员可以在任何时候出现在你的背后。塞鲁尔罗开玩笑说："不怀好意地接近。"进攻可以在瞬间转变为防守，因此，最好的进攻同时会构建球队的防守。瓜迪奥拉发明了 15 次传球规则。每次球队控球时，他坚持让球员们在尝试得分前完成至少 15 次传球。

  瓜迪奥拉将这个方法称为"短传出球"。他的球员会前后左右地传球，就像是在玩一种纵横填字游戏，他们用紧凑的阵型推进到对方半场，当达到 15 次传球指标时，他们已经提前 3 秒做好计划：构建他们的防守，为他们可能失去球权做好准备。在场上，足球周围的巴萨球员数量一直多于对手，这样的话，即使他们失去了球权，也可以迅速把球抢回来。

  即使是克鲁伊夫，有时也对这种无止境的构建感到无聊，但是他很欣赏这种方法。"你们知道巴萨是如何能够迅速地抢回球权的吗？"他问道，"因为他们回抢的距离不会超过 10 米，更因为他们的传球距离从未超过 10 米。"

- **比赛的大部分时间都在控球。**对瓜迪奥拉来说，控球就是目标。在他执教下，巴萨的控球时间大约占整场比赛时间的 2/3。在 2011—2012 赛季，他们的全场比赛控球率超过了 72%。

  这涉及两方面的原因。首先，克鲁伊夫有句名言："球场上只有一个足球，如果我们控球了，对手就无法得分。"瓜迪奥拉的球队中缺少擅长抢断的球员，所以必须进行有球防守。在球队领先后，他们经常依靠不停地抢圈传球来终结比赛。

其次，如果巴萨一直控球，对方球员就会精疲力竭，为了追赶足球而乱了阵型，特别是巴萨经常利用一脚传球撕开对方的防线，很少给对手喘息的机会。在巴萨的比赛中，有效的比赛时间，即球在球员脚下的时间特别长。拜耳勒沃库森足球俱乐部（简称勒沃库森）前主教练罗宾·杜特（Robin Dutt）在一场失利后惊讶地说："当你最终得到球时，整个球队的心率已经高达 200 次 / 分。"这就让对手在抵挡巴萨的下一波压迫时变得更加困难。而且，控球是一种心理武器，它能削弱对手的信心，特别是如果巴萨刚刚得分的话。

巴萨内部认为，足球运动中有两种类型的球队：一种是在球的周围组织有序的球队；另一种是为追赶足球而杂乱无章的球队。

- **突破对手各条防线。**对手的防线就像是必须避开的"绊线报警器"，瓜迪奥拉的球员可以自由地站在各条防线之间接球。例如，梅西把接球区域确定在对方中卫和后腰之间的位置。

  最好的传球能够突破对手的防线，想一下皮克将球越过对方前锋传给了布斯克茨，或者哈维将球挑过对方中卫，传给了后插上的佩德罗。

- **在中路囤积重兵。**克鲁伊夫喜欢边锋，而瓜迪奥拉则更重视球场中路，那是离球门最近的路线。数学教授森普特表示，数据分析证实足球运动中的球场中路是最有价值的区域，梅西天生就知道这一点，所以他几乎从来没有给他的右边锋队友传过球。

  瓜迪奥拉说，他从伊涅斯塔身上学到了进攻对方中后卫的重要性。他接着又说："没有人这么做，但你仔细观察就会发现，如果对方中路的防守球员上前一步，后防就会出现漏洞，整条防线就会变得杂乱无章，以前不存在的空当就出现了。”

梅西、伊涅斯塔和哈维，3 个人骨子里都是 20 世纪 50 年代的内锋，他们让巴萨控制了球场中路。

巴萨的边锋就像是现场观众，他们的工作是站在球场边线，保持球队站位的宽度。等球队进攻到对方禁区时，他们才会得到球，然后他们便可以自由地内切。

瓜迪奥拉后来在执教拜仁和曼城时，经常让球队的边后卫前压到中前卫的位置。他指出，其他大多数主教练想让他们的大部分球员待在中路之外，“我并不是说我的方法就是好的，那只是我的方法而已”。但在不久后，关注球场中路成为很多教练的执教方法，这就是瓜迪奥拉的影响力。

- **5 秒规则。**克鲁伊夫的球队在场上都是以自发性的、无组织的方式压迫对手，瓜迪奥拉的球队则是按预定计划向对手进行压迫。或许，足球比赛中此前没有一支球队在对方构建防线的初期进行干预。只要巴萨一丢球，他们就会立刻进行 5 秒钟的紧逼，再次夺回球权。他们很少丢球，所以这种令人疲惫不堪的努力很少见，并且 5 秒钟的努力让他们不必回追跟上 50 米。

  在瓜迪奥拉的球队中，所有球员都要压迫对手。克洛普指出：“我认为梅西是丢球后反抢成功率最高的球员，巴萨球员在压迫对手时非常拼命，就像没有明天一样，就好像在足球运动中，最令人愉快的事情就是当对手拥有球权而我可以去抢球，巴萨的反抢是我在足球领域看过的最佳示范。”

  像 15 次传球规则一样，5 秒规则的名字非常简单，这样瓜迪奥拉就可以在中场休息训话时提醒他的球员，或者在教练席上大声提醒球员。

  5 秒规则背后的思考是：丢球为巴萨提供了机会。刚刚获得球权的对方球员是最“脆弱”的，为了完成铲断和拦截，他们几乎竭尽全力，同时还忽视了球场上的情况。现在，他们需要花两三秒恢复视线和体能。巴萨的目标就是抢断刚获得球权的对方球员，让他无法将球传给位置更好的队友。

如果能够迅速抢回球，对手就会感到沮丧，而沮丧是足球比赛中很难控制的情绪。塞鲁尔罗认为，如果一支球队在比赛中停止跑动，这和球员的疲惫无关，而是因为沮丧的情绪在球队中蔓延。

如果对手在 5 秒后依旧控球，而且还要进行一次极具威胁的进攻的话，那么巴萨便经常用犯规的方法让比赛暂停。否则，他们就会回收防线，构建一道由 10 人组成的防守人墙，就像在告诉对手，“过来试试”。防守人墙最前面的球员一般是梅西，最后一名一般是皮克，二人之间的距离只有 25 米至 30 米，几乎没有对手能把球传过这样紧凑的迷宫。同时，巴萨也在为自己赢取时间，这样他们就能在 5 秒钟的疯狂拼抢后恢复体能，这条规则是建立在塞鲁尔罗的生理学基础上的。

- **压迫信号。**一旦巴萨构建了防守人墙，他们就会等待再次压迫的预定信号，其中一个信号是对手没有控制好足球。如果球从对手的脚下反弹回来，他就得低着头找球，因此就会失去场上的视线，巴萨这时就会立刻压迫他。

  另一个信号是当对方带球的球员转向己方球门方向时，他就不能向进攻方向传球了，这时巴萨球员会立刻压迫他，强迫他回传，这样巴萨就能赢回空间。

- **3-1 规则。**瓜迪奥拉在意大利制定了这个规则。如果对方球员在巴萨的禁区附近得球的话，1 名防守球员负责上前铲断他，而其他 3 名防守球员则负责在铲球球员身后构建环形的第二道防线。

- **不足为奇。**当巴萨抢到球时，他们不会马上进攻。一般情况下，为了抢回球权而忽视了球场视线的巴萨球员会先简单地把球传给离他最近的队友，然后 15 次传球就可以开始了。

  大多数成功的球队认为，球权改变的时刻是决定性的，这时，对方球员一般都不在自己应该在的防守位置上。如果能打出快速反击，你就会拥有得分良机。

  巴萨只有在靠近对方禁区的区域抢到球时才会这么做。在这种情况下，获得控球权的球员将直接奔向球门，这时，梅西的抢断天赋就会展现出来。有时他会在丢球后立刻抢回来，这是他的本能反应。除非通向对方球门的路线很短并且无人防守，不然巴萨就会开始 15 次传球。

  穆里尼奥吹毛求疵，认为放弃快攻是愚蠢的，反击才是最简单的得分方式，他指出：如果对手丢球后有好几个球员在你方半场，那么他们的后防线就会城门大开。不过巴萨的方法似乎也奏效，或者至少在他们拥有优秀球员时有效。

克鲁伊夫在执教巴萨时，从不花时间观看对手的比赛，他把这个工作留给了他的助教托尼·布鲁因斯·斯洛特。最初的安排是斯洛特将他的研究结果转交给克鲁伊夫，然后克鲁伊夫解释给球员听，但是克鲁伊夫总是弄错细节，所以最后是由斯洛特直接向球员们传达信息。这没什么大不了的，克鲁伊夫对比赛对手毫无兴趣，他执教的巴萨讲究以我为主。瓜迪奥拉却截然相反，他说：

> 当我是球员时，最让我感到恐慌的事情是在没有了解对手的情况下就上场比赛。所以，从我担任巴萨 B 队教练的第一天开始，我就一直尝试在比赛前对球员们说：“先生们，这就是今天将要发生的事情。如果我们这么做，我们就能赢球。”

实际上，瓜迪奥拉更像是视频分析师，而不是球队主教练。在平日的工作中，他可能会花 90 分钟训练球员，然后在诺坎普球场深处的、没有窗户的被称作“洞穴”的主教练办公室里，花 6 小时观看对手的 DVD 比赛视频。瓜迪奥拉在办公室里安装了电灯，铺上了地毯，这样他就不会感到压抑。他在 2011 年对加泰罗尼亚议会表示：

> 我会一直观看比赛，直到最后精彩时刻的出现，这让我体会到了主教练这份职业的意义。相信我，如果我是主教练，我就在等待这个时刻，其他都是额外附加的。这个时刻可能会持续 1 分 20 秒、1 分 30 秒，或者 1 分钟。有时，我甚至不得不观看我们下一个对手的两场比赛，等到那个时刻出现，我就会说：“就是它，我找到了对方的弱点，我们赢定了。”

就在刹那间，他找到了对手的致命缺陷。最著名的一次是 2009 年 5 月 1 日的晚上，他在皇马中卫身前的空间找到了“伪 9 号”梅西可以占据的位置。

与克鲁伊夫相比，瓜迪奥拉可以更好地向球员解释他的洞察力。皮克说：

> 他让你理解了这项运动的本质。他会分析对手，然后解释说，我们必须这么做，因为他们是那么做的，然后我们会在这个或那个区域获得空间。而且，比赛会证明他的话，这是最难的事情，他会以此为傲，因为他是正确的。在比赛前，他就创作了比赛的剧本。

在瓜迪奥拉的带领下，巴萨的足球风格变得比平时更加理性。当我在皮克面前引用克鲁伊夫的名言“你是用脑子踢球的”的时候，他答道：“我们将这句名言诠释到了极致。”

像克鲁伊夫一样，瓜迪奥拉带领球员进入了“学习过程”，指导他们成为比赛中沉着冷静的实时分析师。瓜迪奥拉对紧张过度的巴萨门将巴尔德斯说：

“如果你继续这样的话，有一天你的职业生涯就会结束，你今后就不能享受精彩的职业生涯了。打开电视看看比赛，试着分析比赛，思考一下为什么前锋会向左侧移动？进攻组织者会传出什么样的球？你越是了解足球，你就越是热爱足球。”

瓜迪奥拉会时常根据对方的致命缺陷设计特殊阵型。巴萨经常在开赛 10 分钟后变阵，这让对手很难做出反应。有时，他发现的缺陷往往就是很小的细节。例如，在发现对方的右边锋不会用左脚踢球后，巴萨的左后卫阿比达尔会盯住这名前锋的右脚，迫使他每次都内切，用他的左脚往回短传。巴萨的球员们都在等待这种传球，因为它最容易被拦截。在瓜迪奥拉时代的大部分时间里，皇马的最大缺陷是他们的前锋 C 罗从不回防，所以巴萨总是尝试在 C 罗所在的一侧边路完成进攻。阿比达尔说：“这支球队只不过是由几百个类似的细节构成的。”

经济学家夏威尔 • 萨拉 • 伊 – 马丁将瓜迪奥拉和西班牙的“快时尚”零售商 Zara 进行了比较，Zara 可以在两周内发布一款新产品，其速度比所有竞争对手都要快。这位经济学家说：“每场比赛，瓜迪奥拉都可以对战术做出微调，这让对手惊讶不已，他一直在创新！”

缔造“梦三王朝”

里卡多 • 莫亚（Ricardo Moar）在担任拉科鲁尼亚体育总监时说：“巴萨的足球风格是世界上最差的。”莫亚认为，当巴萨完成 15 次传球时，对手通常已经重新构建了类似手球队的防守阵型，几乎动用全队之力在防守。那么，当对手已经摆好防守阵型，瓜迪奥拉的球员们又是如何得分的呢？

有时，他们使用排练好的固定战术：哈维将球传给在对方左后卫和中卫之间空当位置上的梅西，然后阿比达尔加速从左翼下底等待梅西的横传球。阿比达尔后来说："这总让我想起篮球队的战术，当他们持球，并互相发出信号时，就要开始实行某种战术了，就和这个有点像。"

总的来说，瓜迪奥拉认为在所有球类运动中，得分的秘诀就是先在一侧囤积重兵，引诱对手在这一侧加强防守，然后将球迅速转移到球场的另一侧，他总结出的规律是："如果你的进攻从左侧开始，那么它就应该在右侧结束。"阿比达尔对拉普拉特说："你可以看看我们所有的进球，都是这样的，我们的进攻从一侧开始，在另一侧结束。"

一旦瓜迪奥拉的球队将球从球场一侧横向转移到另一侧后，在大约最后30米的区域，他们就会把组织严密的足球变成街头足球。理想的进攻是让梅西、亨利或者埃托奥和靠近对方球门的防守球员进行"单挑"，一旦出现这种情况，那么前锋的个人创造力就会替代剧本。瓜迪奥拉不会告诉梅西如何击败对方的防守球员。如果前锋开始盘带，那么巴萨的其他球员就会从他身边跑开，为他腾出空间。在其他时候，创造力可能是三四名球员之间的本能反应，即梅西将球传给亨利，亨利传给埃托奥，然后得分。

克鲁伊夫在他的名言中描述了对无法预测的"独狼"的需求，即"一支足球队由10个人和1个左边锋组成"。当防守变得越来越严密时，"独狼"就变得越来越重要。伟大的"独狼"是巴萨和西班牙队之间的区别。西班牙队可以像巴萨一样传球，像巴萨一样压迫，像巴萨一样构建防守阵型，但是他们无法像巴萨一样得分，因为他们没有"独狼"。尽管西班牙队在2010年夺得了世界杯冠军，但是他们在7场比赛中仅仅打入了8个进球，还有2个失球。

在瓜迪奥拉执教巴萨的首个赛季，最激动人心的时刻是2009年5月巴萨与切尔西比赛的第93分钟，当时伊涅斯塔的外脚背射门把球队带进了欧冠决赛。就在那个进球发生9个月后，巴塞罗那一直稳定的新生儿出生率飙升了16%。

在罗马举行的巴萨和曼联的欧冠决赛前夜，巴萨下榻的酒店里挤满了球员的孩子、妻子和随行人员。亨利后来惊讶地说："我待在房间里，整晚女朋友和朋友们一直在聊天，喝着咖啡。如果你为其他球队踢球，球队会告诉你'不要这样，不要那样，不，你必须集中精力'。"瓜迪奥拉知道什么时候需要让球员保持专注，什么时候则不需要。

巴萨的 3 名主力防守球员无法参加决赛，这给主教练出了一道难题。瓜迪奥拉解决了这个问题，他让中场球员亚亚・图雷（Yaya Touré）担任球队中后卫，瓜迪奥拉认为他的球员非常优秀，可以胜任场上的任何位置。

当比赛进行到第 10 分钟时，伊涅斯塔一脚弧线传球找到了埃托奥，用"巴萨的语言"告诉了喀麦隆人如何打败盯防他的对方球员，随后埃托奥攻入首个进球。埃托奥后来说："实际上，我只是从防守球员身边跑过，调整了身体状态，剩下的就交给伊涅斯塔的传球了。"巴萨的第二个进球：梅西在 1.90 米的费迪南德身后接到哈维的传中球，将球打入了 1.97 米的曼联门将埃德文・范德萨把守的大门。这个进球如同是小个子球员的"证明宣言"，也正是在这一刻，梅西宣布自己是世界最佳球员。

在执教巴萨的首个赛季，瓜迪奥拉带领球队夺得了"三冠王"，即西甲冠军、西班牙国王杯冠军和欧冠冠军。瓜迪奥拉开着玩笑说："我的职业生涯可以结束了，我已经赢下了所有的奖杯。"

我和欧足联的官员们在现场观看了 2009 年的这场欧冠决赛，赛后我们喝了点酒，他们高兴地列举着数据说：上场比赛的 13 名巴萨球员中，有 8 人来自拉玛西亚，这是欧洲足球的典范，就像回到了克鲁伊夫率领的阿贾克斯夺得欧冠冠军的那个时代。

在接下来的赛季中，也就是 2009—2010 赛季，巴萨用当时创纪录的 99

个联赛积分夺得了西甲冠军。2010 年，队中的半数球员随西班牙队夺得了南非世界杯冠军。当我问皮克在成为世界冠军后如何调整自己的情绪时，他说：

> 这一切来得太快了，以至于我觉得胜利是正常的，当我输球时，我才开始体会到我已经赢得的东西。这就像你要参加世界杯这样的大赛或联赛，你要赢得冠军。你开始赢下所有的东西，然后你认为“你是最好的，你必须赢球，你不能浪费机会”。我们要在这个时候迅速前进，这样就可以战胜前方所有的对手。

瓜迪奥拉的球队是幸运的，即使在他们的对手——穆里尼奥执教的皇马眼中也是如此。皇马聘请穆里尼奥作为对抗巴萨的利器，但是实际上，穆里尼奥成了巴萨的完美陪衬，就像卡通片中的反面人物。穆里尼奥在新闻发布会上故意激怒瓜迪奥拉，在西班牙国家德比中竭尽全力地帮助皇马防守，用手指戳比拉诺瓦的眼睛，比赛前在球员通道里击打毫无准备的普约尔的面部。这些不是简单的“心理战术”，穆里尼奥无法原谅巴萨曾经拒绝了自己，他始终认为巴萨是一家傲慢的、用道德标榜自己的俱乐部。

2010 年 11 月，巴萨以 5 ∶ 0 大胜皇马，这对巴萨球员来说是件快乐的事，尤其是这个比分载入了巴萨的历史，这是对 1974 年和 1994 年两场 5 ∶ 0 胜利的复刻。这场比赛后，皮克向巴萨的支持者比出了“5”的手势，球迷们也比出了“5”的手势作为回应：这象征着巴萨 5 ∶ 0 战胜皇马的时刻。回到更衣室后，巴萨的球员们站着欢呼了一分钟之久。

但巴萨也需要皇马。穆里尼奥的球队非常优秀，迫使巴萨球员每周都要拼尽全力，不仅要战胜皇马，还要战胜西甲的其他球队，因为皇马很少丢分。多亏了这种竞争，一个中等规模的国家才得以在全球经济危机的背景下拥有世界上最好的两支足球队。

2011 年 3 月中旬，阿比达尔被诊断患有肝癌，他要求瓜迪奥拉将消息告知全队。在阿比达尔进行了两次手术后，瓜迪奥拉到医院看望了这名球队的左后卫，发现他的体重下降了 15 公斤，他的面部发黄，很虚弱。当阿比达尔出院回家时，他需要费尽全力才能从沙发上站起来，然而，到了 2011 年 5 月初，他居然可以上场比赛了。5 月 28 日，他的体重仍低于标准体重 5 公斤，瓜迪奥拉让他在温布利球场对阵曼联的欧冠决赛中上场。

曼联必然会盯上阿比达尔，在开场后的几分钟里，曼联边锋安东尼奥·瓦伦西亚（Antonio Valencia）两次向阿比达尔奔袭，3 次对他犯规，然而熬过了曼联开场后的疯狂防守后，巴萨逐渐获得了控球权。赛后，瓜迪奥拉评价了下半场开场后 23 分钟的比赛，巴萨在这段时间里打入了 2 个进球。“这完美地展现了球员们如何按照我们希望的方式踢球。我们是一个年轻的教练团队，试图说服队中独一无二的球员做一些与众不同的事情，这 4 年来，我们做得不错。”瓜迪奥拉说。

那场比赛可能是我见过的最精彩的足球赛。比赛最后，无助的曼联球员一边追着球，一边骂着对手。终场哨响，巴萨以 3 ∶ 1 战胜了曼联，这是“克鲁伊夫式”的足球在温布利球场的第三次凯旋，前两次分别是阿贾克斯在 1971 年战胜帕纳辛奈科斯和巴萨在 1992 年战胜桑普多利亚。赛后，普约尔将队长袖标交给了阿比达尔，这位抗癌斗士举起了欧冠冠军的奖杯。

那是一个完美的夜晚，我却担心曼联主教练弗格森会向现场裁判员咆哮，破坏这完美的一切。但当弗格森爬上温布利球场的 39 级台阶领取银牌时，他反而一直在微笑。“没有人能这样打败我们。”他后来说，“在我担任曼联主教练期间，这支巴萨是我遇到过的最好的球队。”午夜过半，巴萨的球衣管理员从体育场走向球队大巴，一手拿着一堆文件，一手拿着欧冠奖杯。

10 个月后，当阿比达尔的癌症复发时，巴萨右后卫阿尔维斯为他捐献了自己的一部分肝脏用作移植。法国人遭受的苦难有了完美的结局，这也让整支球队更有凝聚力。

为巴萨塑造持久的内部风格

以瓜迪奥拉而言，这种高强度的工作已经维持了 4 年，有点太长了。到了 2012 年，在赢下 14 座奖杯后，瓜迪奥拉的头发几乎掉光了，他感到十分疲惫，球员们也厌倦了他日常的完美主义。当巴萨董事内斗时，他不得不经常兼任俱乐部的发言人，在 2010 年的俱乐部主席选举中，拉波尔塔让位于由盟友变为敌人、同时也是他在少年时期业余球队的队友桑德罗·罗塞尔。罗塞尔的父亲是 20 世纪 70 年代的巴萨秘书贾米·罗塞尔。瓜迪奥拉担心俱乐部的新主席不会支持他。瓜迪奥拉告诉我："没有人喜欢一个人一直赢球，而且我同意，为了让这项体育运动更好地发展，其他人也需要赢球。"

当瓜迪奥拉辞职时，罗塞尔聘请比拉诺瓦接手巴萨主教练一职。比拉诺瓦像瓜迪奥拉 4 年前一样，只在西班牙第四级别联赛的球队担任过主教练。这次任命让瓜迪奥拉非常愤怒，他原以为他的老朋友会和他一起离开巴萨，随后，他和比拉诺瓦闹翻了。在比拉诺瓦执教巴萨的唯一一个赛季，也就是 2012—2013 赛季，巴萨以平西甲历史纪录的 100 个联赛积分蝉联了联赛冠军。尽管在此期间，比拉诺瓦被诊断患有癌症。赛季中期，比拉诺瓦飞到纽约进行了几周的治疗，当时正在曼哈顿度假的瓜迪奥拉只去探望过他一次，比拉诺瓦的家人对此非常失望。2014 年，年仅 45 岁的比拉诺瓦因病去世，他的遗孀拒绝让瓜迪奥拉参加葬礼。

和老朋友闹翻是巴萨永恒的故事：克鲁伊夫和雷克萨奇，罗塞尔和拉波尔塔，瓜迪奥拉和比拉诺瓦。与其他俱乐部相比，巴萨的职业化夹杂着更多的私人关系，一辈子的友谊、个人的野心以及和巴萨密不可分的关系纠缠在了一起。罗塞尔叹着气说："这都是由权力产生的分歧。"然而，瓜迪奥拉和比拉诺瓦留下了最伟大球队的记忆——穆里尼奥称之为“过去二三十年中最好的球队”。

当有人在墨西哥问瓜迪奥拉，他是否将克鲁伊夫的足球思想变得更加完美时，他答道：“我不知道，但这超越了足球的范畴。就个人而言，我在很多方面都比我的父母优秀，因为我从其他很多可能发生的事情中受益，例如旅行。而且，我的孩子们也会比我优秀，这很正常。同样，未来的教练无疑也会超越我。”瓜迪奥拉超越了克鲁伊夫，他在这个过程中将巴萨塑造成了一家具有持久内部风格的俱乐部，这种风格就是“克鲁伊夫主义”。瓜迪奥拉完成了克鲁伊夫的“大教堂”。但在此之后，优秀的工匠们接手了工作，并不再听从和继承克鲁伊夫这位建筑设计师的指令。

Barça

第四部分

天才球员，巴萨王朝不可或缺的关键

第9章

如何定义天才球员

伟大的球员把压力视作挑战，而普通球员把压力视作威胁，这就是区别。

——因玛·普伊格

心理学家

在巴萨度过的日子里，我对一些问题非常感兴趣，它超越了具体的球队和时代。我想知道，一名伟大的足球运动员在场上和场下都是什么感觉？他们是什么样的人？他们是如何生活的？是什么样的天赋和态度让他们与众不同？他们如何与所效力的俱乐部联系在一起？在巴萨成为一名伟大的球员与在其他地方有什么不同？我会在下面 4 个章节回答这些问题，部分依据是我在以往和现在对俱乐部员工和球员的采访。

天赋使然

1992 年，当我坐在基辅的一台老式计算机前时，我开始了解怎样才能踢出顶级水平的足球。我遇到了著名科学家阿纳托利・泽伦索夫（Anatoly Zelentsov）教授，他发明了使用计算机测试来挑选球员的方法，他在基辅迪纳摩足球俱乐部（简称基辅迪纳摩）和苏联国家足球队都使用过这个方法。给我留下深刻印象的是最难的那项测试：测试开始后一个圆点沿着复杂的轨迹通过了迷宫，我必须用控制杆将圆点按原轨迹返回。首先，我不可能记住这条轨迹，而且迷宫非常狭窄曲折，还在不断运动，因此我控制下的圆点，不停地撞击着墙壁。这是一项对手眼协调能力和视觉记忆能力的测试，让我体会到伟大的足球运动员所拥有的天赋。没有几年的练习，我是不可能顺利通过那个迷宫的。

大多数伟大的足球运动员认为，他们的才能是理所应当的。克鲁伊夫是他们当中为数不多的可以向外行人解释自己做了什么的人之一。想象一下，他曾经说过作为一名球员，在高水准的比赛中接到传球时的场景：

> 对手朝你跑来……足球蹦蹦跳跳，或者带有弧线。你必须迎着风将球传给跑动中的队友，让他接球后能够继续前进。一台计算机无法在两分钟内做到那名顶级球员必须在百分之一秒内完成的事情，所以，球员的大脑必须反应迅速，我认为这就是智商。但是，人们往往把它和知识混淆了。

顶级的足球比赛有点像以一级方程式赛车的速度来用脚下棋，这就需要你精通运动几何学。在一场与西班牙人队的比赛前，巴萨前主教练埃内斯托·巴尔韦德在训练场上告诉他的防守球员，根据对方球员的接球情况，他们必须知道控制哪些区域，以及必须迫使西班牙人队传球的路线是哪一条。

然而，最好的球员通常会以一种近乎悠闲的方式，在场上其他球员的周围做出疯狂的动作。葡萄牙教练卡洛斯·奎罗斯（Carlos Queiroz）告诉作家约翰·卡林说："想象一下两辆车发生了碰撞，对我们来说，碰撞在正常速度下发生，而伟大的球员则认为那是慢动作，他们可以在和我们相同的时间内捕获更多的细节，还可以迅速在头脑中计算出更多的细节，比你我看到的还多。因此，伟大的球员在场上拥有更多的时间。”

AC 米兰“米兰实验室”的长期主管、比利时医生让－皮埃尔·梅埃尔塞曼（Jean-Pierre Meersseman）曾告诉我，快速识别可能是足球中最重要的技能。当我问他哪个球员具有这项技能时，他说是“外星人”罗纳尔多。

俱乐部在传授这种技能方面无法做得太多，尤其是针对成年球员。巴萨的数据分析师不会告诉布斯克茨如何吸引对手，然后在最后时刻将球传到对手的身后区域。实际上，刚好相反，为了了解足球是如何运转的，巴萨的分析师研究了布斯克茨和梅西在场上都做了什么。当分析师开始使用计算机模型识别球场上的高附加值区域时，他们惊讶地发现巴萨球员早已通过跑动和传球多次进入这些区域。

巴尔韦德告诉我：“我认为伟大的球员比我更会分析比赛。”接着他说：

> 比起分析比赛，我认为他们在比赛中诠释了如何踢球。这是一项连续不间断的体育运动，所以教练几乎没有什么影响力，即使有，也比篮球教练的影响力要小得多。此外，我们只能换 3 个人，比赛中也没有暂停，一旦比赛开始，我只能对远处的球员大喊大叫，但他是听不见的，在我旁边的球员其实也听不见。在比赛中，足球几乎只属于球员们。

我对“几乎”这个词提出了疑问，然后巴尔韦德纠正说：“不是‘几乎’，足球就是属于球员们的。45 分钟的半场比赛没有暂停，球员们必须在场上独自做出决定。”球场上的每时每刻，球员们都必须独立解决问题——我要继续前进 5 米吗？我该把球传给谁？谁会盯防那个无人看防的球员？

巴尔韦德向球队简要介绍了他们的下一个对手，但是他觉得自己的建议价值有限。他坦言："比赛经常在开始后就会有意外发生，因为你不知道对手是如何准备的。例如，在和毕尔巴鄂竞技的比赛中，我们预计开场阶段压力会非常大，但实际上压力并没有那么大，所以比赛刚开始我们就显得有点格格不入。"

巴萨的一位数据分析师对我说，他觉得自己从未帮助球队赢过比赛。（"既然那样，为什么他不辞职呢？"利物浦的研究总监格雷厄姆在读到这句话后曾问道。）当我问这个分析师时，他承认："也许我只有 0.01% 的功劳。"这或许可以说明，**足球是一项以球员为主的运动。**

没有天才球员是为了教练踢球

同时具备模式识别能力、决策能力和脚下技术，这接近对天才球员的定义。但是，顶级球员还要具备出色的心理素质。哪个最重要呢？为巴萨工作了 15 年的心理学家普伊格对我说："伟大的球员把压力视作挑战，而普通球员把压力视作威胁，这就是区别。"

每隔几天，都有球员走进"罗马竞技场"，去重新证明自己。成功的球员都是那些喜欢不断接受挑战的人。法国后卫利利安·图拉姆在 2008 年效力巴萨期间对我说：

> 足球的魅力在于它将你永远置于问题之中。忘记你之前踢过的比赛。在足球比赛中，两队球员肩并肩站好，走入球场向观众致意，然后裁判吹响了比赛哨声，这是一个具有魔力的时刻，因为我们可以书写一场全新的比赛。我认为这就是足球让人痴迷的原因。

但是，足球比赛也有可怕的一面。在赛前更衣室里，有的球员开始呕吐，或者不停地上厕所。"噗！"巴萨的一个医生模仿着腹泻的声音。有时，球队要一直等到受困扰的球员恢复正常后才能出场比赛。**顶级球员和其他球员一样，也会感到恐惧，不同的是，他们将恐惧作为激励自己的动力。如果具备天赋的同龄人无法战胜恐惧心理，他们就会在成长中被淘汰。**这可能发生在为国家青年队初次登场比赛的时候。引用美国钢琴师查尔斯 • 罗森（Charles Rosen）的一句话："业余选手和职业选手的区别是，他们都怯场，但是业余选手表现了出来，而职业选手隐藏在内心。"

天才的另一个特质是专注度。顶级球员可以在 90 分钟内专注于他们的任务，就好像观众和其他一切都不存在一样。他们唯一能感觉到的声音就是队友的呼喊声。美国女足球星梅格 • 拉皮诺（Megan Rapinoe）在奏国歌时曾单膝跪地以抗议美国警察对非裔美国人滥用暴力，结果遭到了美国观众的嘘声，她说："那一万多人发出让你滚开的声音，但这是可以被忽略的。"图拉姆说，当比赛结束时，他知道哪个球队赢了，但是他总是不知道具体的比分，有时，他甚至会忘记自己的球队进了几个球，因为进球和他的任务毫不相干。

人们普遍认为，顶级足球运动员需要教练来激励他们达到预期的心理高度。英国喜剧演员彼得 • 库克（Peter Cook）曾经扮演一位足球经理，他用悲伤的英国北部口音透露了他这行的工作秘密："动力！动力！动力！重复三遍。"动力一直是足球媒体的关注点。按照这种观念，球员是个有惰性的孩子，球队教练一般都是通过丘吉尔式的赛前讲话向球员们灌输动力。

实际上，没有哪个顶级球员是为了教练而踢球。在赛前的巴萨更衣室里，球员和教练围成一圈高喊："一二三，巴萨！"无论需要什么样的外在动力，它们都来自团队，而不是教练，而且，最根本的动力源于球队内部。范加尔执教巴萨期间，球队助理教练杰拉德 • 范德莱姆（Gerard van der Lem）将球队一周的工作比作高压锅，他说："周一，球员进来了，每天高压锅都会变得越来越热。当你在周日打开锅盖时，22 个'穷凶极恶'的人跳了出来。这些比赛的强度是难以置信的。"

担任职业足球队教练长达 35 年的温格对我说：

> 23 岁时，最优秀的球员和其他球员完全区分开了。在驱动力、稳定性和逼迫自我的意愿上，优秀球员拥有比普通球员更多的东西。而且，金钱不会对他们产生太大的影响，他们的内在动力促使他们尽可能地走得更远，但这样的人不多。

当我询问在驱使球员的动力中，主教练的作用有多大时，温格答道：

> （主教练的作用）有点被高估了。如果你每周都激励球员要在周六的比赛中表现出色的话，那还是算了吧。在那个级别的比赛中，球员们想要完成一些东西，想成为球星，你在那儿更多的是辅助他们。如果他们不喜欢足球，他们不会上场比赛，会留在家中，否则就是在浪费你的时间。当然，有时你那么做了，球员们表现得很好，那是因为他们本来就能够完成。但要知道，在全世界，那个级别的球员都是积极主动的。

意大利教练卡洛·安切洛蒂（Carlo Ancelotti）认为："我们的工作不是激励球员，也不是打击他们的积极性，我们不用告诉天才球员们，你得完成挑战和进球。"如果球员认为俱乐部的管理层是二流的，那么他可以决定在别的地方激发自己的内在动力。

瓜迪奥拉回想起 2012 年离开巴萨时自己说的话："在巴萨发生的事情并不是因为我无法激励球员们，而是我无法说服他们！"

主教练必须说服球员接受他的思想。激励球员是一种自上而下的关系，而说服球员是一种平等的关系，当代的足球主教练更像是电影导演，而不是将军。权威统治的方式已经淡出了足球领域，消失的速度比在大多数高技能的工作场所更快。1995 年颁布的博斯曼法案[①]使得心有不满的球员更容易离开俱乐部。从那以后，这个趋势更有利于球员积聚权力。这种情况在巴萨比在其他俱乐部更常见，不过现在这种情况已经无处不在：球员的权力是对手俱乐部的董事们在赛前聚餐时经常抱怨的事情。

那么，如何说服球员呢？普伊格总结说，球员们想从老板那儿得到和其他员工同样的东西——爱和认可。“当然，”她大笑道，“它们都是免费的！”在 2005 年巴萨赢得西甲冠军后，主教练弗兰克·里杰卡尔德公开向球员们鞠躬表示认可。

顶级球员拥有自我鞭策计划——他想要成功，为了自己，为了这个职业和整个职业生涯。人们往往认为，自负对球队有害，有时候的确如此。瓜迪奥拉说：“困扰一支球队的问题绝大多数是球员的自负。”实际上，一些问题也源自瓜迪奥拉的自负。但是，顶级球员的“自负动力”让他们获得了成功，即使球员暂时放弃了自我，为大局着想牺牲了个人，在不适合自己的位置上踢球，或者毫无怨言地坐在替补席上，他也希望得到教练的个人认可。

足球运动员职业生涯的特点通常是时间短暂、频繁更换俱乐部，以及个人状态起起伏伏，因此利己主义是可以被理解的。但是，最自私的球员往往都是最优秀的。奎罗斯说：“这些最优秀的运动员对他们的专业和天赋有着深刻的认知，这超越了傲慢，这就是事实。”如果球队主教练只想管理百依百顺的球员，虽然他的日子会很好过，但他也会因此错过很多天才球员。

实事求是的教练认为，球员们是为自己踢球的，他们将队友看作合作伙伴和竞争对手。瓜迪奥拉一直认为替补球员其实希望球队输球，这样他们就能被

① 博斯曼法案是一项保护球员切身利益的法案，法案条款之一是认可有欧盟公民资格的球员在与俱乐部合同期满后，有权在不支付任何转会费的情况下到欧盟另外任何国家踢球。该法案出台后，欧洲球员开始加速流动。——编者注

替换上场了，他曾经指出："有的人会说，'让我们一起战斗！' 好吧，这在视频中看起来不错，但是在更衣室里没人会相信这句话。"

队友们彼此间需要良好的工作关系，他们不需要兄弟般的情谊，而且他们之间很少有这种感情。图拉姆说："你想让每个人都喜欢你，那是很困难的事情，就像巴西人不会像意大利人一样思考，这存在着文化差异。"球员可以不喜欢彼此，他们只相信彼此的天赋。

对球员来说，足球是一项工作，俱乐部是他们的老板。作为球迷成长起来的局外人，从记者和俱乐部官员那里探听到这一点时，他们经常遭受幻想破灭的打击。一位有过类似经历的巴萨主管对我说，他辞职后的一部分责任是不去谈论足球的阴暗面，因为他不希望球迷了解到这些。他还补充说："我指的不是非法的事情。"他指的是日常的唯利是图。

我认为大多数顶级足球运动员就像是其他领域的高技能人才，他们和足球俱乐部之间的关系就像大多数外科医生、银行家或教师和他们的雇主之间的关系一样。我认为，足球运动员希望能为一个组织工作，并在那里获得职业成就感、高收入和认可度，如果他们效力的俱乐部无法满足这些需求，他们就会理智地做出选择。他们不会像球迷一样考虑问题，他们对俱乐部的徽章、教练或者队友都不感兴趣。

在撰写这本书时，我已经开始相信，球员和俱乐部之间的关系更像是商业合作关系，大多数球员就像是独立订约人，他们在某个俱乐部会和其他订立合同人一起执行一个短期计划，像演员们一起拍电影一样。他们"出租"个人服务给俱乐部，每天大约 3 小时，但是，他们会为各自的国家队、赞助商、慈善机构以及个人品牌的构建竭尽全力。

主教练做的最多的事情是说服队员相信，他的短期计划能够满足他们的野心。姆巴佩的父亲是巴黎郊区的一个本土足球教练，姆巴佩从他父亲那里学到的是，要像教练一样思考，这一点是大多数球员都无法做到的。他解释说："如果你是球员，那么你一般只需要考虑自己的职业生涯，足球是所有集体运动中最特殊的项目。"

顶级球员的必备技能

一个想要在顶级联赛立足的球员，需要具备全面的素质：自我激励、脚下技术、模式识别能力以及专注度。英国球员菲尔·内维尔（Phil Neville）具备较强的心理素质，但是缺乏脚下技术和模式识别能力。另外，一些具备天赋的球员则缺乏较好的心理素质。我想起了 20 世纪 90 年代一个才华横溢的中场球员，他坐在法国里维埃拉的一个游泳池旁，抱怨着患有强迫症的同事，同时反问道："你说他这么做有什么意义？这关系到他的家庭幸福吗？"这名球员虽然有过不错的职业生涯，但在巴萨表现平平。

有的球员在职业生涯中失去了抱负，可能因为他们像其他行业的从业人员一样，失去了工作热情，或者因为他们已经获得了足够多的荣誉，赚得盆满钵满。罗纳尔迪尼奥就是在 2005—2006 赛季成为世界最佳球员后失去了前进的动力，他选择了灯红酒绿的巴塞罗那夜生活，而不是雄心壮志的足球场。他当时的主教练里杰卡尔德在 2008 年对我说，巴西人只有在精神上和身体上都愿意奉献给足球时，他才能回到最佳状态。"这有可能发生，"里杰卡尔德说，"但是，通常球员需要有内在动力才能达到目标。"以下说辞有逃避责任的嫌疑，巴萨失去了罗纳尔迪尼奥，但主要是罗纳尔迪尼奥迷失了自我。

最近的例子是马里奥·巴洛特利（Mario Balotelli），他是一个才华横溢的球员，但是缺乏顶级球员应该具备的专注度。他的经纪人米诺·拉伊奥拉（Mino Raiola）认为，巴洛特利经常被爱情分散注意力："巴洛特利没有选择，他把足球作为他的生活中心，总有一些边缘化的现象影响他的发挥。相比之下，伊布拉西莫维奇没有这种情况，保罗·博格巴（Paul Pogba）没有，帕维尔·内德维德（Pavel Nedvěd）也没有。”

我向拉伊奥拉说道，很多具备天赋的足球运动员并不想成为顶级球员。他们为什么会这样呢？因为他们的职业能力水平已经超越了数百万名足球运动员，而且他们也无须承受巨大的压力。

“好吧，没错。”拉伊奥拉答道，“这就是为什么我在最近的谈话中提到了与球员有关的重要问题：‘你为什么踢球？你的动力是什么？’”那他们是如何回答的呢？拉伊奥拉说：“好吧，大多数球员还没有考虑过这个问题，我让他们回家好好想想这个问题。”

与其他体育运动相比，足球运动中出色的身体素质，例如速度、力量或体型，其实并不是那么重要。在自行车运动中，或者在美式足球或橄榄球的某个位置，一个运动员拥有完美身材，且每天都正确地饮食和训练，这多少可以弥补一下天赋的缺失。

但是，在足球运动中，最重要的还是天赋。我们可以看到，能力全面的球员（包括从模式识别到脚下技术所有的技能）可以在比其他人付出更少的体能和职业精神的情况下获得成功。第一个例子是嗜烟如命的克鲁伊夫，另外一个典型的例子是克鲁伊夫“梦之队”中的罗马里奥，他几乎从未在训练和不重要的比赛中拼尽全力。巴西人首先考虑的是性、夜总会和里约热内卢的狂欢聚会。克鲁伊夫总是在那些努力工作却牢骚满腹的球员面前为罗马里奥辩护，而罗马里奥也知道如何回报鲁伊夫的这些努力——在大赛中，他必须发挥出色。

你可以在同样重视技术的篮球运动中找到类似的球员。艾伦·艾弗森（Allen Iverson）拒绝在职业生涯中练习举重，因为他认为那东西太沉了。他的教练对此无能为力，艾弗森依旧是球队中的最佳球员。

在巴萨这种级别的俱乐部，天才球员是不可替代的，世界上没有人能像天才球员一样发挥特定的作用，即使有，他的替代者也要花费俱乐部一亿欧元的转会费，而且他还有可能在加盟后无法适应巴萨的风格。“没有人可以凌驾于俱乐部之上”，这句话在中等级别的联赛中或许是正确的，这个级别的俱乐部可以用其他类似水平的球员替代难以驾驭的前锋。但是，在最高水平的俱乐部中，这句话并不适用。

顶级足球俱乐部是最重视选贤任能的工作场所，如今，没有人因为裙带关系或上学的学校而为巴萨踢球，队友们不会介意球员的肤色、社交能力，甚至是他的性取向，只要这个球员可以满足他们严格的技术标准。

退役后成为“反种族主义运动者”的图拉姆说：“实事求是地说，我们从未在足球运动中遇到过种族主义者。可能存在种族主义者，但是我没有遇到过。你知道为什么吗？因为种族主义者彼此都不认识。在足球运动中，我们分享一切，而且，在足球运动中，歧视是很难发生的，因为人们总是根据场上表现对我们进行评价。”

最优秀的足球运动员认为，他们每周都像是精英阶层的赢家。他们总是不服从教练的指令，因为他们确实有能力这么做，而且，他们可以比教练更好地“诠释”足球，这也让他们会固执己见。当观察其他人时，他们看到的是在平庸的、低肾上腺素的岗位上工作了几十年的肥胖者，怪不得他们有时难以隐藏自己的不屑。

克鲁伊夫说：“在顶级球员中，你在和一帮特殊的人打交道，他们拥有最强的技能、极强的自尊心以及超高的智商。你必须说服这些人。可以说，几乎不存在好相处的顶级球员，当他们不满时，通常都会有所反击。”

第10章

天才球员控制一切

如果球员只用 1 秒多的时间就能发现谁在要球，那么这就是成功和失败的差距。

——胡安·奥利弗

巴萨首席执行官

1999 年 12 月 20 日周一，巴西前锋里瓦尔多在诺坎普街对面的巴塞罗那索菲亚公主酒店的房间里醒来。他的家人已经返回巴西过圣诞节了，他不想独自一人待在大房子里。

上午 9 点，里瓦尔多来到了俱乐部，在巴萨主教练范加尔分析完前一天晚上球队 2 ∶ 1 战胜马竞的比赛后，里瓦尔多请求发言。“听着，”他用带有葡萄牙口音的西班牙语说，“我非常尊重主教练和在座的每个人，但是我不想踢左边锋。”“好的，”范加尔随后平静地说，“还有人要说什么吗？”

在一堂强度不高的训练课后，里瓦尔多召开了新闻发布会，在场的 20 名记者并没有关注他关于球队的发言，而是不断地询问他有关欧洲足球先生评选的问题。《法国足球》杂志在 1956 年设立了该奖项，赢得该奖项的球员都是足坛的传奇人物。里瓦尔多说：“无可奉告。”那时，评选结果还未公布。记者们恳求道：“所有人都认为你是最佳人选。”

随后，里瓦尔多驱车前往机场，接走了西班牙国王胡安·卡洛斯一世的女婿、手球运动员伊纳基·乌丹加林（Iñaki Urdangarin），那天下午，他们举办了一场慈善活动。里瓦尔多和他的经纪人曼努埃尔·奥塞特（Manuel Auset）让我不要写这件事，里瓦尔多做这些事情不是为了他的形象。

3 小时后，精疲力竭的巴西人穿着一身黑衣来到了索菲亚公主酒店 19 楼。乌丹加林迟到了，所以慈善活动推迟了。当看到长长的问题清单时，里瓦尔多有些抱怨，但还是坐下来准备一一回答我的问题。这时他说：“我已经在边锋位置上踢了一段时间，现在我想回到中锋位置，这么多年来，我一直为了球队着想，没有任何私心，但我要享受足球，我想在自己喜欢的位置上踢球。”

采访结束后，他为自己的球鞋赞助商摆出姿势拍照。与此同时，他的诺基亚手机一直在响，所以他把手里的东西递给了奥塞特。有很多人打电话过来向他表示祝贺，因为多家媒体报道他已经赢得了金球奖。“我要走了。”里瓦尔边说边用瘪了气的足球摆着拍照姿势。我问奥塞特：“已经官宣了吗？”“好吧，我不知道。”奥塞特答道，“我们还没有收到任何消息。”

里瓦尔多建议说：“打电话问问《法国足球》杂志。”这是个好主意，随后奥塞特拨了电话号码，电话响了一段时间，随后，巴黎那边的人接了电话。

奥塞特打了声招呼：“你好，文森特！”里瓦尔多走过去站在他旁边听着。文森特确认里瓦尔多当选了 1999 年欧洲足球先生。里瓦尔多连说了三次好的。之后，我们向他表示了祝贺。

“谢谢。”然后他拿过奥塞特手中的电话，走到了酒店的屋顶平台。傍晚，他独自一人望向乌黑的蒂比达博山的方向，扫视着整个城市，在他的正前方是英格列斯百货商店，商店外墙上的时钟显示的时间是下午 7 点 23 分。从这一刻开始，里瓦尔多正式成为一名“传奇球员”。

“他已经知道自己赢了吗？”“是的。”奥塞特咧嘴笑着说，“他还得和那个金色足球形状的金球奖奖杯合影。”

“他已经开始庆祝了吗？”“庆祝？他今天还没吃午饭呢！实在太忙了。”奥塞特说。随后里瓦尔多把电话还给了奥塞特，开始摆造型拍照。奥塞特给我看了一下电话，电话屏幕上显示有 3 个未接来电，当一个电话挂断时，另一个电话就会立刻打进来。

后来，里瓦尔多在一个狭小、炎热、无窗的房间里，在一连串照明灯下，接受了电视台的采访。人们蜂拥着进进出出，争先恐后地与他合影，向他索要签名，并亲吻着他的脸颊。大家发现他十分疲惫，所以就没怎么开玩笑，只是说了一些祝贺的话。当天晚上 9 点左右，里瓦尔多来到了酒店大堂，佯装着走过层层包围的记者，当他快速走向门外的梅赛德斯奔驰车时，酒店的门卫上前拥抱了他。随后，记者们追了上来，里瓦尔多艰难地挤进了车里，但是记者们一直站在车前。在几分钟的僵持后，记者们最终让他离开了。睡觉前，里瓦尔多可以在洗澡时想一想白天发生的这些事情。

有些令人意外的是，第二天，范加尔将不想踢边锋的里瓦尔多直接剔除出了球队的大名单，巴萨在没有里瓦尔多的第一场比赛中获得了平局，舆论站在了球员的一边，当时的巴萨队长瓜迪奥拉也请求范加尔让里瓦尔多穿 10 号球衣，范加尔勉强同意了。多年后，瓜迪奥拉向记者乔纳森・威尔逊（Jonathan Wilson）抱怨道：“当里瓦尔多踢中锋时，我们再也没有赢下任何奖杯，因为球队的表现一团糟。”

范加尔在赛季末离开了巴萨，因为他和手下的巴西球员冲突不断，并且没有赢得任何奖杯。他发现，**现代足球中，当天才球员和俱乐部发生冲突时，天才球员常常能赢。**

你无法换掉 11 个人，但能换掉主教练

很多球迷对此感到无法理解，他们还是希望球队主教练能像 20 世纪 50 年代少年管教所中严肃的校长一样，对球员发号施令。实际上，具有男子气概的主教练试图摧毁球员的意志，或试图实施严厉的“激励措施”，这都会造成人才的流失。现代的足球俱乐部已经放弃了控制这些流动性强、跨国、身价数百万、几乎不可替代的球员的幻想。在以人才为导向的行业里，天才主导一切，这是不可避免的。巴萨前主席罗塞尔告诉我：

> 足球是一项依赖 11 个人的体育运动，它不是一台机器，这 11 个人必须发挥出色，因为他们可以决定俱乐部主席的成败。你无法换掉 11 个人，但能换掉主教练。
>
> 有个非常奇怪的现象，俱乐部主席是这里的老大，但薪水是零。俱乐部体育总监比他的员工，也就是主教练的薪水要低。主教练通常比他的员工，也就是球员的薪水要低。这是世界上独一无二的地方，在这里你的职务越高，薪水越低，这太疯狂了！就好似你为大众汽车公司工作，制造汽车的人比首席执行官的薪资高 100 倍。跟我解释一下，这是如何发生的？

金钱是足球运动中对球员权力的最好体现。根据利物浦研究总监格雷厄姆的计算，豪门俱乐部的球员薪资总额大约占俱乐部全年收入的 50% ～ 70%，其余 20% ～ 40% 是转会费。换句话说，天才球员的支出占俱乐部收入的 90%。

巴萨使用了绩效工资体系，这是克鲁伊夫执教巴萨期间引入的。巴萨足球总监劳尔·桑列伊（Raúl Sanllehí）在 2015 年向哈佛大学的研究人员解释道：

> 球员大约 60% 的薪水是固定的，如果一个球员在一线队出场而且没有受伤，那么我们会将他的薪水增加 10%。如果球队在欧冠中取得了一定名次，我们会再增加 10%。我们会保留 20% 的薪水用于奖励冠军——西班牙国王杯冠军、西甲冠军，尤其是欧冠冠军。

但是，每次巴萨夺得奖杯，球员经纪人都会向俱乐部索取更多的奖金，罗塞尔说："所以，俱乐部一直是成功的受害者。"毕竟，球员拥有谈判的权力。罗塞尔的前任拉波尔塔也持同样的观点。2006 年，巴萨夺得了欧冠冠军，在球队返回巴塞罗那的飞机上，当时很少说话的梅西拿起机舱的扩音器，可能是借着他人生中的第一次酒劲儿，大喊道："主席！有没有奖金啊？主席，给我们奖金！别再犹豫了，主席，你觉得我们在开玩笑，但我是认真的。我们想要房子，主席！"

随着球员薪水的大幅提升，他们被一群随行人员包围着，这些人成了俱乐部的障碍。如今，一个重要的球员经营着一家小公司，公司里有他的经纪人、社交媒体经理、私人理疗师、造型师等。引用一个极端的例子，2021 年，皇马前锋维尼修斯·儒尼奥尔（Vinícius Júnior）雇用了 12 名全日制员工，包括私人厨师、摄像师、摄影师和家族办公室的职员，还有 27 名兼职员工，这个支持系统不可避免地降低了他对俱乐部的依赖性。早在 2010 年，皇马体育总监巴尔达诺就哀叹道：

> 25 年前，俱乐部和球员的关系非常直接，也非常简单。球员是俱乐部的员工，拥有权力，但最重要的是承担责任。现在，俱乐部和球员之间有多层关系。有时，你的对话者仍旧是球员，但有时你的对话者会是球员的父亲、球员的经纪人、球员的公关总监或者球员的女朋友。

温格也曾抱怨道："球员的律师、经济人和顾问，他们实际上都是球员的家人，所有的中间人都会慢慢地离间球员和主教练之间的关系。"

在巴萨，塞鲁尔罗向我抱怨道："以前，克鲁伊夫说的话就是'法律'，现在，球员周围的人则成了主角。"现代足球俱乐部几乎无法支配它的球员，这就促使俱乐部使用非法的手段进行反击。以拉波尔塔为首的董事会曾雇用私家侦探侦查巴萨的球员们，就像巴托梅乌被指控雇用公关公司在社交媒体上攻击球员一样。然而，只要天才球员在场上比赛，俱乐部就会赢得更多的权力斗争。

要么适应，要么失败

在球员的职业生涯中，最有压力的时刻就是更换俱乐部。当新签约的球员和他的随从人员抵达巴塞罗那，对合同细节进行最终谈判时，他们可能会从机场的侧门偷偷溜走。当球员经纪人和巴萨谈判时，球员为了躲避记者，会待在索菲亚公主酒店的套房里焦急地等待结果。

标准合同禁止球员在没有得到俱乐部许可的前提下进行滑翔伞运动和滑水运动，当然俱乐部通常也不会允许。一旦球员和俱乐部签约，他应该会和中年的董事会成员拥抱，这只是他将面对的众多考验中的第一个。

1996 年从埃弗顿足球俱乐部转会加盟巴萨的莱因克尔在数十年后回忆说：

> 一下飞机，我看到现场有数百名摄影师和媒体记者，在英格兰，你不会有这种待遇。当然，他们会为新签约的球员举行一次训练课，他们将其称为"介绍"，但他们居然在诺坎普球场做这件事！我和威尔士前锋马克·休斯（Mark Hughes）都去了，我们签约后，巴萨通知我们今天要去球场训练，到时候俱乐部会把我们介绍给现场的观

众。我们心想:“好吧,现场能有多少人呢?可能会有 30 人,也可能是 40 人。”结果,现场竟然来了 6 万多人,他们为我们两位新球员欢呼喝彩,并看我们训练,这时,你会想,好吧,这的确有所不同。

然后,巴萨会在训练场举行一个更加私密的仪式。新签约的球员跑步通过队友组成的仪仗队,队友们会轻轻地拍打新球员的头部。新人的下一个考验是在第一堂训练课上应付足球运动中最难的抢圈。“我当时就在想,发生了什么?”莉克·马滕斯在加盟巴萨女子足球队后说,“这里的抢圈训练速度非常快。”如果球员们无法控制好足球,把球传丢或者被抢断,那么他们很快就会感到丢脸。

在梅西时代的巴萨,球队中的新球员能够快速融入球队,这得益于球队的核心球员彼此相识多年,有些甚至从小就认识。2020—2021 赛季,巴萨的 4 个队长梅西、布斯克茨、皮克和塞尔吉·罗贝托(Sergi Roberto)都是拉玛西亚培养出的球员。

在任何俱乐部里,新球员都会给老球员带来威胁,他可能会取代球队中的任何一名球员。自私心理促使他们形成了一个排他的“小集团”。此外,在俱乐部度过职业生涯的球员,认为自己要为俱乐部的长期运转负责,这可以缓和其他球员的自负。西班牙前锋费尔南多·托雷斯(Fernando Torres)曾效力过马竞,他一直支持他少年时期的俱乐部,他解释道:“如果你错过了一个得分机会,那会让人难过,因为你知道那是你的错。你所支持的球队没有赢球,是因为你发挥得不够出色。你变得越来越好,每个赛季落在你肩上的担子也会越来越重。”在极少数的情况下,爱会逐渐融入球员和俱乐部的关系中,当伊涅斯塔在新闻发布会上宣布要离开巴萨时,他伤心地哭了,普约尔也是如此。

巴萨的老将似乎相对比较欢迎新球员。加泰罗尼亚人皮克和罗贝托的无聊恶作剧有助于新人融入俱乐部。内马尔说:“当我抵达巴塞罗那时,我非常害羞。但是，他们对我很好，从一开始就和我开玩笑，说他们已经做好准备在世界杯上战胜巴西队了。所有人都喜欢胡闹，但都是无伤大雅的东西。”

然而，即使队友们非常友好，背井离乡也是很艰难的。无论一个外籍球员来到巴塞罗那还是曼彻斯特，他都要面对很多挑战：新的房子、新的球队更衣室、孩子的新学校，可能还有新的语言。他可能不会从俱乐部的员工那里获得同情，特别是像巴萨这种俱乐部，因为巴萨的主要球员从未离开他们的家乡。怪不得巴萨会为已经了解西班牙和西班牙足球的球员支付高价。费伦·索里亚诺说：“对巴萨来说，引进阿尔维斯的费用比购买其他联赛防守球员的费用要高，因为他已经在西甲塞维利亚足球俱乐部（简称塞维利亚）效力了 5 年，这产生了附加值。”塞杜·凯塔（Seydou Keita）、阿德里亚诺·科雷阿·克拉罗（Adriano Correia claro）、伊万·拉基蒂奇（Ivan Rakitić）和克莱门特·朗格莱（Clément Lenglet）在加盟巴萨前就已经在塞维利亚适应了西班牙足球。

和很多豪门俱乐部一样，巴萨引进过很多无法融入俱乐部的外籍球员。莱因克尔见证过一个案例，他回忆道：“我有一个很好的开端，这很有帮助，尤其是我在巴萨首秀的前 20 分钟打入两球。但是，休斯就没那么幸运了，俱乐部很快向他施加了压力。”

休斯是外界所说的在诺坎普球场因过度紧张而发挥失常的球员之一吗？莱因克尔表示赞同：“我认为这多少有点关系。”接着他说：

> 休斯是个强壮的球员，他经常在后退时撞到人，每次他在西甲赛场上这么做时，球队都会被判罚任意球，但这在英格兰却几乎从未发生过。我认为他有点沮丧，大家对他的犯规也有点沮丧。
>
> 那时，他才 21 岁，而且他没有我所拥有的经验。我认为这对他来说有点过早了。你会发现他很受煎熬，我能感觉到。我和我的第一任妻子每周都会去西班牙语学校学习两三次。休斯开始也去，但是几

周后就放弃了。我认为他有点孤单，我们尽力了，但这一切以他来说太难了。我认为他只是有点不成熟，但是，巴萨对他的期望值很高！巴萨引进过克鲁伊夫、马拉多纳等很多外籍球员。他们习惯拥有顶级球员，这又是额外的压力。

2002 年，阿根廷进攻组织者胡安·罗曼·里克尔梅加盟了巴萨，他是个会说西班牙语的顶级球员。但球队主教练范加尔立即告诉里克尔梅说，自己既没有要求巴萨管理层引进他，也并不想要他。不适应球队甚至不是球员遇到的最大问题，在里克尔梅加盟巴萨一年后，开车送他回家的巴萨员工发现，他的公寓里几乎没有私人物品，除了一个装着阿根廷马黛茶的容器。当俱乐部的新任首席执行官索里亚诺了解到这个情况后，他决定开始研究里克尔梅的出身。他发现里克尔梅一直居住在布宜诺斯艾利斯西部，也就是他的出生地附近。里克尔梅在 18 岁时加盟了博卡青年队，随后搬到了离市中心约 32 千米的地方。索里亚诺叙述道：

据对里克尔梅和他的职业生涯非常了解的人说，他的适应能力一直很差。他想念他的小社区、他的朋友们、庭院里的牛排……所以，他在唐托尔夸托拥有一所漂亮的房子，距离他出生的地方只有几百米。换句话说，巴萨在 2002 年签下了一个连布宜诺斯艾利斯其他社区都无法适应的球员，而我们却把他带到了巴塞罗那！因此，他注定不会在巴萨获得成功，这符合逻辑，而且也是可以预测到的。他现在居住在布宜诺斯艾利斯，可能还在唐托尔夸托。

当然，也有新人在巴萨获得了成功，因为他们将前往异国他乡踢球视作一种挑战。图拉姆说："在国外获得成功意味着你必须适应一些东西。当你适应了另一个环境、另一家俱乐部和另一种生活时，你就会变得越来越强大。"

有的球员成功了，因为他们不会对自己的转会想得太多。在 1998 年加盟巴萨不久后的一天早上，勃杜安·岑登（Boudewijn Zenden）拉开酒店房间的窗帘，凝视着这座城市和诺坎普球场。他对室友菲利普·科库（Phillip Cocu）说："有种奇怪的感觉，是不是？"他们都是从埃因霍温足球俱乐部（简称埃因霍温）转会过来的荷兰人。科库答道："现在，我们居住在巴塞罗那，为巴萨踢球。"这的确有些不可思议，但是又和以前一样，然后，他就开始工作了。在梅西前，科库曾创造纪录，在当时成为巴萨历史上出场次数最多的外籍球员。

对新人的下一个考验是巴萨本身这个独一无二的足球品牌。图拉姆说，当他在 34 岁加盟巴萨，了解到克鲁伊夫的足球理念时，他第一次觉得自己是一名真正的足球运动员，他不知道以前他踢的都是什么足球。对很多新人来说，在巴萨踢球喜忧参半。他们在巴萨的训练中花了大量的时间改掉在以前俱乐部养成的老习惯，例如丢球后马上回撤防守。乌克兰人德米特罗·齐格林斯基（Dmytro Chygrynskiy）坦白地说："我们不得不学习这里的足球语言。"但是，在最高水平的比赛中，几乎没有时间进行学习。在担任巴萨首席执行官期间，胡安·奥利弗制定了所谓的"1 秒规则"，即"如果球员只用 1 秒多的时间就能发现谁在要球，那么这就是成功和失败的差距"。

巴萨后来尝试允许新人有适应期。"如果你观察俱乐部新人签约后第一年的表现，你会发现他们可能发挥得非常糟糕。"胡安·奥利弗在 2009 年签下齐格林斯基不久后曾说，"一般情况下，球员总想弄明白自己在球队中扮演什么角色，球队是如何踢球的。"例如，新人可能不会了解梅西在球场上的肢体语言，不清楚他想立刻要球的信号是什么。但当新球员有一天终于了解后，球队主教练、队友和外界或许早已经放弃他了。齐格林斯基就在签约后不到一年就离开了巴萨。

新人加盟巴萨后还要适应地位上的变化，特别是当你和梅西成为队友的时候。一般情况下，加盟巴萨的新人可能是以前俱乐部和国家队中的"梅西"，也可能从他 6 岁开始，他就是效力过的所有球队中的核心球员。突然，他成了梅西的配角，在比赛中为了给梅西创造空间而进行虚假跑位，然后替梅西防守。就像克鲁伊夫说的:“你购买的 10 个球员中有 9 个都是小俱乐部中的大牌球员，但是，他们是豪门俱乐部中的大牌球员吗？”

天才球员不可替代

很多普通公司的经理以成功的体育教练为榜样，有的教练和运动员退休后靠在公司巡回演讲，而发了财。他们传授对足球的理解，例如，“我们彼此看着对方说，‘在球队中没有个人’，这就是我们夺得世界杯的原因”。

实际上，“体育 + 商业”并不是一个非常有用的模式。正相反，很多体育俱乐部的经营状况都很差，所以俱乐部应当把普通公司作为榜样（许多俱乐部唯一的优势是球队）。然而，更重要的是，足球俱乐部与银行、法律事务所或者跨国石油公司不同，其中最大的差别是天才的作用。

公司高层喜欢在讲话中提到“我们当中的天才”，但实际上，大公司的用人方式都是基于可替代的理念。如果你的营销总监离职了，你会雇用其他人，新任营销总监和前任相比可能会略有不同，但是这些人不需要具备很高的才能，他们只需每天表现得足够好就可以了，而且理想情况下，他们不会成为同事们的噩梦。可以说，公司的成功源于有效的流程，而不是卓越的天才。例如，连锁超市必须让符合标准的食品出现在合适的商店中，速度要快，而且价格要便宜。在大多数工作中，创造力和过人的天赋只会带来麻烦，例如，医院需要外科医生使用大量临床病例验证过的标准方法对患者的膝盖进行手术，而富有创造力的外科医生如果喜欢按照自己的灵感行事，就可能会伤害患者。罗伯特·皮克林（Robert Pickering）在 2014 年写给《金融时报》的一封信中讽刺了金融业的天才神话：

多年来，我一直经营着一家投资银行，定期会遭到员工们的要挟，被告知要提高某人的薪水，以防止他离职。通常，他们离职后会加盟高盛集团，薪资是现在的两倍。有时我会提高他们的工资，有时我不会，但是从长远角度看，结果通常都是一样的。人们来来往往，企业经历了高峰和低谷，无论如何，生活都要继续。在2000年最狂热的时期，我的前任管理者获悉我们这家拥有200年历史的公司能否存活，取决于是否继续聘请一个20多岁的年轻人，他在这个行业工作了大约18个月。我们想让他担任企业的合伙人，但他还是离开了。多年后，我向公司高级管理团队提起了这件事，但是我们当中没有一个人，包括我在内，能想起他的名字。

现在，将这个例子和足球俱乐部进行对比，足球俱乐部也需要不断提高一些“20多岁的年轻人”的薪水。如同皮克林的银行一样，即使上面说的那个人离开了，俱乐部也会继续生存下去。但是，和银行不同的是，如果足球俱乐部失去了最好的天才球员，它的表现就会每况愈下。想一想如果当打之年的梅西、哈维、伊涅斯塔和布斯克茨离开了巴萨，会发生什么。**足球运动中，最好的天才球员是不可替代的。**

与普通公司不同，顶级体育运动队每周都要追求卓越。温格在阿森纳执教过，也在公司会议上发表过演讲，他认为体育运动中的经验教训并不容易转移，他说：“球员必须尽可能发挥出100%的潜力，这在日常生活中并不常见。”一支球队需要接近人类的完美才能战胜皇马，如果一个“混蛋”能帮球队实现这个愿望，那么球队就离不开他的天赋，天赋予了他权力。

第11章

天才球员在巴萨

踏上诺坎普球场的比赛场地不是件容易的事情。

——利昂内尔·梅西

皮克的父亲正开车送他去参加巴萨和皇马的比赛，他们在车里聊着山上的蘑菇。抵达球场后，皮克走进了诺坎普球场地下的一个房间，这里是球员们赛前吃自助餐的地方。桌上有水果盘、香蕉、沙拉，还有不太健康的火腿。球员们边吃边对刚刚到达的队友的时尚感品头论足。

苏亚雷斯和他在卡斯特尔德费尔斯的邻居梅西像往常一样拼车而来，他们将车停在体育场的停车场，苏亚雷斯的儿子和女儿以及梅西的儿子坐在车的后座。苏亚雷斯的妻子刚刚生下他们的第三个孩子。梅西的胳膊吊着绷带，无法上场比赛，他穿着一件不知名的连帽衫，和苏亚雷斯的孩子们一起坐在看台上。当苏亚雷斯在比赛中打入点球时，梅西像自豪的叔叔一样对着孩子们眉开眼笑。接着，苏亚雷斯又打入了一球，跑到看台和他的孩子们拥抱。当他完成帽子戏法时，梅西拥抱了苏亚雷斯的儿子。最终，巴萨 5 ： 1 战胜了对手，整个球场都是比着“5”的手势的手，包括“场上的球迷代表”，皮克曾两次做过这个招牌动作，后来他自夸说：“我怕球迷们错过了第一次。”

赛后，梅西和苏亚雷斯各自带着儿子来到了更衣室，球员们正坐着看涌来的手机信息。随后，皮克参加了巴萨赞助商乐天株式会社举办的晚宴，并用英语致欢迎辞。后来，他和乐天株式会社的首席执行官三木谷浩史一起回想起他曾请求主教练巴尔韦德允许球员们去纽约参加赛后聚会的情景。“你还记得吗？”皮克问道，“我走过去对他说：‘听着，巴尔韦德先生，我们要去参加聚会。’”他模仿着巴尔韦德的样子说：“为什么？为什么？为什么？”皮克继续咯咯地笑着说：“我为这件事和他商量了5次，想让他知道球队参加这次聚会的必要性，但巴尔韦德还是不能理解，并说道，‘我找不到让你们参加聚会的任何理由。’我说，‘没关系，不管怎样，我们都要参加！’”

这些场景来自乐天株式会社制作的纪录片《比赛日》(*Match Day*)。皮克十分了解球员们的私密空间，他不会顾及犹豫不决的俱乐部的想法，就像他最初促成乐天株式会社对巴萨的赞助一样。尽管这部纪录片经过了一些审查，但还是提供了难得一见的球员生活。

几乎所有体育迷都想知道现代足球运动员在生活中到底是什么样子。他们在家里和在俱乐部里是如何生活的？他们又是如何被压力、名声和金钱压垮的？

温暖的更衣室氛围

巴萨的更衣室被球员们公认是个让人快乐的地方。1997年，当范加尔从阿贾克斯加盟巴萨担任主教练时，他发现，更衣室里播放着广播，球员们喝着咖啡，赛前大家总是吵吵闹闹的。2014年，内马尔对我说：“我感到十分惊讶，巴萨更衣室的气氛令人愉快，每个人都在聊天和嬉闹，赛前和赛后更衣室里都会播放音乐，有点像巴西队的更衣室。”勃杜安・岑登发现巴萨的更衣室是个比荷兰队的更衣室更加温暖的地方，他说：“球员们在当地经常串门，球员家属们都认识，他们会一起共进晚餐，还会拥抱。”

之所以有如此温暖的氛围，是因为在西班牙球员和主教练很少用残酷的现实打击别人。但范加尔经常以荷兰的方式当面批评球员，这种做法在巴萨遇到了阻力。岑登说：“如果我们在半场休息时 0 ： 1 落后，范加尔会说，‘听着，伙计们，我们的边锋必须向中路靠一点。’当时的球队边锋路易斯・菲戈（Luís Figo）立刻举起手说，‘这是什么意思？球队不是因为我们才落后的。应该说的是，后卫们必须更好地防守。’这时，范加尔会立刻感到自己受到了攻击。”

在巴萨，或者说在西班牙的日常生活中，人们对礼貌的行为有很高的期待，在公共场合痛斥别人是不能被容忍的。这有助于解释为什么没有人会把布斯克茨或者皮克叫到一边，告诉他们已经老了，是时候离开俱乐部了。“这是高水平体育运动的一部分，你说了一些东西，讨论了一些东西。”岑登说，“但是在西班牙，如果你和一名球员公开发生了冲突，那么你们的关系不会自动恢复。”任何对别人的批评都需要在私底下用严谨的措辞进行表达。

更衣室生活的另一个重要方面很少被提及——裸露。想象一下，在一个普通的办公室里，或者一个饭店里，所有同一性别的员工每天都脱去衣服一起淋浴，那会是什么感觉？在足球运动中，裸露的确会影响社交动态，但是在比赛中它是个禁忌的话题，我还没有发现这是如何发挥作用的。

巨大的比赛压力

在高水平的体育运动中，比赛带来的压力是必要的，否则运动员就会变得无动于衷，但这种压力甚至会困扰最成功的球员。年轻球员会突然发现他在一场发挥糟糕的比赛后，被记者和队友们区别看待。在 1972 年拍摄的纪录片《14号克鲁伊夫》中，克鲁伊夫对此现象进行了解释："你发现了其他人完全不同的态度。然后，你回家打开电视，看到自己被狠批了一顿。在周一的报纸上，有更多类似的内容。这会让人产生一种孤独感，你会认为所有人都针对你。下一场比赛上场时，你环顾看台，心想'这些球迷是为我而来的吗？我该做什么？我该如何表现？我该如何踢球？我应当跑得很漂亮吗？我真的在踢球吗？'"

克鲁伊夫说："比赛中，你属于所有人，但是一旦比赛结束，你就是个孤家寡人。你会祈求地看着采访你的人说'我不知道'，然后开车回家，这时你就会感到孤独。"

克鲁伊夫说这就像是荷兰女王："人们看着她，心想'她有一大笔钱和大房子，我也想做女王。'然而，她永远不能做自己，或者说出自己真实的想法。"克鲁伊夫挠着头，拨开他浓密的头发接着说："我理解那种无奈，有时你真的很难说出自己的真实感受。"1974年，当克鲁伊夫连续第二年夺得欧冠冠军，连续第二次当选欧洲足球先生时，他说这让他十分焦虑。

很少有一种职业能让一个20岁的年轻人受到全球媒体的冲击，一篇刻薄的文章或者推文能毁掉一个球员，甚至让他产生心理障碍。球员对于为他们的表现打分的网站和报纸特别敏感，莱因克尔说所有球员都很在乎这些打分，"即使他们自称对此并不关心"。

有时，压力大的球员会向队友，可能是巴萨的其中一个队长吐露心声："我需要帮助。"有时候在比赛后，大多数球员会离开更衣室，开心地加入他们的亲友之中。但不幸的是，还会有一个球员静静地坐在更衣室里，陷入自己的世界中。俱乐部的医生很难告诉主教练某个球员因为长期的心理压力而无法出场比赛，因为这没有明显的身体上的表现。

巴萨也会设法为心理压力过大的球员提供帮助。一直非常努力的菲利佩 • 库蒂尼奥（Philippe Coutinho）在 2019 年巴萨战胜西班牙人队的比赛中，再次因为糟糕的表现而被替换下场，巴萨时任主席巴托梅乌和时任副主席约尔迪 • 梅斯特雷（Jordi Mestre）在赛后专程到更衣室安慰了他。“我们大多数人都支持你。”巴托梅乌告诉库蒂尼奥，“只有一小部分球迷嘘你、嘘我和嘘他（指向梅斯特雷）。你身处一支优秀的球队中，你也是个优秀的球员，不要再想那些闲言碎语了。”随后，西装革履的巴萨主席紧紧拥抱了这个赤膊上身的可怜球星，但在不久后，库蒂尼奥就被俱乐部租借到了其他球队。

在西甲联赛中，诺坎普球场的批评声尤为刺耳，巴萨会员们的标准很高，他们几乎将所有的关注点放在主队身上，对手只是装饰品，而且会员们还不是特别支持自己的主队。克鲁伊夫曾谈道：“球场上的问题制造了巨大的压力，特别是对球队中的西班牙籍球员来说。”当莱因克尔在 1985 年加盟巴萨时，他就发现了这一点：

> 这里的气氛算不上好，这就好像你是为了他们的欢呼声而踢球，像在剧场一样，有点像歌剧。在比赛的大部分时间里，球场都是安静的，这里的球迷不像来自工人阶级的英国人，英国球迷在看球时会喝着饮料，并大声呐喊、歌唱和欢呼。巴萨的主场球迷都是中产阶级，他们都是球队季票的拥有者和俱乐部会员。
>
> 球场气氛也不同，这里更加保守。你必须“伺候”好那些会员们，这样他们才能站起来。唯一的例外是巴萨对阵皇马的西班牙国家德比，那是另一回事，球场气氛会从一开始起就非常紧张。但是，其他比赛就是另一番景象了，除非你在开场不久后就攻入两球，不然你就会听到口哨声，看到白手帕，所以在诺坎普球场踢球是件难事。
>
> 你必须让观众兴奋起来，而他们却不会让你兴奋起来。最重要的是你要在球场上有所表现，如果你进球了，他们会爱上你，如果你无法进球，他们一点儿也不会喜欢你。

在巴萨，没有人靠苦干或长相滑稽成为英雄，这里只有成功和失败。

从莱因克尔离开巴萨时的 1989 年，到新冠疫情大流行的 2020 年之间，诺坎普球场的气氛没有发生太多变化。现场观众在比赛前后礼貌地高唱巴萨队歌，除此之外，其他比赛时间却非常安静。巴萨会员认为，球队的胜利是他们应有的“权利”。

当岑登从巴萨转会加盟切尔西后，在他英超的首场比赛中，切尔西主场被纽卡斯尔联逼平。赛后，切尔西球迷在停车场走到他面前说：“不要担心，孩子，你踢得不错，下周我们就会赢球。”对此，岑登感到很惊讶：“如果你在加盟巴萨后的联赛首秀中球队被逼平，那么赛后你就会知道自己是什么结果了。”相较之下，欧洲球员都过得还算轻松。在 1999 年的时候，我天真地认为巴萨球迷施加的压力是世界上最大的，里瓦尔多纠正了我的观点。“我并不这样认为。”他说，“我在巴西科林蒂安足球俱乐部和帕尔梅拉斯足球俱乐部（简称帕尔梅拉斯）的压力是最大的。球迷们会威胁你的家人，损坏你的汽车，情况有点复杂。如果你在帕尔梅拉斯的比赛成绩和我们最近在巴萨的成绩一样，那么你都无法在大街上散步。”

让巴萨球迷变得十分苛刻的原因是，他们认为球队仅仅赢球是不够的，他们还要球队踢出“克鲁伊夫式”的漂亮足球。来自尤文图斯足球俱乐部（简称尤文图斯）的图拉姆说：“在意大利，你的发挥并不重要，重要的是你要赢球。而在巴萨，即使球队 2 ∶ 0 战胜了对手，但只要球队没有踢出漂亮足球，观众就不会满意。”巴尔达诺告诉我，皇马球迷则持不同的态度：“在皇马，球迷对胜利有着巨大的热情，对做出贡献的球员十分赞赏。当然，皇马球迷也想要漂亮足球，但他们首先想要胜利，这是事物的正常规律。而在巴萨，这种规律是相反的，球迷们认为最重要的是比赛的过程，其次才是比赛结果。”

在巴萨，不能指望球迷们在球队踢得不好时或落后时还继续支持球队，诺坎普球场制定了比赛该达到的标准，而球员的工作就是达到这个标准。瓜迪奥拉是十分了解这些巴萨会员的，因为他就是其中的一员。2008 年，当瓜迪奥拉执教的全新巴萨在主场亮相时，他对观众说："对我们来说，这是个极大的挑战，我们会尽力说服你们。"

诺坎普球场的特殊性在于它巨大，但是缺乏热情，导致球员在巴萨的生活要比在其他豪门俱乐部更加艰难。1995 年，当罗纳德·科曼离开巴萨加盟费耶诺德时，克鲁伊夫沉思着说："当然，我能够理解，因为在这种级别的比赛中，在这种气氛下，球员的损耗很大。"一名退役的巴萨球员曾对罗塞尔说："我想告诉你，当我坐在替补席上时，我其实感到很快乐，因为那段日子我只要一上场比赛，我的双腿就会紧张地颤抖。"就连梅西也曾说过："踏上诺坎普球场的比赛场地不是件容易的事情。"

德国门将罗伯特·恩克（Robert Enke）在巴萨效力过一个赛季，当球队在一场西班牙国王杯的比赛中惨败给联赛第三级别的球队后，他彻底崩溃了。随后，他得了抑郁症。在 2003 年夏天转会到费内巴切足球俱乐部后，他在一张酒店便笺上写道：

> 在巴萨的职业生涯让我改变了很多，我此前用 3 年时间在里斯本竞技队建立起来的所有自信都消失了。我没有上场比赛时反而更快乐，即使在训练赛中也是如此。实际上，当在场边观战时，我总是心旷神怡。我真的很惧怕公众的评价、新闻媒体和人们的双眼，我简直要吓得瘫痪了。

在那场比赛 6 年后，根据罗纳德·伦主笔的传记《过于短暂的一生》（*A Life Too Short*）记载，恩克卧轨自杀了。每一起自杀的背后都有很多的原因，但罗纳德·伦认为恩克的自杀是足球压力造成的。

即使是非常成功且受人欢迎的伊涅斯塔，也在离开巴萨转会日本俱乐部后表示："为巴萨踢球不仅仅是在踢一场足球比赛，比赛的压力很大，而且是持续的压力，每天的训练都要完美，比赛中还要成为最优秀的球员。"他总结说："很难去 100% 地享受比赛。"

没有隐私的生活

比赛之外，顶级球员需要学习如何像超级明星一样生活，他们当中不是所有人都能应对自如。

与家人住在一起的球员和与随行人员住在一起的球员之间存在巨大的差异。年轻的外籍球员经常和他们的经纪人、理疗师、女朋友、一两个年长的亲戚、奇怪的不明身份的随行人员以及来自老街坊邻居家的朋友一起住在巴塞罗那的一个庄园里，这些人成了球员经济上的"寄生虫"。来自贫穷国家的足球运动员，例如喀麦隆人埃托奥，回家后可能要资助几十个人。尤其是如果球员不会说西班牙语，他就有可能远离俱乐部的社交活动，陷入支持他的舒适的小圈子中。训练结束后，他会回到庄园，开始抱怨他的队友和主教练。

曾在 1982—1984 年效力巴萨的马拉多纳，和朋友、亲戚、私人医生以及训练师住在佩德拉布雷斯附近的一间大房子里。一位当地记者曾在马拉多纳肝炎康复期间到家中看望他，这个记者在 2020 年马拉多纳去世后回忆道："马拉多纳躺在自家花园里的床上。下午 6 点，他周围有十几个人在吃喝玩乐，就像是一次聚会。"

时任巴萨主教练的赛萨尔·路易斯·梅诺蒂同样喜欢夜生活，他的老乡有时会陪着他。为了满足自己的习惯，梅诺蒂将球队的训练课从上午改到了下午 3 点。罗纳尔迪尼奥和内马尔后来将更加"温顺"的随行人员带到了巴塞罗那，内马尔的随行人员中还包括他的理发师。

并不是所有的随行人员都能为球员的成功带来帮助。有时，来自老街坊邻居家的朋友和球员的兴趣截然相反。他们整天住在空荡荡的庄园里无所事事，到了晚上，他们想出去玩，和球员一起出去，这样他们就能在夜总会最好的座位上免费喝酒，吸引女人的注意。球员和他们同行，虽然没有马上发现自己在比赛中状态下降，但是时间一长，夜生活对球员便会产生严重的影响。

球员们的很多朋友和家人都会去拜访他们，在巴塞罗那，这种情况似乎比在多特蒙德或顿涅斯克更加频繁地发生。足球律师丹尼尔·吉里（Daniel Geey）写到，在内马尔效力巴萨期间，“他的朋友们每两个月飞到西班牙一次，在巴塞罗那享受一次费用全包的度假，这可以说是顶级球员中相对常见的福利”。有的来访者知道并尊重球员下午要睡个午觉，而且无法每天晚上都和他们出去，但有的来访者对此不以为意。

巴萨发现，管理已婚球员相对轻松，婚姻生活让球员步入了全新的生活阶段，从黄色的法拉利到黑色的路虎，从巴塞罗那市中心到安静的海滩城镇。但是，大多数球员的婚姻也存在着不平等，巴塞罗那的一位银行家回忆说，巴萨的一个新签约客户设立了 3 个银行账户，其中一个联合账户供球员及其妻子使用，另一个账户用于他们的固定支出，例如租金，还有一个账户是球员的妻子不知道的。无论球员是和家人住在一起，还是和随行人员住在一起，球员本人才是一家之主。所有事情都是围绕他的欲望、情绪起伏来构建的，他不允许其他人让他分心。

一旦巴萨球员有了孩子，他们就会将一线队看成一个大家庭。皮克、苏亚雷斯和梅西为他们的儿子成立了一支儿童足球队，因为后瓜迪奥拉时代的球队纪律散漫，所以每天都有巴萨球员把孩子带到球队里来。荷兰中场球员弗兰基·德容惊讶地说：“如果这些家伙不在球队里，他们会和自己的孩子在房间里踢球，这样他们就可以热身了。在阿贾克斯，我从未在更衣室里看到过孩子。”2019 年，巴萨前往参加西班牙国王杯决赛的飞机上满载着球员的家人，皮克年幼的儿子故意在梅西的座位后面徘徊。

巴萨球员经常将自己的社交圈限制在家人、发小和几个队友，可能还有几个拉玛西亚的老员工之内，因为他们学会了在成为球星后不轻易相信任何人。皮克说：“现在很难培养真正的友谊，像我这样的人会吸引别人，让人着迷。所以，我必须保护好自己。我不会轻易敞开心扉，有时甚至会显得和周围的人疏远了。”

皮克掌握了现代名人与外界保持距离的技巧。例如，他和妻子（二人于 2022 年分手）、歌手夏奇拉，将他们儿子的照片发到网上，这样就会降低照片的价值，阻止偷拍他们的新闻记者。至少在巴塞罗那，场外的监视比在西班牙娱乐业媒体的总部马德里要少。

对足球运动员来说，21 世纪最糟糕的东西或许就是智能手机摄像头，球员们总是担心有人会随意拍摄照片或视频，或将他们在饭店的谈话内容发到社交媒体上，所以和球员一起外出的人往往需要上交手机。在夜总会里，球员可能会在私人区域看着舞池里发生了什么，而且夜总会的保安会陪着球员去洗手间。

这些担忧和疑虑都是正常的，足球运动员的身边总有一些唯利是图的人，他们不是为了赚钱，就是为了提高自己的地位。2014 年，我受内马尔的赞助商红牛公司的委托采访了内马尔，这也是他的另一个赞助商拍摄的宣传片的一部分。现场的 15 个人，包括摄影师和他们的助手、公共关系代表、化妆师和我，站在巴塞罗那的一个阁楼工作室里，看着内马尔在拍照期间换衣服时裸露的健壮身躯。那里的每个人都想从他身上得到一些东西，几个年轻的巴西人在旁边的屋子里耐心地等着，他们可能是内马尔的发小，也是随行人员。我将这次未公开的 40 分钟采访卖给了红牛公司，大赚了一笔，而多年以后的现在，我又在销售这次采访经历。

足球运动员经常以其人之道还治其人之身是有原因的，他们经常把身边的人当作管理日常家务的没有报酬的仆人。如果球员需要新手机，有人会立刻提供给他，他甚至不会自己上网订机票。我看到过一段视频，视频内容是巴萨在 2019 年与布拉格斯拉维亚足球俱乐部比赛后在更衣室里留下的垃圾，总会有人在球员离开后进行打扫。球员们学会了从保洁人员身旁走过，好像他们不存在一样。

一位前经纪人告诉我，足球运动员将所有事情都“外包”给了他们的随从，除了足球，有时候还有购物。这位经济人认为大多数球员都缺乏同情心，因为他们的成长环境充满了竞争和猜疑，而且绝大多数是男性，在这种环境中，无法达标的人都会被淘汰。

一方面，很多球员不得不忍受那些爱凑热闹的陌生人，这些陌生人会在训练场地大门外扭着头往里看，或者对球员破口大骂。有的球员与妻子和孩子出门到餐厅吃饭时不得不和这些陌生人摆姿势自拍 15 次，无法与自己的家人聊天，甚至无法享用自己的食物。有报道称，大多数球员表示，他们只能在巴塞罗那的晚上出去吃饭。

但另一方面，球员们也对公众的骚扰有着极高的忍耐度。岑登总结他的经历说：“如果你在英国出去吃饭，他们会等你吃完，然后说‘我们等了半小时，你能和我们合影吗？’但在西班牙，他们会在你吃饭和说话时走到你身边说，‘我要走了，我想和你合影。’而在意大利，他们甚至会直接坐在你身边。”

有的球员不介意没有隐私的环境。在效力巴萨期间，拉基蒂奇经常去超市购物，去学校接孩子，在沙滩上自拍。但是，大多数球员更喜欢待在家里，或者待在名人聚集的场所，他们可以在那里遇到和他们地位相同的人。

心理学家普伊格发现，巴萨球员遇到的最大风险是名气让他们过度关注自己的形象和表现，而不再专注个人成长和心理健康。她解释道："大家把球员当作超人，但如果你脱离了现实，一切都将毫无意义。"

这不仅仅是球员的问题，球迷负有很大责任。当我的孩子们10岁左右时，他们受邀到巴黎圣日耳曼的王子公园球场参加一个朋友的生日宴会。和很多俱乐部一样，巴黎圣日耳曼会将举办这样的宴会作为俱乐部的一小部分收入来源。当孩子们走出体育场时，巴黎圣日耳曼的前锋埃丁森·卡瓦尼（Edinson Cavani）正好开车经过。当天的小寿星的父亲后来将视频发给了我，视频中，孩子们聚集在卡瓦尼的跑车的车窗旁高喊："看！是卡瓦尼！"而陪同孩子们的两位父亲朝他们大喊："孩子们，向后退！"孩子们的反应就像他们根本没有意识到卡瓦尼也是人。

然而，卡瓦尼的反应让人印象深刻。他大概每天都会遇到这种打扰个人隐私的事情，但他只是坐在那里微笑，耐心地等待事情结束。卡瓦尼知道，这些孩子会永远记住这一刻，他表现得很慷慨。

当球员们意识到他们对球迷意味着一切的时候，他们就会有敬畏之心。克鲁伊夫经常说起一件事，巴萨在1974年夺得西甲冠军后，一位老妇人在布拉瓦海岸向他走来，她并没有像他想的那样说'祝贺你'，而是说了句'谢谢你'。克鲁伊夫惊讶地发现，这是多么深厚的感情啊！

球员甚至可以通过在床边聊天让将死的孩子感到幸福。巴萨前主席罗塞尔说，他和梅西、普约尔曾在圣诞节探望身患癌症的儿童，随后医生对他说："你无法想象这件事，对这些孩子们是多么重要。"罗塞尔朝向天空举起胳膊。

巨额的薪资

金钱——西班牙俚语为“pelas”，会破坏球员的平衡，特别是当他们第一次暴富时。2003 年，巴萨的年轻中锋哈维尔·萨维奥拉像中了魔咒一样，一位苦恼的巴萨董事对我说：“关于萨维奥拉，如果你了解到这个家伙在阿根廷河床竞技足球俱乐部每年只赚 6 万美元，而在这里他每年可以赚 600 万美元后，你就知道他现在的问题所在了。”

克鲁伊夫对此非常了解。他曾经在采访中说：“当你的职业生涯结束后，你剩下的钱都是你在 26 岁以后赚的，因为你会花掉在那之前赚到的所有钱。如果你明天大赚了一笔，那么你做的第一件事是什么？买一辆保时捷。”采访他的记者插话道：“或者一些值钱的东西。”

“不，就是保时捷！”克鲁伊夫说，“事情就是这样，哪怕你仅仅享受它一年。那么这是为什么呢？没人知道，但是它的确发生了，这没有任何意义。”

2005 年加盟阿森纳的喀麦隆中场球员亚历山大·宋（Alex Song）后来回忆道：

> 在签下个人第一份职业合同后，我非常兴奋。我去球队参加训练，看到亨利开着车来到了训练场，他的车就像宝石一样耀眼，所以我觉得自己无论花多少钱都要买一辆和他一样的汽车，因为我是足球运动员，所以我只需要去汽车经销商那里签署一些文件，然后他们就会为我提供所需要的汽车。我最终拥有了和亨利一样的座驾，但在两个月后，我发现钱要花光了，所以就换了一辆丰田汽车。

多年来，亚历山大·宋一直是挣多少钱花多少钱。2012 年，他被邀请加盟巴萨。亚历山大·宋说道：“巴萨的体育总监对我说，我在巴萨不会有太多的出场机会。我告诉他，我对此并不关心，我知道我就要成为百万富翁了。”亚历山大·宋在巴萨的职业生涯是平庸的，但是他实现了自己的目标。

就算球员没有把自己挣来的钱挥霍一空，其他人也会帮他花掉。球员们的身边有着一群“吸血鬼”，克鲁伊夫就因为受到他的商业顾问米歇尔-乔治·巴什列维奇的蛊惑而损失惨重。一般情况下，最贪婪的人是球员的经纪人，但是经纪人同时也保护球员不受其他贪心之人的伤害。米诺·拉伊奥拉说：“现在的球员在职业生涯中可以赚 5 千万欧元到 2 亿欧元。你将如何投资？或者不投资？球员会从别人那里得到报价。”他的声音兴奋得像个年轻人：“我有一个朋友，他经营着一家房地产公司，他们将投资几个项目，我会得到 14% 的收益，我保证！”拉伊奥拉接着又说：

> 同时，你还必须留心银行。银行也会向你兜售产品。我总是对球员们说“我们不要投资”，我们要做的是让球员们在结束职业生涯时，剩下的钱比他赚的钱更多，而不是更少。
>
> 我的建议是，立刻买一套属于自己的房子，购买房产，要不然，你就把钱存在银行，即使利息很低。你没有必要靠兴趣生活。不要在你不熟悉的领域进行投资。我的所有球员在职业生涯初期都想开饭店、酒店和咖啡馆。我从事过餐饮业的工作，我想说，不要做这一行，坚决不要，因为我知道里面的门道。

拉伊奥拉是在他父亲的比萨店里一边工作一边长大的，他发现了现在不需要其他赚钱途径的球员和前几年的球员之间的关键区别。2008 年，在欧冠冠军 AC 米兰的更衣室里，包括马科斯·埃万热利斯塔·德·莫赖斯［Marcos Evangelista de Moraes，昵称卡福（Cafú）］、克拉伦斯·西多夫（Clarence Seedorf）和马蒂厄·弗拉米尼（Mathieu Flamini）在内的几个球员在训练后穿上西装，驱车前往了市中心参加商务会议。在他们所处的时代，顶级球员也需要第二职业。

而现在的球员则赚得盆满钵满。所以，如果球员在巴萨效力几个赛季后攒了很多钱，那么他就能永远养活他的大家庭。知名数据调查机构“体育情报”在 2019 年发布的《全球职业体育薪资报告》（*Global Sports Salaries Survey*）显示，巴萨一线队的平均基础年薪是 1 220 万美元，是世界上年薪最高的体育俱乐部，皇马和尤文图斯分列第二位和第三位，前 10 名的其他俱乐部都来自美国职业篮球联盟。即使按照顶级足球俱乐部的标准，巴萨的薪资总额也是不正常的。皇马球员拉莫斯一直将自己的薪水和同是中后卫的巴萨球员皮克进行对比，但当拉莫斯和他的财务顾问最终知道皮克的薪水后，他们大吃一惊。巴萨之所以支付高于市场平均值的薪水，一部分原因是俱乐部由董事们管理运营，他们大多数人都从事传统行业。面对足球经纪人，他们就像是羚羊遇到了狮子，而且，和其他足球俱乐部的很多高管一样，他们也开始对自己的球员感到“害怕”。

即使在新冠疫情后薪资水平有所降低，但顶级球员的薪资还是处于历史最高峰。巨额的薪资助长了球员的偏执和幼稚，从青春期开始，球员的随行人员、家人或者俱乐部就开始让他远离公众，这样他就能集中精力好好踢球。金融顾问——通常球员雇用他们是为了提高自己的魅力，而不是真的获取专业投资知识，他们更像是被聘请来管理财产的。例如，梅西就是在这种情况下没有察觉到自己存在偷漏税的行为。一位巴萨前任官员曾对我说：“他连银行账户都不知道。”

将球员蒙在鼓里符合俱乐部和经纪人的利益，当俱乐部和经纪人谈判决定球员的职业生涯时，球员有时甚至都不知道谈判细节。他们之间可能会达成球员都不知道的秘密协议，例如，如果球员留在了俱乐部，那么经纪人可以得到好处费。或者球员可能突然发现自己已经和一家新的俱乐部签约了，他在电视镜头前咧着嘴笑并举起了新队服拍照留念，但实际上他并不想加盟这支球队。球员们经常在他们的职业生涯的末期，或者退役后才明白这其中的门道，在多数情况下，他们一直被蒙在鼓里。

人们总是敦促足球运动员闭上嘴好好踢球。与音乐家或社交媒体人不同，足球运动员在塑造有争论的个人品牌上没有经济方面的动力。他们是在应对媒体的训练中成长起来的，说着“我们很高兴赢球，但是周六又是一场重要的比赛”这样无趣的话。图拉姆是球员中罕见的、能直言不讳地表达自己观点的人，他对同事的警告解释道：“一旦你公开发表意见，你就无法得到一致认可。”内马尔的随行人员多年来一直在打造他的品牌，但是他们所做的一切就是教他保持微笑，而不是让他说一些让人感兴趣的事。当我采访内马尔时，我感觉他是个善良的年轻人，不过他已经丧失了开诚布公的能力，即使有时候他想这么做。

皮克是现代足球运动员中的另类，他从事其他职业，这个中卫球员是一个有强迫症倾向的企业家，当 2010 年随西班牙队夺得世界杯冠军时，他用大量的空闲时间在球队下榻的酒店里成立了一家视频游戏公司。从那以后，他做了很多生意，他可以向投资人现场陈述商业计划书，记住每一笔收入的具体数字，必要时能够改变经营方向。2017 年，皮克创立了科斯莫斯全球控股集团，这个名字听起来就像是对富豪全球化的拙劣模仿。皮克也乐于发表有争议的言论，经常因为支持加泰罗尼亚地区而激怒其他的西班牙人。

皮克非常了解自己的财富，这在乐天株式会社拍摄的纪录片中有所体现。片中，皮克穿着 20 世纪 50 年代知识分子常穿的黑色高圆翻领衫和柏林俱乐部会员的皮裤，参加了当地的电台节目，他坐在演播室里的观众们面前，咧着嘴笑，同时背诵着巴萨同城死敌西班牙人队球迷创作的针对他家人的歌曲。

皮克说完歌词，跷起了大拇指，并放声大笑起来。节目主持人问，他的薪水能否顶得上一个小镇的预算。皮克答道：“我的净资产比西班牙人队全队的预算还高。”主持人笑着骂道：“该死的！”

制片人突然插话说，西班牙人队的年度预算是 5 700 万欧元，皮克随后说："那我的净资产比这多很多。"现场观众大笑着，他们当中很多人的平均月收入可能都不到 1 000 欧元。

在这个场景中发生的事情之一是，职业球员的文化已经蔓延到了老百姓的生活中。在一支球队中，薪水是衡量社会地位的重要标准。克鲁伊夫说："对球员的评价高低都是用金钱来表达的。所以，这和你挣多少钱无关，和你所在的社会阶层有关。"皮克想表达的意思是，他的社会地位处在最高层，比那些谩骂他的人高很多。

在足球运动中，金钱是地位的象征，所以球员们总是想方设法从俱乐部榨取更多的财富，不管他们已经赚了多少。罗塞尔表示，即使是作为巴萨球迷成长起来的本地男孩，也不会在薪资谈判中感情用事。不过也有例外，罗塞尔对此表示赞扬："普约尔退役时，没有向巴萨索要剩余合同年限的薪水。这是我第二次遇到这种事情，第一次是马克・奥维马斯和范加尔。"

足球运动员往往很难花掉他们大部分的钱，在巴萨尤其如此。巴萨的俱乐部文化是谦逊的，俱乐部鼓励球员开奥迪公司赞助的汽车来工作。一天上午，当我走过甘珀训练基地的巴萨一线队停车场时，我发现唯一的例外是几辆路虎、一辆吉普车和一辆红色法拉利，这辆法拉利是骑士桥区大街上唯一能引发议论的车。

足球运动员对他们的财富感到自豪，但他们当中也会有很多人同时有负罪感，特别是像马拉多纳和罗马里奥这样在贫民窟长大的球员。他们认为自己是政治激进分子，他们的负罪感可以催生自我毁灭行为。很多球员都试图分散自己的财富，有时几乎是随机的。巴萨前首席执行官索里亚诺写道："这些年来，我见过很多球员花数十万欧元购买他们根本不会去开的汽车，我也见过他们施舍给乞丐 500 欧元，或者在餐馆账单中留下 50 欧元的小费。"他们渴望和社会重新建立联系，以弥补以前留下的遗憾。

性别平等的环境

从 2020 年情人节开始，新冠疫情开始在西班牙全国蔓延，但是没有人了解它。当天上午，我去观看了巴萨女子足球队在甘珀训练基地的训练课。

我在很低的混凝土看台上找到了座位，旁边坐着唯一的观众，他自称是女队守门员的个人理疗师。在一块比禁区还小的人造场地上，22 名球员正在艰难地进行着“克鲁伊夫式”的训练，蓝队进攻，红队防守。场地上有 6 个小球门，蓝队在射门之前必须完成 3 脚传球，完成传球的一方会得到奖励分数，能在这么小的空间里踢球的人都是好球员。

谈一谈男性的目光：女球员的周围站着 10 名男教练，他们交叉着胳膊，仔细观察着她们的训练。这些男人的存在提升了比赛的激烈程度。球员做的一切，无论好坏，都会被看到，并在赛后的教练会议上被分析讨论。每轮比赛后，红蓝两队交换队服，这时教练会大声报出两队的总得分，训练游戏化有助于保持日常训练的吸引力。

那位理疗师指给我看那些女球员的训练态度是多么认真，他说在男球员的训练课上，有的球员会磨蹭时间。的确，在旁边的训练场上，巴萨青年队的守门员们正在尽情欢笑，因为有个球员被喷水器喷了一身水。

巴萨女子足球队成立于 1998 年，但直到 2015 年才转为职业队，那时，女子足球运动开始在欧洲繁荣发展。2017 年，巴萨女子足球队的荷兰边锋马滕斯随荷兰队夺得了欧洲杯冠军，并当选为国际足联当年的年度最佳女球员。她和父母与梅西同乘一架专机前往摩纳哥参加颁奖仪式。梅西告诉马滕斯，他已经注意到了她在欧洲杯中的杰出表现，并为她的夺冠感到骄傲。在摩纳哥，获得年度最佳男球员的 C 罗就像对待同事一样和马滕斯开着玩笑。

2019 年 3 月，马滕斯参加了巴萨对阵马竞的联赛比赛，现场观众多达 60 739 人，这是女子足球俱乐部的比赛中观众最多的一次。两个月后，她参加了欧冠决赛，但巴萨 1 ∶ 4 输给里昂足球俱乐部（简称里昂），这是巴萨首次进入女子欧冠决赛。然而，马滕斯的日常生活却没有那么吸引人，她每年都要想方设法地应付亲戚的来访，因为她没有大房子款待他们。她表示："男子足球运动员可以带着一大家子人，想带谁就带谁，他们可以建造自己的大房子。但是，在女子足球运动中，情况截然相反，有时，我还是会想家。"

在一个周日，我去甘珀体育城旁边的约翰 • 克鲁伊夫球场观看巴萨女子足球队和洛格罗涅斯足球俱乐部（简称洛格罗涅斯）的比赛，现场的 1 842 名观众开心地唱着巴萨队歌。在观看了几十年的男子足球比赛后，在场边观看女子足球比赛，听着女球员们在场上相互叫喊的声音，这是一种与众不同的感觉。巴萨男队和女队的相似之处是足球风格，女队同样踢着"克鲁伊夫式"的足球，传球快速，开场不久就以 4 ∶ 0 领先。

当巴萨罚丢点球时，看台前来自斯堪的纳维亚的一对中年夫妇（男的身穿一件印有"Johansen 1"的球衣）欢腾雀跃，当得知他们是洛格罗涅斯队守门员的父母时，现场的观众集体发出了同情的笑声，因为他们的女儿甚至没有碰到那个点球，是巴萨的球员自己射偏了，但是在 0 ∶ 4 失利的比赛中能庆祝就庆祝吧。赛后，这位守门员跑向了她的父母，她们一家人拥抱了很久。是啊，这里不是诺坎普球场。

在巴萨，女子球员的年薪甚至比男子球员的周薪还低，不过，这一差距正在逐渐缩小。当皇马成立女子足球队时，巴萨非常兴奋，因为这会为西班牙女子足球联赛增加更多的趣味。2020 年 10 月，在马德里训练基地的 11 号场地，巴萨在首次西班牙女足国家德比中 4∶0 获得了胜利，尽管因为新冠疫情，看台上没有观众，但是西班牙公共电视台还是对比赛进行了直播。2021 年 5 月，巴萨夺得了俱乐部历史上首个女子欧冠冠军，她们在决赛中 4∶0 大胜切尔西。

2022 年 3 月，有 91 553 名观众前往诺坎普球场观看了西班牙女足国家德比，这创下了女足比赛现场观众人数的世界纪录，尽管比赛在傍晚开球，而且当天还下了雨。

巴萨女队有很大的潜力，或许在西班牙以外的地方比在西班牙国内的潜力更大。位于纽约的巴萨办公室的官员惊讶地发现，巴萨女队在美国市场有着巨大的影响力。钻头和割草机的制造商史丹利百得公司渴望摆脱它的男性形象，所以将公司名字印在了巴萨女队的队服上。总的来说，巴萨女队让俱乐部发出了“性别平等”的光芒。将来，随着天才女球员地位的提高，女球员也会像男球员一样神采飞扬。

第12章

用更健康的方式管理天才球员

只有在 20 岁时，你的身体机能才是十全十美的。

——阿尔弗雷多·迪·斯蒂法诺

皇马巨星

苏亚雷斯在位于卡斯特尔德费尔斯的房子的厨房里装了一个烧烤架，当他街对面的邻居梅西喝着南美马黛茶时，这位乌拉主前锋打开室内烤架，腌制了生牛排。在厨房的餐桌上，放着几个几乎喝空了的红酒杯，还有一个似乎是奶酪的盘子、几瓶香槟酒，一个酩悦牌的大冰桶则放在厨房的操作台上。

巴萨边后卫约尔迪·阿尔巴进门后并没有发现当初许诺的红酒，他瞬间有点儿失望。苏亚雷斯解释说，他为了不让孩子碰到酒，所以把酒藏起来了，然后就忘了放哪儿了。梅西取笑道："他就是不想拿出来。"但是，他们不久就找到了一瓶红酒，至于餐后甜点，梅西用叉子从桌上的公共碗中叉起草莓，把它们都吃光了。在这个场景中，他们并没有马拉多纳式的过量饮食，然而，他们吃的东西也足以让奥运会划船队的营养师心脏病发作了。

在过去的10年里，最成功的足球俱乐部了解了很多关于如何让球员吃好、睡好并管理好他们健康的知识。尽管如此，仍有个难题，那就是如何说服天才球员采纳这些建议，特别是在巴塞罗那这样充满诱惑的城市。德容在签约巴萨后说，他的荷兰国家队主教练科曼告诫他："不要经常去饭店或者吃得太多，因为巴塞罗那的生活真的很舒服，有时你会感觉一整年都像在度假。"另一个问题是这里的睡眠习惯，据统计西班牙人的每晚平均睡眠时间要比其他欧洲国家的人少53分钟。

让足球运动员健康地吃饭和睡觉，就像是让你的孩子来做这些事一样困难。

培养更健康的生活方式

如今的巴萨球员要比他们的前辈拥有更加健康的生活方式。巴萨的第一位外籍球员、匈牙利难民拉迪斯劳·库巴拉以喜欢夜生活而出名，根据西德·洛维的记录，库巴拉崇尚的训练前的养生之道是"冲个冷水澡，在治疗检查台上睡一觉，喝一杯装满阿司匹林的咖啡，然后上场比赛"。有一次，海关工作人员问他是否还要申报其他东西，库巴拉拍着他的肚子说："是的，两升威士忌。"

库巴拉的一些习惯还传给了此后的球员。1973年，巴萨在西班牙大元帅杯[①]中1∶3输给了塞维利亚，时任巴萨主教练里努斯·米歇尔斯命令球员们不准离开下榻的酒店，所以有几个球员聚在一起，通过酒店客房服务订了两瓶西班牙起泡酒。米歇尔斯得知此事后，他站在酒店大堂，拦住了送酒的服务员，并问他是哪个房间订的。米歇尔斯向服务员说他碰巧也要去那个房间，并接过了盘子。当听到敲门声时，那几个球员打开了房门，他们原以为是服务员，结

① 弗朗哥执政时期西班牙国王杯改称大元帅杯。——编者注

果米歇尔斯用荷兰语大叫着，并将他们要的起泡酒狠狠地砸向了地板，破碎的玻璃到处都是。

秘鲁外援雨果・索蒂尔（Hugo Sotil）签约巴萨几周后，在新闻发布会上遇到的第一个问题是：“你喜欢喝香槟吗？”

米歇尔斯的愤怒并没有改变巴萨的习惯，加泰罗尼亚人自从罗马时代就开始喝酒了，他们不会因为一个暴怒的荷兰人而改掉这个习惯。莱因克尔回忆道：

> 当我和巴萨队友在赛前一起用餐时，餐桌上总是摆着几瓶红酒，大多数球员都会在用餐时喝上一杯，这非常自然，不加评论。在英国的足球俱乐部中，从未发生过这种事。在午餐的桌子上放几瓶葡萄酒？在20世纪80年代的任何一支英国足球队中，这都是在自找麻烦。

好酒是效力巴萨的球员获得的“额外待遇”之一。几十年来，球队在欧洲赛场的客场之旅都会带上一箱来自瑞格尔侯爵酒庄的里奥哈红酒，很多外籍球员在效力巴萨期间甚至成了品酒师。在 20 世纪 70 年代末期，克鲁伊夫曾经涉足葡萄酒出口行业，但是没能挣到钱。后来，米歇尔・劳德鲁普在他的出生地丹麦创立了一家更加成功的企业。一个酒业相关的博客称劳德鲁普的 Vin & Gastronomi 公司是“所有从西班牙进口葡萄酒和美食的丹麦公司中最具影响力的一家”。

巴萨的食品总是非常可口。在他们夺得欧冠冠军的 2006 年，有个球员会定期将奢侈的鹅肝带到更衣室，他认为这些食物很健康，俱乐部的医生也无法改变他的想法。

当时，这对想要过上好日子的球员来说是可以接受的。但是，从那时起，足球运动的健康标准提高了很多。佳得乐运动科学研究院的数据显示，2006—2013 年，在英超联赛中，高强度的奔跑，指的是每小时要跑 1.5 万米的场次增加了 30%。在欧冠的比赛中，冲刺跑的次数也显著上升。帕科·赛鲁尔罗告诉我："为了踢出漂亮足球，我们必须拥有更好的身体条件。"

现代的足球教练每天都在鞭策球员，给球员留下的恢复时间少得可怜。大多数球员可以在秋天表现出色，但是很难在 2 月至 5 月期间保持高水平，俱乐部将这个时期称为"高竞争"时期，因为这期间比赛多、行程繁忙并且伴随着睡眠不足。

巴塞罗那大学的运动医学专家吉尔·罗达斯（Gil Rodas）和巴萨合作了多年，他说足球运动"强度和密度"的激增导致球员们的肌肉和肌腱损伤增加，他称之为足球的"癌症"。

紧密的赛程是球员受伤的主要原因之一。研究发现，一周双赛的球员受伤的概率要比一周一赛的球员高 6.2 倍。随着球员薪水的增加，受伤的成本也在增加：如果一个球员的年薪是 800 万欧元，一年踢 40 场俱乐部比赛，那么他参加一场比赛的价值是 20 万欧元。

总之，巴萨的风格并不是比对手跑得更多或更快，恰恰相反，在球队状态好的那几年，巴萨球员依靠大量的控球时间来赢得比赛。

然而，当今的足球俱乐部都必须提高球员的体能水平。在合法的选择上，营养品比药品更具优势，足球行业中越来越多的千禧一代，开始对营养品日益痴迷。渐渐地，世界各地的俱乐部都开始慢慢对球员的饮食习惯加以指导。2010 年，"健康狂热者"瓜迪奥拉任命安东尼娅·丽莎拉格（Antonia Lizárraga）担任巴萨的营养师。她成为西甲联赛中担任这一职务的第二个人。多年后她对我说，那时候足球的传统观念是："最重要的事情不是营养，而是进球。"

瓜迪奥拉坚持让巴萨球员在训练后一起吃午餐。在足球运动中，比赛日的传统食物是鸡肉或不加酱汁的意大利面，在更保守的机构中，传统食物是牛排。丽莎拉格推荐藜麦和鱼肉，她开始为拉玛西亚的所有巴萨球队安排营养品。她为很多巴萨球员配备了私人厨师，并就个人日常菜单和厨师们不停地进行沟通，因为厨师往往更擅长烹饪而不是选择营养品。

近年来，足球比赛的饮食支持机构发展成了小型新兴产业，巴萨位居产业需求前列。在 2019 年 11 月一个阳光和煦的日子里，来自 35 个国家的运动营养师、“表演厨师”和球员的私人厨师在诺坎普球场旁的礼堂里，参加了由巴萨主办的“运动营养会议”，这是巴萨建立足球知识库的另一项举措，其中参会人数最多的国家代表团是英国代表团。在礼堂外面，年轻健壮的厨师们用美味的“功能性蛋白质松饼”和无酒精的“血腥玛丽”鸡尾酒款待着与会者，这些都是巴萨一直尝试为球员提供的食物。会议开始后，我离开了有关健康饮食的小组讨论会，这样我就能在食品摊上填饱肚子。

但是，我还是了解了很多关于足球运动员理论上应当吃什么的知识，我发现运动营养的主要原则是“阶段性”，即在正确的时间摄入正确的食物。由俱乐部的研究机构巴萨创新中心出版的、名为《足球运动营养》（*Sports Nutrition for Football*）的小册子被证明特别有帮助。以下是巴萨关于运动营养的建议：

巴萨创新中心营养手册

1. 令人愉快的是，咖啡因似乎可以提高足球员的各个方面，从认知到冲刺能力再到传球精度。巴萨建议球员们在比赛日训练前的早餐中喝茶或咖啡，比赛日喝含咖啡因的运动饮料，或吃含咖啡因的口香糖，理想情况下，应该在热身期间摄入。

2. 碳水化合物是赛前饮食的重要部分，球员们通常在开赛前 3 小时食用。大多数俱乐部还会在中场休息时为球员们提供碳水化合物，经常以胶体或饮料的形式。大运动量的球员需要摄入碳水化合物，但如果运动量不大，比如球员受伤了，摄入过多的碳水化合物会增加球员的脂肪。
3. 营养师长期注重球员的赛前饮食。近年来，他们也开始考虑球员的赛后营养了。运动后是身体最容易吸收营养的时间，同样，赛后也是俱乐部可以控制球员饮食的时间，这就是为什么尤文图斯在主场更衣室里安装了餐桌。去客场比赛的球队则经常在返程的球队大巴上配备顶级厨师，以便让厨师在车上的厨房里为球员们服务。

   球员应当在比赛结束后一小时内摄入蛋白质，这有助于他们恢复受损的肌肉纤维。丽莎拉格说："球员不断经历损伤—恢复—损伤—恢复的过程。"对可以消炎的蛋白质恢复奶昔，好多俱乐部为每个球员进行了具体的调试，这已经成了足球训练和比赛后的必需品。
4. 球员应当每周食用高纤维蔬菜两次，例如西兰花、卷心菜、菜花以及抱子甘蓝。但是，考虑到它们需要时间来消化，因此不要在上场前食用。
5. 在整个赛季，身体组织的炎症会不断增加。在最艰难的几个月，从每年 2 月开始，球员应当增加消炎食物的摄入，例如，干果和骨肉汤，而不是注射足球运动中传统的镇痛药。丽莎拉格说："理想情况下，食物就是药物。"

以下是巴萨创新中心营养手册中的一个示例食谱，做的是球员的午后零食——蛋白质巧克力布朗尼。

食材：

80g 中筋面粉，10g 发酵粉，1 勺纯可可粉，150g 黑巧克力，200g 黄油（在室温下），椰子油或特级初榨橄榄油，200g 红糖，3 个

鸡蛋，12 个切碎的核桃，50g 蔓越莓干片，100g 乳清蛋白质（80% 巧克力香精）

做法：

在碗中搅拌面粉、发酵粉和可可粉，放在一旁。在锅中融化巧克力，放在一旁。如果使用黄油，要等它软滑后再用。

在另一个碗中，将糖在蛋液中搅拌，加入黄油（或油）和融化的巧克力。慢慢加入面粉混合物，加入乳清蛋白质、坚果和蔓越莓。

将面糊倒入烤盘中，涂抹均匀，在 180℃条件下烘焙大约 20 分钟。

下面是一种加入了椰子汁、腰果和姜黄的咖喱酱。一种健康的酱汁，最好和蛋白质、蔬菜，以及藜麦、意大利面食、大米等一起食用。

食材：

140g 生腰果，1 个洋葱，1 茶勺特级初榨橄榄油，250ml 椰子汁，2 茶匙姜黄，咖喱粉调味，切碎的香菜，盐和胡椒。

做法：

将腰果在水中浸泡 20 分钟。将洋葱切碎，加入橄榄油进行快炒。同时，在研钵中研磨腰果，然后将其加到炒过的洋葱中，加入椰子汁，烹饪 10 分钟。加入姜黄、咖喱粉、香菜和一些调味料，用小火烹饪几分钟。

下面是柠檬甜牛奶，慢慢饮用有助于球员们放松和产生睡意。

食材：

200ml 不含乳糖的牛奶，取 1/4 柠檬剥皮，1 根肉桂棒，20g 酪蛋白粉，1茶匙龙舌兰或槭糖浆，准备肉桂粉。

做法：

将牛奶、柠檬皮和肉桂棒放入锅中煮沸。停止加热，开盖，让混合物浸泡20分钟。

取出柠檬皮和肉桂棒，加入酪蛋白和糖浆，上面撒上肉桂粉。

制订营养计划和执行计划是两回事

对俱乐部来说，制定营养计划是一回事，而让球员执行这个计划则是另外一回事。想象一下你是巴萨球员，在曾经效力过的球队中，你一直是球星，顾名思义，你职业生涯中的一切都很顺利：你成功加盟了巴萨。此刻，你身体状态极佳，你是夜总会中最受欢迎的人，你想吃什么吃什么，想喝什么喝什么。你的周薪相当于营养师的年薪，而他们居然想限制你的饮食？好吧，这里不是监狱。

人们常说：球员的职业生涯非常短暂。实际上，现在的顶级球员拥有很长的职业生涯。从青年时期在青训营开始算起，一个球员的职业生涯大约有20年，每年11个月。对大多数人来说，这种单一的生活节奏持续的时间太久了，不像奥运会运动员，他们必须在仅有的几年中自我克制，因为他们知道需要在什么时候达到巅峰状态。美国团体运动的淡季持续好几个月，在这段时间里，运动员们可以享受汉堡包和夜生活。足球运动员则无法在“饥饿”和“盛宴”之间进行切换，所以他们很少让自己感到饥饿或吃到撑。

很多足球运动员，特别是年轻球员，完全不知道该吃什么，他们的厨师根本不了解运动营养。球员更感兴趣的是在夜总会上得体着装，而不是在球场上保持最佳状态。有的球员告诉医务人员，他们无法在中场休息时喝下一整瓶水，而马拉松运动员在比赛中能喝下11瓶水。有的球员表示他们在赛后没有饥饿感，然后却和他们的随行人员去吃夜宵。豪门俱乐部的球员每次会在国家队训练比赛好几周，而有的国家队甚至没有营养师。

在巴塞罗那，还有一个附加风险，西班牙的晚饭时间在晚上 10 点甚至更晚。深夜的饮食会增加炎症、血糖水平和体重，还会影响睡眠。

有时，巴萨及其营养师会对眼前的一切感到惊恐。20 岁的法国外援奥斯曼·登贝莱在 2017 年抵达巴塞罗那后，连续解雇了 4 个私人厨师。他的第四个厨师迈克尔·纳雅（Mickael Naya）后来表示："登贝莱人很好，但是无法控制自己的生活，他一直和他的叔叔以及他最好的朋友住在一起，他们不敢告诉他任何事情。我从未见过他喝酒，但是他一点也不遵守休息时间，在他的周围缺少一个专业的机构来对他进行管理。"据西班牙媒体报道，登贝莱喜欢吃快餐。

2019—2020 赛季，登贝莱在代表巴萨出战的首场联赛中再次受伤，第二天，俱乐部要求他照 X 光检查，但他没有露面，而是飞回了老家看他的母亲。他回到巴塞罗那后，巴萨的队医诊断了他的大腿伤势，确定他不得不养伤 5 周。无论是用药还是摄入营养，登贝莱都是随心所欲。

这在足球中很常见，球员之所以会躲避俱乐部的队医，可能是为了隐瞒伤病，特别是在他的合同年。他或许对正确的治疗心存质疑，他可能会在没有告知俱乐部的前提下盲目听取他的个人理疗医师或没有执照的庸医的建议，接受未经证实的最新治疗方法，例如冰浴。

巴萨不得不劝说俱乐部的天才球员在医疗室治疗。俱乐部一直试图向球员们推销它的服务。为了规劝受伤的球员不要自行处理伤病，巴萨购买了据称是世界上最好的核磁共振仪，它可以扫描出一毫米肌肉的影像，精准定位肌肉撕裂的位置。

但是，和大多数人一样，足球运动员喜欢自己控制身体。即使在高度职业化的拜仁慕尼黑，瓜迪奥拉也不得不絮絮叨叨地要求队员们赛后在俱乐部餐厅里一起食用饮食专家的配餐。很少有球员具备个体运动员的营养自制力，这些个体运动员独自做出决定，不会因竞技失败而简单地责备其他人：田径运动员卡尔·刘易斯和网球运动员玛蒂娜·纳芙拉蒂洛娃（Martina Navratilova）在几十年前是素食主义者的先驱。

有些顶级运动员也会在饮食上放纵一下自己。有一次在费德勒的私人飞机上，在和他共进早餐前，我很想知道他是否会吃普通人的食物，但当女乘务员端上小羊角面包、麦片、水果串和 3 种排毒果汁时，他把除了水果以外的所有东西都吃光了。当我以为早餐已经结束时，女乘务员又端上了一个煎蛋卷。“我准备吃个煎蛋卷。”费德勒说，“为什么不呢？我们把早餐和午餐并成一顿了！”

当我谈到他随心所欲的胃口时，他说：“我不想变得那么认真。或许，这也提醒了我，我不仅仅是一个网球运动员。每场比赛前，我都会喝一杯咖啡，如果有巧克力，我也会吃一块，或者一块曲奇。”最具天赋的运动员，像普通人一样，在饮食上无须做出过多的牺牲。

在足球俱乐部，营养师的影响力非常有限。与医生、体能教练和心理学家相比，他们通常都处在员工层级的最底层。营养师可以推荐食物，但是他们无法闯入球员家中强行让他们吃这些推荐的食物。营养师很少和球员一起吃饭，球队的赛前饮食是营养师每周最重要的工作，通常都以自助餐的形式出现。那么，如何劝说球员做出正确的选择呢？

在球队更衣室这种等级分明的环境中，具有影响力的人非常重要。在所有与足球有关的话题中，最具有影响力的人就是球队主教练。如果主教练对营养漠不关心，他可以不让俱乐部营养师在球队中发言，就算他知道营养师是谁，他也必然不会帮助营养师调整每个球员的饮食计划，不会告诉营养师下一场比赛哪个球员能出场，哪个不能。

精明的营养师会为主教练定制私人饮食计划，转变他的看法，然后让他在球员中进行宣传。仅仅让主教练参加球员的称重就可以产生巨大的影响，瓜迪奥拉就是这么做的。但是，他的继任者放宽了他制定的营养规定。2019 年，巴萨球员依旧在训练后一起进餐，一般在早上或者下午，但是俱乐部会为想回家吃饭的球员打包食物，期待他们回家吃了它。

20 世纪 50 年代的球星迪・斯蒂法诺沉思着说："只有在 20 岁时，你的身体机能才是十全十美的。"而且年轻球员经常振振有词，认为自己是坚不可摧的。他们当中很多人在职业生涯初期缺乏纪律性，不懂得信守承诺和倾听别人的建议。然而，随着时间的推移，大多数运动员慢慢成长起来，NBA 圣安东尼奥马刺队的主教练格雷格・波波维奇（Gregg Popovich）说："他们逐渐克服了自我，且虚心受教。"通常，促使年轻球员改变的因素是他们到了某个年龄，或建立了新的家庭，或在俱乐部失败了，或者进入了一段让人兴奋的职业生涯的新阶段，比方说，经历了一次重要的转会。对营养师来说，那是最富有成效的时刻，因为他可以和球员讨论食物了。

除了教练，俱乐部最具影响力的人是老将。年长的足球运动员经历过伤病，而且已经知道如何延长职业生涯了，他们往往会对甜菜汁感兴趣。梅西就是这么做的，此前，他长期痴迷于裹了面包屑的阿根廷牛排，配菜是鸡蛋、火腿、帕尔马干酪和马苏里拉芝士，他在近 30 岁时发现他遭遇了状态下滑。有时，他会在比赛中呕吐。在 2014 年世界杯的比赛中，他也显得非常疲惫。

和很多球员一样，梅西征求了俱乐部以外的专家的意见，包括营养学家席尔瓦・特雷莫拉达（Silvia Tremoleda），此人后来跟随瓜迪奥拉加盟了曼城，梅西还多次拜访了意大利营养师朱利亚诺・波泽（Giuliano Poser）在威尼斯的一家诊所。据报道，梅西在那个赛季几乎在吃素，这也是足球运动的新趋势，他在 2016 年成功减重了好几斤。梅西的竞争对手 C 罗也在那时开始调整他原本已经十分苛刻的饮食，体重从 82 公斤降到了 79 公斤，这让他恢复了以前的速度。回首过去，30 岁的梅西说："那几年，我吃得太多了，巧克力、软饮料等，就是那些东西导致我在比赛中呕吐。现在，我要好好照顾自己，吃的是鱼、肉和沙拉。"

梅西的转变对丽莎拉格在巴萨的工作十分有利，梅西成为球队更衣室里生活方式的影响者，而且他公开告诫登贝莱："登贝莱需要做出改变，变得更加职业化，我希望他不会再受到伤病的折磨。"

幸好，很多球员都逐渐受到了全社会对营养摄入均衡日益痴迷的影响，丽莎拉格观察到球员们开始控制食物摄取量并遵守饮食规则，他们可以控制自己的压力，而不是仅仅感觉自己是伤病和厄运的受害者，有的球员甚至成为绝对的素食主义者。

当然，在巴萨，仅仅为球员们提供健康的食物是不够的。为了避免他们走弯路，还必须提供一些可口的食物，理想情况下，这些食物一般以蛋糕或奶昔的形式出现。

最后出现在餐桌上的食物往往是俱乐部和球员之间妥协的结果。2014 年 9 月，巴萨在马拉加获得了一场平局后，俱乐部的球员个人赛后饮食清单被媒体曝光。对于主菜，俱乐部为球员们提供了菜单，上面的每道菜都富含糖和碳水化合物，这些物质有助于修复受损的肌肉。以下是一些球员们的选择：

特尔施特根：寿司和榛果可可酱三明治

皮克：榛果可可酱三明治和水果

拉基蒂奇：两份寿司和水果

布斯克茨：火腿比萨和水果，水果只要菠萝和草莓

哈维： 切碎的鸡胸肉和火腿比萨

伊涅斯塔： 火腿芝士比萨、一个博洛尼亚香肠三明治

苏亚雷斯： 火腿芝士比萨和恺撒沙拉

梅西： 乳酪比萨

内马尔： 火腿芝士比萨配水果

马斯切拉诺： 意面沙拉和两片水果

罗贝托： 寿司和加榛果可可酱的三层三明治

鉴于赛后饮食是球员循环周期中含糖量最多的，这些选择看起来不够理想，火腿芝士比萨都是饱和脂肪和盐。但是，它起码是含有蛋白质和碳水化合物的，是球员真正能够获得营养的食物，与有些球员在家里吃的食物相比，它实际上就算是健康食物了。

探索球员身体的秘密

尽管人们在球员的合理饮食方面下了很多功夫，但是没有科学证据可以证明合理饮食的重要性。我们不知道良好的营养是否真的有助于赢下足球比赛，或者是否能有效地防止球员受伤。举例来说，登贝莱的肌肉损伤很可能是运气不佳以及他自己短跑运动员的体型造成的，而不是糟糕的饮食习惯。法国体能教练塞巴斯蒂安・洛佩斯（Sébastien Lopez）认为，巴萨的低速训练课适合老将，但是限制了边锋的冲刺。换句话说：登贝莱的私人厨师们或许和他的伤病毫无关系。当然，我们也不知道。

这揭示了更加尴尬的事实：我们无法在少数顶级球员的统计数据中发现任何科学证据，那是因为他们的身体和需求是不规则的，所以医学研究人员很少对他们进行研究。

如果一个球员因为拉伤腿筋不得不错过关键的比赛，这将是一个灾难，他

所在的球队可能会因此丢掉冠军。但是，如果一个普通的上班族拉伤了腿筋，或者整整两周肌肉组织都不在最佳状态，是不会有人注意到他的，怪不得医学研究没有认真对待这些问题。巴萨无法开展更多的内部研究工作，因为俱乐部优秀的男子足球运动员的样本量只有 25 个。大约有 12 个顶级俱乐部组成了巴萨的同行小组，但它们也不愿意分享各自的医学数据。所以，在足球历史上，一些重大的决定，例如这个球员需要手术吗，往往都是靠直觉做出的。

而且，俱乐部缺乏相关知识，因为球员的身体遵循的规律与我们其他人的规律不同。巴萨的运动员携带了好几个“自相矛盾的生物标记物”，其中有些对普通人来说是不健康的，但是对顶级运动员来说是有益的。举例来说，在每个赛季中，巴萨球员体内含有大量“有益”和“有害”的胆固醇，他们体内还含有大量的同型半胱氨酸，对普通人来说，这个含量是有可能引发心脏病和中风的。

球员们也极可能得吉尔伯特综合征，这是一种轻微的遗传性疾病，它会造成身体产生超正常量的胆红素（血液中的一种黄色物质）。吉尔伯特综合征会引起轻度黄疸，但它对运动员来说有个重要的好处：过量的胆红素能够减轻炎症。

足球运动员可以被视为人类的一个亚种，他们需要特殊的医疗护理。我们现在对这种特殊的医疗护理知之甚少。

改善失眠问题

足球运动的现有水平远未达到最佳，所以巴萨一直在球员健康领域进行探索。当我撰写这本书时，巴萨创新中心已经开始与科学家合作，他们对肌肉和肌腱损伤进行了大量的研究。巴萨在球员的训练中使用了芯片，希望能够更细致地了解如何预测压力或伤病。

足球运动中另一个难以实现的目标是让球员在下半场和上半场一样充满能量。根据最新的研究理论，球员在下半场的状态下降，部分原因是他们在中场休息时体温下降太多。对此，可以通过一些简单的措施避免它的发生，例如给他们增加外套，在更衣室打开加热器，或在下半场开始前让他们再次热身。

目前，巴萨一直在尝试个性化的护理，它想先衡量球员的“外部负荷”，比如他最近踢了多少场比赛，都是什么强度？然后衡量球员的“内部负荷”，比如他是如何在心理、生物力学和生理上对外部负担做出反应的？毕竟，球员在浏览足球社交媒体时承受的压力，可能比他踢球时的压力更大。

在与足球运动有关的所有新兴领域中，睡眠或许是被研究最多的，科学家发现了很多有关睡眠对人体功能的重要内容。美国娱乐与体育电视台（ESPN）在一篇揭露美国 NBA 球队的失眠现象的新闻中称：“失眠会造成体能、手眼协调能力、注意力的下降，它几乎可以影响所有事情。”这个问题与精英运动员有很大的关系，他们是一群杰出人物，必须在工作中保持最好的状态。他们中有些人的睡眠时间非常少，这让人非常惊讶。

在巴萨一线队的前几个月，梅西和他的哥哥罗德里格、罗德里格的妻子以及他们刚出生不久的孩子住在一间不大的公寓中。那时，梅西说：“俱乐部告诉我，每个晚上我都要睡好，而婴儿的哭声让这件事情变得有点困难，但我假装我没有失眠。”

同时作为足球运动员和企业家的皮克在 2019 年表示：“我每天的睡眠时间不到 5 小时，我的时间不够用。”布斯克茨曾说，在他遇到妻子前的几年里，每天他有 18 小时是清醒的，总是在思考足球。当然，还有登贝莱，他每天都熬夜打 PS 游戏，而且按照他的前私人厨师的说法，他“不尊重休息时间”。

失眠并不总是球员的错。如果一个球员每个赛季在全世界要踢大约 60 场比赛，那么失眠就是不可避免的结果。比赛的刺激促使身体释放皮质醇（一种提高清醒度的激素）而且它能抑制褪黑素（一种调节睡眠的激素）。英国中锋彼得·克劳奇（Peter Crouch）坦白地说："比赛后，我总是睡不着。"特别是在他代表利物浦在安菲尔德球场踢完比赛后，他写道："我的头脑非常清醒，身体有些刺痛，耳朵嗡嗡作响，所以我要花好几个小时的时间，喝很多啤酒才能产生睡意。"

赛后失眠症特别困扰巴萨球员，他们一般在晚上10点开始比赛，直到午夜时间比赛才结束。巴萨营养师丽莎拉格推荐喝一些牛奶或食用火鸡促进睡眠，但有的晚上，即使是喝上一杯柠檬甜牛奶也不会有作用。

另外，紧密的行程也是导致失眠的重要因素。2019年的季前赛，巴萨全队在7月23日至27日飞到日本参加友谊赛。结束比赛后，他们飞回了巴塞罗那，在8月4日和阿森纳进行了一场友谊赛。3天后，他们在迈阿密的硬石体育场对阵那不勒斯，这里和日本相差12个时区。紧接着，他们乘坐3小时的飞机抵达密歇根州与那不勒斯再赛一场，赛后他们返回了西班牙，这是他们在3周中第4次乘坐航班横跨大陆。德容评价道："从生理上讲，我不知道这是否有好处，但是从商业的角度，我很理解，所以没有球员抱怨。"

在国际比赛日，球员可能在周日晚上踢完联赛客场比赛后，深夜2点回家，凌晨4点30分入睡，然后早上7点乘坐航班前往国家队报到。德容在加盟巴萨不久后表示："我经历过这些，真的很难。"通常，足球行业对这些抱怨没有耐心。2020年8月—2021年10月出任巴萨主教练的科曼耸着肩说："这会让你变得更加强大。"但是，据球员工会——国际职业足球运动员联合会（FIFpro）2019年的报告称："63%的国家队球员认为长途旅行影响了他们的发挥。"

巴萨的南美球员经常跨洋过海去参加国家队的比赛。2016年，内马尔邀请他的巴萨队友梅西和马斯切拉诺一起乘坐他的私人飞机返回南美洲参加巴西对阵阿根廷的 2018 年世界杯外围赛，尽管他们互为对手。

当足球俱乐部踢客场比赛时，他们经常在比赛前一天抵达比赛城市，在酒店睡一宿，然后在比赛后直接飞回家。这让他们受到了所谓“首夜效应”的侵扰，美国布朗大学的研究人员表示，当你在陌生场所度过第一个晚上时，你的一半大脑（通常是左脑）会保持着异常清醒的状态，而且两侧大脑的连接处也异常活跃。这或许是一种进化适应，大脑正试图搞清楚这个陌生的场所是否安全。如果你只在陌生场所睡了一宿，你可能睡不好，而对足球运动员来说，那晚之后的第二天就是一场重要的比赛。

抑制“首夜效应”的方法是住在同一家连锁酒店中，这样球员会相对熟悉酒店的房间。比较好的解决方案是住两个晚上。巴萨创新中心的报告称：“‘首夜效应’在同一个陌生环境中的第二个晚上会减小，甚至消失，这就好像大脑在确保这个区域安全后关闭了警报器一样。”如果赛后再停留一个晚上就更好了，因为这样可以避免球员在一大早回家，再经历一个不眠之夜。

这条建议的唯一问题是球员不喜欢它。一般情况下，他们希望尽可能减少旅途时间，比赛后可以直接回家。

对巴萨来说，这是一个棘手的问题：要么冒着疏远球星的危险，加强对他们的控制，要么让他们保持快乐，接受他们身体不在最佳状态的事实。近年来，巴萨一般选择后者。为了满足天才球员的要求，巴萨一直尝试减少旅行。在西甲联赛的客场之旅中，如果比赛在下午 6 点以后开始，那么球队会在早上飞到比赛城市，然后在赛后直接返回巴塞罗那。德容说他喜欢这样：

想象一下在其他俱乐部，你周六上午出发，晚上睡在酒店，周日比赛，周日晚上在比赛城市再住一晚。然后，你只能在周一晚上回家。而且，有的球队在主场比赛时也会提前一天入住酒店。在巴萨，这些相对宽松一些。如果是主场比赛，我们只需在比赛前两个半小时抵达，而在客场比赛时，我们经常在比赛当天就返程回家。所以，你可以在家里待更长的时间。

当我问德容为什么认为巴萨要这样做时，德容说他认为球员们暗示过他们喜欢待在家里。他补充说：“我没有发现这样做带来了什么问题，我认为它不会产生深远的影响。”他说如果球员愿意的话，巴萨很高兴和球员讨论睡眠问题，但是他补充道：“这不是俱乐部的管理者告诉我的，是他们让球员自己做决定。有的球员已经在最高水平联赛中征战了大约 10 个赛季，这样的球员知道如何处理这个问题。如果有人说‘你必须这样做’，我认为他们不会喜欢的。”德容在阿贾克斯效力时有过不同的经历，德容解释道：“俱乐部会规定你必须在 11 点以后待在酒店房间里。他们认为，‘或许球员们应该和他们的配偶待在家里，或者吃比萨等。’”

然而，足球俱乐部对它们球员的睡眠状况仍知之甚少。有的俱乐部要求球员每天上报他们的睡眠情况，但一个彻夜未眠的人存在撒谎的动机。巴萨员工告诉我，通过让球员穿上带有传感器的睡衣可以获取更加可靠的数据。相信足球俱乐部终会在解决球员的睡眠问题上找到更好的办法。

保持老将的竞争力

足球在睡眠、营养和医学知识领域的发展非常重要，即使天才球员没有一直听从这些建议。球员、俱乐部、医生和裁判员提高了足球的护理标准。运动科学家卡洛斯·拉戈·培尼亚（Carlos Lago Peñas）在给巴萨创新中心的一份报告中称：“精英运动员的年龄越来越大。”欧冠参赛球员的平均年龄从 1992—1993 赛季的 24.9 岁增长到了 2018—2019 赛季的 26.5 岁。尤其是考虑到几乎所有高水平球队的平均年龄在 23 ～ 29 岁这个范围，1.6 岁的增长实际上是相当显著的。当梅根·拉皮诺埃（Megan Rapinoe）在 2019 年 12 月获得国际足联最佳女子球员的桂冠时，她已经 34 岁了。当梅西 2021 年第 7 次捧起金球奖奖杯时，他也 34 岁了。同时，36 岁的 C 罗也保持着职业生涯的巅峰状态。尽管体育运动的要求在不断提高，但球员的职业生涯也在不断延长。

其他运动也表现出了同样的趋势。在网球运动中，世界前 100 名男子运动员的平均年龄在过去 10 年中从 26.2 岁增长到历史最高纪录的 27.9 岁。在我撰写这本书时，费德勒和塞雷娜·威廉姆斯（Serena Williams）都快 40 岁了，他们仍旧是网球运动中的佼佼者。维戈大学的培尼亚在和同事撰写的一篇论文中提到，对棒球选手和铁人三项运动员的研究表明，“在过去 20 年中，精英运动员最佳状态的年龄段呈显著增长”。

运动员的决策和球商即模式识别能力，实际上也在随着年龄的增长而增强。培尼亚解释道：“30 岁以上球员的传球成功率比 16 ～ 29 岁球员高 3% ～ 5%。这可以弥补老将跑动速度下降在比赛中所带来的影响。”培尼亚引用了一项针对德国足球甲级联赛（简称德甲）球员的研究结果：30 岁以上球员的冲刺次数（指的是跑动速度超过 6.3 米 / 秒，至少持续 1 秒）要比年轻球员少 21%。

健康的老将是“老练的思维”和“年轻的双腿”的完美结合体。但是，“老练的思维”配上“老迈的双腿”就有问题了。不幸的是，在 2020 年之前，巴萨比任何顶级球队的老龄化问题都严重。老龄化在巴萨是很自然的事，因为土生土长的球员很少选择离开俱乐部，这同样是对手俱乐部需要接受的事实。出乎意料的是，巴萨球员在其他地方没有多少选择权，罗塞尔指出：“他们只能去世界上的三四家俱乐部，因为没人能支付得起他们的薪水。”

巴萨球员同样知道他们很难找到一支比巴萨更优秀的球队，一座更宜人的城市，或更加令人愉快的日常训练（与尤文图斯或马竞的残酷耐力战相比）。德容说："巴塞罗那的天气太好了，训练课也充满了快乐。每天能和这些球员在场上训练，我对此心存感激。"巴萨是足球运动员的最终目的地，而不是中转站。

当球员要退役时，他们发现没有什么比足球能够提供给他们更加令人满意的经历了。28 岁的皮克曾对我说："现在，我希望我的职业生涯尽可能长，而几年前，我认为我会在 30 岁退役。所有球员都经历过这种改变——足球运动员综合征。"

足球运动员可能没有我们快乐，但是他们的确有更精彩的经历。顶级运动给人的错觉是它比人的生死还要重要。在 10 万名球迷面前赢球给日常生活带来了无与伦比的快乐。反常的是，输球也会给球员留下深刻印象。你和所有的队友坐在更衣室里，拖着受伤的身体，累到甚至无法将一瓶水拿到嘴边，痛苦地耷拉着双肩。这是一种共有的强烈情感，除了在足球运动中，你不会再有同样的经历。30 岁就能退休是办公室隔间里的迪尔伯特们[①]的普遍幻想，但大多数顶级运动员有很多内在动力，不会在余下的几十年里在太阳椅上度过。

他们很难理解，普通人是如何忍受低肾上腺素的生活的。对于普通人而言，职业生涯的高光时刻可能是升职、工作中得到老板的肯定，或者仅仅是一次在海滨胜地的公费旅游。难怪成功的足球运动员只想尽可能地延长职业生涯，然后经常在退役后冒险寻找另一种"时尚"：想一想克鲁伊夫的商业投资，或者马拉多纳的生活方式。

因此，巴萨的最佳球员会一直留在俱乐部，和俱乐部一起变老。对球员来说，在大家对你厌倦之前体面地离开俱乐部是最理想的方式，但是，实际上很

① 美国著名的职场卡通人物，一位白领工人。——译者注

少有球员能够做到这一点。巴萨主席特别喜欢与球迷的偶像球员续签合同，有时甚至给 30 多岁的球员涨薪。这意味着当偶像球员到了 35 岁，过气后，俱乐部浪费了数千万英镑，但那往往是留给下一任俱乐部主席的问题。短期看来，这种续约可以让俱乐部成为报纸头版的常客。

年龄改变了球队的动力，老将往往选择性地达到最佳状态，你很难看到一支老龄化严重的强队在主场与弱队的比赛中全力以赴。费尔南多·托雷斯在职业生涯的大部分时间里效力于马竞，他发现最具天赋的球队通常都能轻易取胜，他说："有时，你发挥一般，对手踢得更好，但就在一秒钟里，（他打了一个响指）某个球员的发挥让你赢得了比赛。马竞和巴萨经常发生这种事。"

多年来，巴萨的老龄化几乎没有引起任何人的注意，直到这个问题变得很突出。这时候，一切都为时已晚，俱乐部既无法让队中的年轻球员快速成长起来，也无法招募其他俱乐部的年轻球员去替代队中的老将们。

Barça

第五部分

巴萨王朝的衰败，失去梅西，辉煌落幕

第13章

灾难性的转会操作

99% 的新球员都不是你想要的。

——足球谚语

在任何一个强调天赋的行业中，最重要的管理决策都是招募人才。在2015 年夺得俱乐部历史上第五座欧冠冠军奖杯时，巴萨几乎有能力签下世界上的任何球员。拉玛西亚这个“生产机器”让巴萨在转会市场上好运不断，他们在全世界的体育俱乐部中收入也是最高的。他们本可以重新组建一支伟大的球队，但是，他们并没有做到。即使按照足球转会市场工作低效的标准，巴萨在寻找新的天才球员、说服天才球员签约，然后帮助他们适应俱乐部等方面，都可以说不尽如人意。巴萨最终成为足球界人才招聘错误示范的研究案例，他们到底哪里出了问题呢？

复杂的转会流程

在巴萨，寻找能够在未来获得成功的球员是一个复杂的过程。有的俱乐部，例如里昂或利物浦，设有小型专家委员会，这些委员会会对俱乐部的签约做出决策。巴萨则缺乏这样的组织，而且巴萨内部的竞争让每个球队都想签下不同的球员，并且签约时也不会征求主教练的意见。巴萨主席候选人会在当选后履行他们在竞选时许下的承诺，比如购买某个球星。一些赞助商和经纪人也能影响转会，俱乐部的体育总监也有自己的看法，队中的老将也是如此，梅西就是这样。

巴萨是按照以下程序招募新球员的：当俱乐部发现一线队的缺陷之后，俱乐部高管会对可以填补空缺位置的潜在人选进行讨论。如果拉玛西亚的年轻球员有适合在那个位置的，那么俱乐部的体育总监将会考虑这些年轻人。俱乐部不会让主教练主导转会工作，毕竟主教练的任职时间可能不会太长，也没时间研究转会市场。俱乐部最不想看到的就是，一支球队由前任主教练签下的球员构成，而现任主教练却决定将这些球员清理出去。一位巴萨前任官员曾对我说："永远不要签下主教练非常需要的球员，更不要签下主教练不需要的球员。"

一旦巴萨决定购买某个球员，比如一名右后卫，俱乐部的体育总监和足球主管将会处理好这个事情。他们会同时跟进 4 名潜在的签约对象，这样就可以货比三家，同时给出售球员的俱乐部施加压力。俱乐部主席只会在谈判末期才参与其中，决定最后的合同细节，比如我们是否需要按照卖家或者经纪人的要求支付额外的 500 万欧元，然后和球员握手并拍照。

巴托梅乌名义上要对巴萨在 2014—2020 年灾难性的转会政策负责，他缺乏经验，根本无法胜任这个职务。他和蔼可亲，经营着家族公司，公司的主业是生产让乘客从飞机走到候机楼的登机廊桥。2003 年，他加入巴萨董事会担任董事，主管俱乐部的篮球、手球和曲棍球项目。在和巴萨前主席拉波尔塔发生冲突的两年后，他离开了俱乐部。2010 年他返回巴萨，担任不太引人注意的俱乐部副主席，当时的主席罗塞尔是他在西班牙 ESADE 商学院的同窗好友。2014 年 1 月，罗塞尔因引进内马尔导致的法律纠纷而辞职，他的忠实追随者巴托梅乌，随后意外成为俱乐部主席。巴萨本来计划在 18 个月后进行主席选举，大家都认为巴托梅乌只是临时主席。但是，在 2015 年 6 月，巴萨夺得了西甲联赛、西班牙国王杯和欧冠的“三冠王”。一个月后，巴托梅乌顺理成章地在巴萨主席选举中获胜。

2015 年初，巴托梅乌曾对我说：“从经济的角度看，我认为巴萨处于历史最佳时期。”的确，在他担任巴萨主席期间，俱乐部的营收大幅增长，他理应受到称赞。

问题是他不知道如何花钱，他对足球运动和足球生意知之甚少。巴萨的体育总监苏比萨雷塔是个行家，他签下了内马尔、苏亚雷斯、拉基蒂奇和特尔施特根，但是巴托梅乌上任不久就把他解雇了。在随后的 5 年里，巴托梅乌又解雇了 3 名体育总监。他和几位资深的董事会成员在转会初期就开始介入其中，他们都是足球领域的新手。有时，他们甚至在没有通知巴萨高管的情况下就和球员进行接触。如果这些俱乐部高管随后接触了同一名球员，那么结果就会十分尴尬和混乱。与皇马经验丰富的弗洛伦蒂诺和他的顾问、哲学硕士何塞·安赫尔·桑切斯（José ángel Sánchez）相比，这种做法非常幼稚。

巴萨购买球员的另一个限制性因素是：在象征足球运动最高水平的欧洲足坛，从其他俱乐部挖走球员被认为是缺乏绅士风度的表现。巴黎圣日耳曼的前首席执行官让－克劳德·布兰克（Jean-Claude Blanc）对我说：

> 豪门俱乐部的荣誉准则，是与其他豪门俱乐部保持良好的关系。如果我们对某个球员感兴趣，那么我们会和俱乐部进行谈判，而不会让经纪人或者其他中间人穿针引线。如果一家豪门俱乐部想要购买我们的球员，他们会直接给俱乐部办公室，或者巴黎圣日耳曼主席纳赛尔·阿尔赫莱菲（Nasser Al-Khelaifi）打电话询问：“你们考虑过出售

这个球员吗？”如果答案是否定的，那么这次谈判基本上就结束了。

同样的规则也适用于聘请主教练。2013 年，巴萨聘请“塔塔”马蒂诺担任俱乐部主教练，部分原因是他是少有的独立候选人。

一家俱乐部如果计划投入数千万引进一名球员，那么它的决策应当建立在统计或者其他客观的方法上。利物浦就是这么做的：它的数据部门发现萨拉赫是个出色的前锋，而主教练克洛普最初并不想买他，但萨拉赫加盟利物浦后表现出色，克洛普最终向俱乐部数据分析师表示了歉意。相反，巴萨很少在转会市场上使用数据做参考，这种做法遭到了利物浦研究部门主管格雷厄姆的取笑。

时任巴萨运动分析部门主管的哈维尔·费尔南德斯解释道，数据主要反映了球员在控球方面的表现，但是很难获取“跟踪数据”来显示球员在其余 88 分钟里的表现。

巴尔韦德执教巴萨时曾对我说：“我们会关注感兴趣的球员的数据。如果我们要签下中卫克莱门特·朗格莱，我们会关注他的速度、回追球次数、抢断拦截次数。但最重要的是，俱乐部往往会向了解这个球员的人询问他的心理状态。如果来到这里的球员数据完美，但他空有数据的话……”

在所有转会中，球员的心理状态是最大的未知数。瓜迪奥拉说过，球队是脆弱的，就像用一根细线挂起的玻璃瓶。签下一名心理上有缺陷的球员会让俱乐部损失惨重。因此，足球运动中有句谚语：**99% 的新球员都不是你想要的**。

当巴萨对一名球员感兴趣时，它往往会派出一名高管先接触这名球员和他的经纪人，然后再联系他所在的俱乐部。虽然这违反了国际足联的规定，但这是足球领域中的惯例。毕竟，这是评估一个潜在签约对象最直接的方法。

此外，巴萨还拥有国际校友网络，可以利用它收集信息。2002 年，当巴萨打算从本菲卡足球俱乐部（简称本菲卡）购买门将罗伯特 • 恩克时，巴萨向波尔图的主教练穆里尼奥进行了咨询。穆里尼奥对恩克赞不绝口，尽管这会让他签下恩克的希望破灭。大概他是想留在巴萨的校友网络里。

但恩克在效力巴萨时表现出的心理崩溃说明，你很难完全了解你所引进的新球员。克鲁伊夫在 1990 年抱怨道："当你签下一名球员，你不可能对他进行脑部手术，看看他的精神状况如何。"

只要巴萨有意愿联系某名球员，它几乎会得到回应。"大门永远敞开。"罗塞尔告诉我，"有时你无法达成协议，但每个人都会坐在谈判桌前。"当恩克的妻子说她不想去巴塞罗那时，恩克的经纪人纠正她说："如果巴萨打来电话，你会跑着过去的。"荷兰前锋孟菲斯 • 德佩（Memphis Depay）曾经问道："你多久会对巴萨说一次不？（永远不会）那可是巴萨。"

然而，梅西时代的巴萨经常面临一个特殊的阻碍：很多潜在的签约球员认为他们还没有为效力巴萨做好准备。他们认为巴萨接触他们并不是一个正确的决定。这些球员患了"冒充者综合征"[①]，但他们或许是对的。

罗塞尔说："有时，经纪人非常真诚地说，'不，不，不，我们还没有准备好'。如果遇到这种情况，我会非常高兴。在我担任俱乐部主席期间，这样的事情发生过两三次。"巴托梅乌表示赞同，他对我说：

> 不是所有我想签下的球员都加盟了巴萨。我有好几个例子，但是不能明说，因为他们现在是其他俱乐部中非常出色的球员。我们曾邀请他们来巴萨踢球，他们非常兴奋，最后他们却说："我不能在合同

① 又称自我能力否定倾向，即怀疑自身能力，认为自己的成功均来自外在因素。——编者注

上签字，因为我去了也是替补。”我们不想要有这样想法的球员。

有时，他们没有强大到可以说：“你们想让我踢什么位置？哈维在那个位置，你们为什么要签下我？你想让我在梅西的位置上踢球，我做不到。”当时，维克托·巴尔德斯在球队担任门将，所以其他门将都不想加盟巴萨。他们会想：为什么？难道是为了坐在替补席？所以，那是最大的困难。

保罗·博格巴在2016年决定加盟曼联时有过这种考虑，他的经纪人米诺·拉伊奥拉解释道：“博格巴可以选择任何一家顶级足球俱乐部。但是，皇马那时刚刚夺得欧冠冠军，阵中已有一位冠军中场。而巴萨的前场三叉戟可是梅西、内马尔和苏亚雷斯。”拉伊奥拉认为球员应当加盟一家真正需要他的俱乐部，对博格巴来说，这个俱乐部就是曼联。在这种情况下，经纪人在球员决策中拥有最大的话语权。“你所看到的是多年努力的结果，”拉伊奥拉说，“这两年我一直忙于博格巴和曼联的转会交易。”

短暂的成功，签约内马尔

巴萨在21世纪的最佳引援可能是2013年从巴西桑托斯足球俱乐部（简称桑托斯）签下21岁的内马尔，这件事发生在巴托梅乌担任巴萨主席之前。大多数欧洲豪门俱乐部都对巴西球员情有独钟。当巴萨时任足球主管劳尔·桑列伊准备前往巴西圣保罗尝试说服球员家人时，他告诉妻子自己要出差三天，可最后却在那里待了将近两个月，像参加“选美大赛”一样与皇马、拜仁慕尼黑以及其他俱乐部进行竞争。因为说得一口流利的葡萄牙语，桑列伊和内马尔的父亲成为朋友，这位关键的决策者甚至邀请桑列伊在家里过夜。晚饭后，内马尔的父亲把他与其他俱乐部的谈判内容都告诉了桑列伊。这让桑列伊在与其他俱乐部的竞争中占据了优势：内马尔没有掩饰自己对加盟巴萨的渴望，所以巴萨最终支付的转会费比其他竞争对手的报价要少。但这次交易的不透明，最终导致俱乐部主席罗塞尔辞职，当时巴萨支付的费用大约是8 300万欧元，其中大部分给了球员及其家人。巴萨捡了个大便宜。内马尔从一开始就很清楚，他需要配合俱乐部的“国王”梅西，所以在诺坎普球场亮相时，他表示“自己是来帮助球队的，也是来帮助梅西获得更多金球奖、继续保持世界最佳球员地位的”。

一年后，乌拉圭前锋苏亚雷斯加盟了巴萨，这是另一个毫不费力的转会，因为加盟巴萨一直是苏亚雷斯的职业规划。苏亚雷斯妻子的家人已经在巴塞罗那生活了一段时间，他的经纪人皮尔・瓜迪奥拉（Pepe Guardiola）是当地人，也是何塞普・瓜迪奥拉的兄弟。几乎每个夏天，皮尔・瓜迪奥拉都会致电包括俱乐部主席在内的巴萨高管，询问他们是否对苏亚雷斯感兴趣，直到 2014 年桑列伊给他打来了电话，告诉他巴萨对苏亚雷斯很感兴趣。巴托梅乌称，苏亚雷斯为了加盟巴萨甚至拒绝了给出更高报价的其他俱乐部。

从加盟巴萨的第一天开始，苏亚雷斯就和梅西成了好朋友，因为他们都喜欢南美马黛茶。从那以后一直到 2017 年，巴萨组建了由梅西、苏亚雷斯、内马尔组成的强大的“MSN”前场攻击组合。球队队员从比赛一开始就越过中场直接给前场三人组传球。这种足球风格对克鲁伊夫来说有点太随意了，他曾轻蔑地说：“有一支球队只注重个人表现而不是更好的团队配合。”但是，从好的一面看，这个组合的确好用。2015 年，巴托梅乌对我说：“在足球运动中组建梅西、内马尔和苏亚雷斯的进攻组合，这让我有时感到十分惊讶。我总是觉得有人在说：‘停下！不！你不能这么做！’”

内马尔在梅西身边达到了职业生涯的巅峰。当内马尔在加盟巴萨初期苦苦挣扎、需要帮助时，他说：“世界上最好的人来到我身边，握住我的手说，‘到这里来，做好自己，你必须快乐起来，你还是在桑托斯的那个男孩。不要害羞，不要怕我，或者队里其他人，我会帮你的’。”内马尔自称在更衣室感动得落泪了，他觉得“如果梅西这么说，那他说的就是实话”。虽然听起来有点像是午后的肥皂剧。内马尔补充道：“我突然平静了。这是一段温暖友情的开始。”

内马尔的闹剧，失望的梅西

在巴萨效力期间，内马尔是一个高效敏捷的边锋射手，他的很多进球都来自梅西的助攻，并且他也接受了远离球场中路的命运。预期进球值（xG）是用来衡量球队的预期进球数，该数据是根据射门的质量和数量得出的。我在《金融时报》同事约翰·伯恩－默多克报道称，巴萨的预期进球在2015—2016赛季达到了顶峰，大约每场3个。其中，内马尔每场的预期进球为1.2个，仅仅排在梅西惊人的每场1.4个之后。但是，内马尔想要成为梅西——球队进攻的支点、金球奖获得者。2017年，让梅西失望的是，内马尔离开巴萨加盟了巴黎圣日耳曼，转会费高达2.2亿欧元，创下了世界纪录。

这对巴萨来说是史无前例的：占据一线队主力位置的球星决定离开俱乐部，这在多年来还是第一次。这还有可能是21世纪第二个十年里意义最重大的足球转会事件。2017年9月至2020年末，内马尔在巴黎圣日耳曼的欧冠比赛中每场平均进球和助攻数是1.16个，在那段时间里，该数据是足球运动员中的最高值。此外，他创造的进球机会和盘带过人成功的次数也是最多的。在那段时间，内马尔总是因伤错过淘汰赛阶段的比赛，但是2019—2020赛季他很健康，在欧冠决赛中对阵拜仁慕尼黑。

离开巴萨后，内马尔逐渐丢掉了纪律性。有时，他堕落成一个喜欢接到球后站着不动的10号球员，当对手来踢他时，他会戏耍对手。这是他与生俱来的，与在巴萨的出色表现相比，或许他更喜欢这样。他是同时代球员中最有天赋的，但是效力法甲联赛让他每周远离了顶级足球。

当一家足球俱乐部以2.2亿欧元的价格出售球员时，它实际上可以花的钱并没有2.2亿欧元，因为这其中还包括税费、经纪人的佣金，而且是分期付款。但是在2017年，其他俱乐部都知道，巴萨主席巴托梅乌手里有一大笔钱，在球队失去了内马尔后，他急需在巴萨会员面前再次赢得冠军奖杯。对巴托梅乌来说，明智的做法应该是等待一年时间让大家慢慢忘记这次转会，但是，他想立刻取悦巴萨会员。

巴萨开始四处寻觅球星。西班牙经纪人小明格利亚向巴萨董事会推荐了18 岁的法国前锋姆巴佩，这名球员已经在摩纳哥引发了轰动。姆巴佩支持皇马，但是足球运动员一般不会像球迷一样思考，而且他的家人认为加盟巴萨是正确的选择。摩纳哥更想把他卖给巴萨而不是法甲对手巴黎圣日耳曼。巴萨本来要支付大约 1 亿欧元的转会费外加额外奖金。但是，小明格利亚一直没有等到巴萨的答复，最后，他收到了巴萨董事会成员哈维尔・博尔达斯（Javier Bordas）的回复："感谢你把姆巴佩推荐给我。但是如你所见，巴萨主教练和主席都不想要他。"小明格利亚称，一位巴萨董事曾问道："姆巴佩有什么成就可以为这个价格提供保障？"多年后，博尔达斯说巴萨还拒绝了年轻的埃尔林・布朗特・哈兰德（Erling Braut Haaland），因为俱乐部技术人员认为哈兰德不是"巴萨模型的球员"。

相反，巴萨决定用另一个年轻的法国球员替代内马尔，他就是多特蒙德冉冉升起的新星、20 岁的边锋登贝莱。博尔达斯回忆说："那时巴萨解释说姆巴佩是个喜欢单打独斗的球员，而登贝莱是个团队球员。"

巴萨在引进登贝莱的问题上也有顾虑，巴萨内部没有人在俱乐部报价前和登贝莱交流过。当时，为了加盟巴萨，登贝莱通过罢训的方式向多特蒙德施压，巴萨的官员对此并不领情，但是，他们急需球星加盟。

在出售内马尔 3 周后，巴托梅乌和另一位巴萨官员前往足球生意中心蒙特卡洛与多特蒙德的官员商议登贝莱的转会事宜。巴萨谈判组带着一份确定的计划前去协商，《纽约时报》报道称：他们决定最多支付 9 600 万美元的转会费。如果对方要价更高，那么他们就退出谈判。登贝莱的经纪人表示，多特蒙德在夏季初期曾表示转会费似乎有点过高了，但那是在内马尔转会之前。

在敲开蒙特卡洛的酒店客房门前，这两位巴萨官员紧紧相拥。但当他们走进房间时，据报道他们非常惊讶："德国人告诉他们的客人，他们要赶飞机，没有时间闲聊，他们不是来谈判的。"如果巴萨想签下这个前途似锦的年轻人，需要支付大约 1.93 亿美元的转会费，这将近是巴萨转会预算的两倍。

巴托梅乌屈服了，毕竟他是世界上最富有的足球俱乐部的主席，而且对足球知之甚少。他承诺预先支付 1.27 亿美元的转会费，《纽约时报》在报道中称，还会"外加一笔很容易实现的浮动奖金 5 000 万美元"。这笔转会金额超过了购买姆巴佩的费用。

不到 6 个月后，巴萨同意支付利物浦 1.06 亿英镑，外加 3 600 万英镑的浮动奖金，签下了库蒂尼奥。就这样内马尔的转会费被挥霍一空。超过 1 亿英镑的转会费成了避免失败的保障，但是在赛场上，登贝莱和库蒂尼奥都无法在诺坎普球场展现他们的天赋。内马尔离开后，巴萨失去了优势。

巴萨的转会中有很多人性因素，其中让我学到最多的是德容在 2019 年从阿贾克斯加盟巴萨的转会。这个球员带着荷兰人对巴萨特有的爱成长起来。他童年时在布拉瓦海岸度过了一个假期，和家人一起参观了诺坎普球场。他的祖父给他买了一件早期黄绿色的梅西队服，背后印着 30 号。当一家地方报纸采访他时，当时年仅 10 岁的德容说："我的梦想是有一天能为巴萨踢球。"

8 年后，大约在 2015 年新年，德容在一个周末和女友飞到了巴塞罗那，前往诺坎普球场观看比赛。赛前，他们在看台上自拍。现在看来，这张照片充满了预见性。德容回忆道："那是我第一次现场观看巴萨的比赛。"当时 18 岁的他还是荷兰的一家小俱乐部蒂尔堡威廉二世足球俱乐部（简称蒂尔堡威廉二世）预备队的球员，"我并不一定非要有这种感觉：4 年后，我会来这里踢球。当然，我希望梦想成真，我想无数球员也是这么想的。"

然而，当巴萨 4 年后想从阿贾克斯签下德容时，他却有点左右为难。他认为布斯克茨是世界最佳后腰，他担心自己无法融入球队。同时他也得到了其他球队的报价，加盟曼城或巴黎圣日耳曼或许更加现实。有时，他会在晚上失眠，为如何做出职业生涯中最重要的决定而发愁。正如温格所说：**“在球员的职业生涯中，最重要的事情是选择俱乐部，以及他选择俱乐部的时机。”**

德容的担忧包括很多问题，这些问题成了巴萨转会谈判涉及的内容。如同 3 年前的博格巴一样，德容也想知道：巴萨需要他吗？或者俱乐部买他是为了让他待在替补席吗？当巴托梅乌率领巴萨高层前往阿姆斯特丹拜访他时，他得到了巴萨的保证。

巴托梅乌回忆了德容告诉他的第一件事：“我想和我的女友一起享受人生和足球。”下面就是巴托梅乌向我叙述这段谈话时德容的开场白。巴托梅乌对德容和德容的父亲说：

> 无论巴萨的主教练是谁，巴萨的足球风格都不会改变。现在，我们的主教练是巴尔韦德。下一任主教练将另有其人，但是你不会看到球队足球风格的改变，其他俱乐部会根据它们选择的教练，改变它们的足球风格或者理念，我们不会。如果你想找个好教练，那就追随瓜迪奥拉，但是他离开曼城后，我不知道谁将是曼城的下一任主教练。如果你想要钱，那就加盟巴黎圣日耳曼，你会成为亿万富翁。但是，如果你想在未来 12 ～ 14 年里享受人生，那就来巴萨吧。

而且，巴托梅乌还对德容承诺：“如果有一天你说，‘我不喜欢俱乐部’，我们就可以坐下来谈一谈。”当佩德罗、阿莱克西斯·桑切斯（Alexis Sánchez）和马克·巴特拉（Marc Bartra）要求离开时，俱乐部都开了绿灯。

德容最后决定冒险加盟巴萨，而不是用他的余生去思考他能否在巴萨获得成功。加泰罗尼亚人似乎没有为德容提出最高报价。对在不同的豪门俱乐部间进行选择的球员来说，任何一家豪门俱乐部都会让他瞬间成为千万富翁，金钱往往不是他考虑的主要因素。据报道，德容甚至没有询问他的经纪人每个俱乐部提供的薪水。

为了签下德容，巴萨向阿贾克斯支付了 7 500 万欧元的转会费。为荷兰俱乐部提供咨询服务的足球经纪人哈桑·塞廷卡亚（Hasan Cetinkaya）表示，这个价格几乎是阿贾克斯最初希望从这个 22 岁的球员身上获得的转会费的两倍，要知道，当时德容只踢了 3 个月的顶级足球比赛（荷兰国家队和欧冠的比赛）。塞廷卡亚说：

> 为了搞定这笔交易，巴萨体育管理层承受了巨大的压力，他们确实想保护自己。完成这笔签约后，巴萨的高层如释重负，时任体育总监的佩普·塞古拉（Pep Segura）在草拟新闻稿时甚至流下了泪水。

大概从 2010 年开始，巴萨就习惯支付高额的转会费，但是在之后最初几年，大多数时候俱乐部会先确定要引进球员的类型和对应的价格，比如说，俱乐部想要引进一个拥有出色直传球技术的年轻后腰，他的价格要在 3 000 万欧元以下。巴萨直到 2020 年才在市场顶部出手，有能力买下理想的球员。在这种情况下，巴萨高层不再只想要“德容类型的球员”，他们想要的是德容本人。

在经济繁荣时代竞购一名球员时，作为买方的俱乐部往往没有选择，就是锁定那名球员，出售球员的俱乐部对此也是心知肚明。罗塞尔耸着肩表示：“你知道自己的出价将比另一家俱乐部高。”历任巴萨主席往往对支付过高的转会费表现得很轻松，毕竟他们花的钱都不是自己的，甚至不是任何人的。而像利物浦老板约翰·亨利（John Henry）这样的俱乐部拥有者之所以吝啬是有个人原因的（他要花自己的钱）。

当德容抵达巴塞罗那时，他说最能让他感到自在的球员就是踢同一位置的球员布斯克茨。德容说："第一天，在训练开始前，布斯克茨给我发了消息，问我是否需要什么东西。他还为我和我的女友预定了饭店。"

德容在以前效力的荷兰俱乐部蒂尔堡威廉二世和阿贾克斯经历了更加残酷的竞争。在蒂尔堡威廉二世俱乐部，如果球员无法进入一线队，那么他就有可能被荷兰联赛完全抛弃。"那里的压力更大，"德容表示，"你在经济上缺乏安全感，而且，那里的很多球员都需要证明自己。但在巴萨拥有很多顶级球员，他们对自己充满信心，他们知道'我很优秀，我会在这里竭尽全力，但是如果我没有发挥好，明年我就会恢复状态，或者后年，或者我也可以去其他俱乐部'。他们的内心更加平和。"

在 2019 年夏初，德容加盟巴萨几个月后，内马尔给梅西发信息说他想离开巴黎圣日耳曼。梅西看到了机会，可以弥补巴萨在 2017 年犯下的错误。梅西回复道："我们需要你回来一起赢得欧冠冠军。"然后，梅西通知了巴托梅乌，让他知道了这件事。梅西对新闻媒体也是这么做的，利用他的平台向俱乐部施加压力，他正变成一个低音量版本的克鲁伊夫。

但是，考虑到 27 岁的内马尔更容易受伤，而且喜欢玩乐，巴萨不打算向巴黎圣日耳曼支付大约 2 亿欧元的转会费来购买内马尔。此时，俱乐部的钱已经所剩无几了，一部分原因是一连串糟糕的签约，另一部分原因是梅西把俱乐部榨干了。巴萨球员的薪资总额一直在增加，梅西的父亲豪尔赫每个赛季都会要求俱乐部给梅西增加薪水，这对其他球员造成了连锁反应，导致俱乐部无法购买梅西最想得到的球员。

在 2019 年的整个夏天，巴萨或多或少地公开表示要签回内马尔，这样俱乐部也可以和梅西解释说："对不起，我们已经尽力了，但是我们没能签下他。"时任巴萨体育总监的埃里克·阿比达尔后来回忆说，当然他也可能是在推卸责任：

> 2019年，在转会窗口关闭前10天，我前往巴黎和巴黎圣日尔曼体育总监莱昂纳多会谈，陪我一同前往的还有俱乐部的首席执行官，我们谈论了内马尔。我认为俱乐部派首席执行官和我一起去巴黎谈判是因为我们会签下他。但是，俱乐部主席决定签下格里兹曼。反对签下内马尔的理由之一是他对巴萨提起了诉讼，所以那不是一件容易的事情。他们说如果内马尔想回到巴萨，他就必须撤回诉讼。

在格里兹曼公开拒绝加盟巴萨一年后，在一部由皮克旗下的公司制作的真人秀电视纪录片中，巴萨透露了当时的决定，俱乐部愿意为了得到格里兹曼而向马竞支付1.2亿欧元的转会费。当巴萨后来发现账户上并没有那么多钱的时候，俱乐部不得不匆忙地到处借钱。这是一支球队为一名25岁以上球员支付的最高纪录的转会费。当时，格里兹曼已经28岁了。这笔交易不仅让巴萨的对手马竞赚得盆满钵满，双方还达成了一个奇怪的协议：巴萨每年支付给马竞500万欧元，以得到马竞所有球员的“优先购买权”。

格里兹曼抵达巴塞罗那后的第一件事就是和梅西坐下来交谈。格里兹曼后来承认道：“梅西告诉我，当我第一次拒绝加盟巴萨时，他有点不高兴，因为这是他公开要求的转会。”格里兹曼接着又说：“但是，梅西说他会支持我，而且我时刻都能感受到他的支持。”

巴萨装模作样地试图签下内马尔的举动似乎无法欺骗梅西。曾有体育报纸问他巴萨是否在购买内马尔的事情上尽力了，梅西答道：“我不知道……最后，并不是所有事情都是清清楚楚的。”当被问及他是否“操纵”了俱乐部时，梅西非常气愤地否认道：“很显然，我不会操纵任何事情，我只是一名球员。”

巴萨的一位员工并不认同梅西的说法，这位员工从梅西作为巴萨一线队首秀后一直和他共事。“他会发号施令，”这位员工对我说，“他知道他可以向任何人发火。他不是在找碴，他是个友善的人，但他知道他有这个权力。”这位员工说，当梅西输球时，他会保持缄默，但他会做些别的事，比如“把这场失败记在他的笔记本上”。未能签下内马尔是梅西在巴萨内部最大的失败，这件事已经被他牢牢地记在脑中，他是不会原谅巴萨董事会的。

梅西与克鲁伊夫不同，他并不是特别想得到权力。有时，他会将巴萨的所有问题归咎于自己。他本来更喜欢让俱乐部董事和主教练管理所有事情，前提是他们要按照他的意愿行事。

接二连三的糟糕签约

像德容这样的年轻球员，在巴萨的首个赛季会毫无怨言地在不适合自己的位置上踢球。但是，对经验丰富的球星来说，状态下滑是很难接受的，特别是当他发现职业生涯中第一次被安排坐在替补席上的时候。2020 年 8 月的一个晚上，格里兹曼在与那不勒斯的一场比赛中因表现糟糕被替换下场，他看起来都要哭了。后来，他开始抱怨场上位置不适合自己。格里兹曼的困扰是，他是个喜欢从右边路内切的左脚球员，是个“小梅西”，但是队中已经有梅西了。如果这个法国人想要在巴萨获得成功，那么唯一的方法就是效仿内马尔的策略，成为一名“金牌管家”。巴尔达诺说道：“在我看来，那些来到巴萨的球员能够服从于梅西，这证明了他们的智慧。”

这些足球场上的创造者和前锋是近年来巴萨历史上投资回收率最低的球员。库蒂尼奥、格里兹曼、登贝莱、阿尔达·图兰（Arda Turan）和马尔科姆·费利佩·席尔瓦·德·奥利维拉（Malcom Filips Silva de Oliveira），他们要么表现糟糕，要么在诺坎普球场经历了长期的挣扎，巴萨总共为他们花费了大约 4.25 亿欧元的转会费。2014—2019 年，巴萨花费了 10 多亿欧元的转会费，这超过了世界上其他任何足球俱乐部，导致俱乐部债务飙升，最终剩下一群毫无转会价值、状态下滑的老将。皮克承认道："我们每况愈下。"

到了2020年1月，当巴萨需要签下一名前锋来顶替因外科手术缺席5个月的苏亚雷斯时，它只能买一些打了折扣的球员。在1月的转会窗口关闭前两天，阿比达尔联系了塞德里克·巴坎布（Cédric Bakambu）的经纪人，这位28岁的法属刚果籍前锋当时效力于中国足球超级联赛的北京国安足球俱乐部。巴坎布会对加盟巴萨感兴趣吗？

当巴坎布接到所有足球运动员都梦寐以求的来自巴萨的电话时，他刚刚途经迪拜抵达首尔，准备参加亚足联冠军联赛的比赛。他直接飞到了香港，他可以在那里搭乘中转航班前往加泰罗尼亚。尽管他十分疲惫，但是在飞往香港的4小时航班上他一直非常兴奋，十分清醒。飞机着陆后，他打开手机收到了一条来自阿比达尔的信息：巴萨改变了主意。就这样巴坎布又掉头返回了首尔。而此时巴萨签下了另一名28岁的老将戴恩·马丁·布雷思韦特（Dane Martin Braithwaite），当时他在英格兰足球冠军联赛（简称英冠）米德尔斯堡足球俱乐部的表现一般。他的表现让他永远不会被认为是内马尔的接班人。

但是，巴托梅乌时期最奇怪的签约当属马特乌斯·费尔南德斯（Matheus Fernandes）。21岁的费尔南德斯是巴西帕尔梅拉斯队一名不知名的中场球员，在2020年1月转会窗口关闭前最后一天，巴萨签下了他，转会费是700万欧元，外加浮动奖金300万欧元。

签下费尔南德斯几乎是一笔秘密的签约。巴萨没有对他进行正式的介绍，直接将他租借给了皇家巴拉多利德足球俱乐部（简称巴拉多利德）。他参加完巴拉多利德的第一堂训练课后，有个队友问他对抢圈训练有什么想法。"节奏太快，太快了！"费尔南德斯羡慕地大喊。"好吧，你要习惯它，"这个队友说，"因为巴萨的节奏比它快多了。"

费尔南德斯仅仅为巴拉多利德踢了 3 场比赛，赛季结束后，球队就不想要他了。巴萨似乎也是这么想的，但是费尔南德斯希望留下，继续领薪水。他回到了诺坎普球场，穿上了没人想要的 19 号球衣。2020—2021 赛季，马特乌斯·费尔南德斯这位“巴西幽灵”仅仅在巴萨 4 ∶ 0 大胜基辅迪纳摩的比赛中出场了 17 分钟。没有人知道巴萨为什么买他，是俱乐部为了给他的经纪人一个面子，还是俱乐部的又一次误判？帕尔梅拉斯的体育总监亚历山大·马托斯（Alexandre Mattos）后来解释说，他成功说服了巴萨体育总监阿比达尔去观看他们预备队的训练。“我对他说‘注意 35 号球员’，”马托斯描述道，“那时，他们认为我很疯狂，‘你想把没有踢过几场比赛的帕尔梅拉斯预备队的球员卖给巴萨？’”两年前，马托斯成功地将哥伦比亚中卫耶里·米纳（Yerry Mina）卖给了巴萨，这名球员也没能在诺坎普球场上有所表现。人们想知道梅西如何看待布雷思韦特和费尔南德斯。

到了 2020 年夏天，巴萨的转会赤字让巴托梅乌和巴萨董事会成员十分焦虑。根据像巴萨这样的西班牙会员俱乐部的管理规定，俱乐部董事必须自掏腰包补偿俱乐部的损失。2020 年 7 月 1 日，巴萨董事会急需在财政年度结束前入账一些利润。因此，一个奇怪的交换转会出现了。交易的另一方是尤文图斯，按照欧足联“公平财政竞赛规则”，尤文图斯也需要提高利润。经双方同意，尤文图斯以 6 000 万欧元的基础转会费（外加浮动奖金）将波黑中场球员米拉勒姆·皮亚尼奇（Miralem Pjani）卖给巴萨，而巴萨将以 7 200 万欧元的基础转会费将巴西中场球员亚瑟·梅洛（Arthur Melo）卖给尤文图斯。

双方都不会真正地支付这些转会费。它们只是用作会计核算。按照记账规则，每个俱乐部可以将可观的假定售价作为直接收益。名义付款则可以分摊到球员合同中规定的几年里。从长远看来，实际上只有 1 200 万欧元需要转手，这是两名球员的虚构价格的差额，由尤文图斯支付给巴萨。重要的是这次交换有助于两家豪门俱乐部清理各自的账目。这对巴托梅乌的董事会来说是一笔不错的交易，但是对俱乐部来说并非如此，老龄化严重的球队签下了 30 岁的皮亚尼奇，失去了23岁的梅洛，皮亚尼奇加盟巴萨后不久就成了替补席的常客。

也是在这个夏天，巴托梅乌只花了500万欧元就将17岁的佩德罗·冈萨雷斯·洛佩斯［Pedro González López，简称佩德里（Pedri）］从拉斯帕尔马斯带到了巴萨，这的确是一笔值得称赞的交易。佩德里全家都是巴萨的球迷，他在巴萨的最初几场比赛都是搭乘出租车前往诺坎普球场，因为他没有驾照，但很快他成了球队的常规主力。几个月后，他首次代表西班牙国家队出场。然而，这次成功的转会并不能掩盖巴托梅乌在转会市场上的失败。

巴萨本来有钱购买新球员重建球队，但是被俱乐部挥霍了。巴萨在转会市场上的糟糕记录最终成了俱乐部一成不变的印记。那些最抢手的转会目标们仔细查看着巴萨以往失败的转会记录，最后决定在别的俱乐部继续他们的职业生涯。巴萨输掉了天才球员争夺战。

第 14 章

被赶超的青训体系

足球俱乐部的青训营被认为是俱乐部表现优异的中心。实际上，它们也是展现失败的中心。

——巴萨某高管

天才球员是足球运动中唯一的必需品。俱乐部要么出钱购买，要么自己培养。但是，当巴萨失去了购买伟大球员的技能后，它也失去了培养天才球员的技能。

2008—2012 年，出自拉玛西亚的球员组成的球队赢得了几乎所有荣誉，这是个“绝无仅有”的例外。巴萨历史上为一线队出场次数最多的 7 名拉玛西亚球员，包括哈维、梅西、伊涅斯塔、普约尔、巴尔德斯、布斯克茨和皮克，全部是拉玛西亚同一代的球员。尽管当我在 2021 年春天撰写这本书时，巴勃罗・马丁・派斯・加维拉［Pablo Martín Páez Gavira，简称加维（Gavi）］、尼科・冈萨雷斯（Nico González）和安苏・法蒂（Ansu Fati）表现出了成为球星的潜质，但在布斯克茨出现后的 10 年里，拉玛西亚再也没有培养出公认的球星。是谁扼杀了拉玛西亚？到底哪里出了问题？

停工的“补给线”

在大多数的日子里，我一直和巴萨新闻官奥里奥尔·邦索姆斯（Oriol Bonsoms）驱车从诺坎普球场出发前往甘珀训练基地。邦索姆斯是我的指定“保姆”，他已经为俱乐部工作了15年有余。在采访间隙，我们经常花几小时讨论为父之道和烧烤技巧，或者在体育场旁边的Tapas 24餐厅里吃火腿。

2019年10月的一天早上，我们驱车前往拉玛西亚，那时正好距离我在2009年10月初次拜访拉玛西亚已有10个年头了。当年的拉玛西亚坐落在诺坎普球场旁边的旧石场，两年后，拉玛西亚搬到了甘珀体育城的一座玻璃钢建筑中，也就是人们熟知的奥里奥尔－托特训练中心。

如果现在穿过正门，你会想：学生的住所就像是加利福尼亚一所昂贵的私立大学的学生宿舍。70多个13岁以上的寄宿学生，其中包括一些女学生，睡在大楼宿舍的上下铺。他们当中的一些人是俱乐部其他职业队（篮球队、手球队、轮滑曲棍球队）的运动员。在这里寄宿的学生只占少数，俱乐部近90%的年轻运动员和他们的家人住在一起。

在前台的墙上挂着一张照片，照片上是3名拉玛西亚的毕业生：梅西拿着2010年获得的欧洲足球先生的金球奖杯，在他两侧分别是第二名伊涅斯塔和第三名哈维。他们共同展示了巴萨长期以来招募的3种“血统类型”的球员：外籍球员梅西、西班牙人伊涅斯塔和加泰罗尼亚人哈维。现在，巴萨所有青年运动队的700名运动员来自世界各地，截至2017年，其中的592人来自西班牙，包括来自加泰罗尼亚地区的328人。

其他俱乐部的青训营还如同更衣室一样，但是在拉玛西亚，像加州大学一样的氛围在内部萦绕：充足的阳光透过宽大的窗户照射进来，员工敲击着笔记本电脑键盘，孩子们在大厅里看着电视，这里还有教师休息室和小型图书馆，教室的黑板上还写着数学公式。

自 10 年前访问拉玛西亚以来，拉玛西亚的青训体系已经发展得非常职业化了。老师、心理学家、营养师和充当父母的“导师”在学院的走廊里走来走去。巴萨聘请了专家指导青年学生了解毒品的危害，如何创立个人品牌以及如何摆脱社交媒体上说你是废物的人。巴萨甚至聘请了有教学能力的出租车司机，因为一些孩子每天要花两小时坐出租车去训练，这些费用均由俱乐部承担。巴萨训练这些司机，让他们观察孩子们的行为变化，并提供有关营养方面的半官方的建议。

拉玛西亚的心理学家从不公开发表意见，而且我也没有得到引用他们原话的许可，但是在巴萨内部，他们被认为是非常重要的员工。巴萨知道俱乐部的所作所为对青少年来说有些残酷：将他们从家人身边带走，并让他们每日承受训练的压力。

在拉玛西亚训练的大多数孩子，最终都不会成为职业运动员。虽然，除了皇马和里昂，巴萨仍旧可以培养出比其他大多数欧洲俱乐部都要多的顶级球员，但这并不能说明什么。巴萨的一位资深高管对我说：“足球俱乐部的青训营被认为是俱乐部表现优异的中心。实际上，它们也是展现失败的中心。”

巴萨把一个孩子从拉玛西亚淘汰后，这个孩子的家庭梦想就会被立刻摧毁，但是，成功入选同样也会在一个家庭内部制造问题，例如盲目崇拜或妒忌。吉奥夫・赫斯特（Geoff Hurst）在 1966 年世界杯决赛中为英格兰队上演了帽子戏法后，他发现自己的父母开始把他当成“名人”看待。

拉玛西亚的心理学家必须拯救孩子们。当业余俱乐部的最佳球员来到拉玛西亚时，巴萨会为他、他的父母和经纪人提供调整的时间。孩子们经常认为自己对于巴萨来说还不够优秀，心理学家会告诉他们：“你没有必要立刻表现得出色，你来这里是为了提高自己，这需要时间和耐心。”

俱乐部教会每个孩子认清自我，无论是优点还是缺点，并教育他们学会接纳自己。孩子们还要学会换位思考，这样他们就会互帮互助。有个教练对我说，当一个孩子被淘汰时，他的竞争者有时会为自己是更好的球员而感到自责，还会寻求失败者的原谅。

孩子们必须学会处理踢球的压力。拉玛西亚在生活习惯上的规定对孩子们也有帮助，例如，在固定的时间吃饭和睡觉。拉玛西亚有时使用扩音器让整个体育场充满震耳欲聋的声音，这样孩子们就能适应未来赛场上的氛围。

心理学家和孩子们谈论的是他们的表现而不是比赛结果，这其中也包括体育运动之外的表现。年轻人在学校表现如何？在家庭生活中的表现又是怎样？孩子们不能只把自己视作运动员，因为如果有一天他们被淘汰了，这种特征就会随之消失，他们还要把自己视作别人的儿子、女儿、兄弟、学生和朋友。

孩子们还要学会提高专注力，并学会活在当下，不要为做过的错事而过分自责，更不要为未来担忧，因为这毫无意义，只有做好眼下的事才是最重要的。近几年，巴萨得到的结论是：**各项体育运动的成功人士都擅长将失败和挫折很快抛在脑后，这是他们拥有的重要心理特征。**

拉玛西亚为运动员的家人举办研讨会，因为家庭能够决定球员的成败。在2009—2010赛季帮助过伊涅斯塔的心理学家普伊格说：“成功的球员非常自信，他们从家人那里得到了大量的信心。”她接着又说：“如果他们的父母尊重教练员的话，青少年运动员往往做得更好，但是，如果他们的父母认为教练是个蠢货，教练的意见可以被忽略，那么这些青少年的结局一般都是令人失望的。”

这听起来很棒，就像是培养伟大球员的计划。很少有青训营拥有 40 年的历史，其中很多年的历史都体现在长时间执教的主教练身上。拉玛西亚可谓名声在外。法蒂说他选择巴萨而不是皇马，部分原因是他可以住在拉玛西亚。但除了他，近些年拉玛西亚给巴萨一线队输送球员的“补给线”几乎停工了。梅西曾说：“最近，巴萨对青训营投入的精力有点太少了，有的天才球员离开了，这样的事情发生在世界最佳足球俱乐部，这非常不可思议。”拉玛西亚的教练总是感觉他们在浪费时间，他们用 10 年的时间培养了一个天才少年，结果他被出售前连在一线队失败的机会都没有得到，这看起来将毫无意义。

现在，拉玛西亚的很多优秀球员甚至没有梦想过在诺坎普球场为一线队效力。2001 年出生的阿尔瑙·特纳斯（Arnau Tenas）作为门将首次出现在巴萨一线队时才 18 岁，特纳斯对我说：“巴萨不是生活的终点，如果他们没有给你信心，你就得找一家能给你信心和时间的俱乐部。”现在，拉玛西亚的球员想进巴萨 B 队都很困难，因为 B 队从别的俱乐部签下了越来越多的成年球员。拉玛西亚的守门员安德鲁·凯斯·芒德在圣塔克拉拉大学获得了足球奖学金，芒德说，2015—2018 年，当他试图进入上一级别的梯队时，巴萨 B 队又从外面签下了 34 名球员，他们中没有人成为一线队的主力。

如果拉玛西亚的天才球员转会加盟其他俱乐部并获得了成功，那么巴萨会将这看作“第二次胜利”。但是，自从 2010 年以来，这种事情并不常发生。当然也有例外，包括效力过拜仁慕尼黑和利物浦的蒂亚戈·阿尔坎塔拉、效力过阿森纳的赫克托尔·贝莱林（Hector Bellerín），以及效力过阿贾克斯的安德烈·奥纳纳（André Onana）。

困难重重的青训复兴路

帕特里克·克鲁伊维特被委以复兴拉玛西亚的重任。当他带我走进狭小的办公室时，我从他的背后观察了这位优秀的前中锋球员：修长的腿、小而翘的臀部、窄窄的髋部、拳击手一样的体格。这个曾在20世纪末21世纪初效力巴萨的荷兰人在2019年被任命为拉玛西亚的负责人。他说道："我一直住在巴塞罗那，这里对我来说棒极了。"

克鲁伊维特从小就是在克鲁伊夫的阿贾克斯青训营成长起来的。他说："我必须承认，阿贾克斯青训营和拉玛西亚几乎一样。"如同拉玛西亚的孩子一样，他小时候在阿姆斯特丹也踢过很多位置，特别是中后卫。"（踢中后卫）是为了让我成长，因为作为一名前锋，你的确是队中唯一一名背朝对方球门踢球的球员。但是，当然，面朝对方球门踢球的感觉：我可以告诉你，那要容易很多。"

荷兰球星克鲁伊维特、克拉伦斯·西多夫和埃德加·戴维斯是本土球员组成的阿贾克斯中的青年才俊，他们一起夺得了1995年的欧冠冠军。在与AC米兰的决赛中，年仅18岁的克鲁伊维特攻入了全场比赛的唯一进球。如果现在下一个克鲁伊维特、西多夫和戴维斯来自拉玛西亚，那么他们能进入巴萨一线队吗?

"非常非常困难，"克鲁伊维特答道，"当然，这还要看是否有人信任你。阿贾克斯是一家让球员更早获得比赛机会和成长机会的俱乐部。巴萨则是一家一定会给顶级球员机会，但是你必须表现出你的能力的俱乐部。"克鲁伊维特补充道：

> 我们的球员不断接到英国俱乐部的电话。"我们需要你，孩子，我们会为你和你的父亲提供一些保障。"经纪人也会得到佣金。如果一个男孩来自并不富裕的家庭，突然得到心仪的报价，被告知自己可以在国外赚那么多钱，远远超过巴萨的报价，球员往往都会抵不住诱惑。但这有利于孩子的发展吗？想象一下如果它没起作用，那么他们至少还有保证金。大家都知道对于顶级俱乐部来说，英国的电视转播

费的分成要比西班牙的高，所以它们的预算也比较高。

这并不是一个令人信服的理由。在 2018—2019 赛季，也就是新冠疫情大流行之前的那个赛季，巴萨宣称其年收入为 9.9 亿欧元，在欧洲足球俱乐部中排名第一。但克鲁伊维特不是唯一一个“毫无根据”地认为巴萨还是一家小俱乐部的巴萨官员。

当我问他在拉玛西亚前几个月有什么变化时，他谈到了甘珀体育中心周围的自动售货机。“你能在这些机器上找到可乐和芬达吗？我一直忙于将健康食品放到机器中。”

他补充道：“我所改变的是，我们第一时间与球员们讨论了合同。在这里你必须鼓励球员，并且对他们说，‘你必须把这件事和那件事做得更好。’不能总是用一种方法。除此之外，还要确保每件事都运转良好。”

克鲁伊维特是个很可爱的人，我在和他的交谈中也同时感谢了我曾经采访过的其他巴萨员工。无论他们在哪个部门工作，包括营养、社交媒体或数据分析部门，他们都迫不及待地想把这些年来的想法详细地叙述出来。克鲁伊维特之所以被任命，主要是因为他在球员时期的名声，但他上任后并没有给人留下“关系户”的印象。我们交谈过后，我查看了紧挨着一线队停车场的自动售货机。他说的没错，里面的东西都是软饮料和薯片。另一位巴萨官员却对我说，这些食物都是为员工准备的，而不是拉玛西亚的孩子们。

如果自动售货机不是拉玛西亚衰落的原因，那什么是呢？当我向拉玛西亚的现任员工和前员工提出这个问题时，他们一致认为巴萨不可能再复制梅西这一代的球员，世界上已没有青训营能够再次做到这一点。然而，塞鲁尔罗说，巴萨并没有花足够的时间去了解是什么原因让这一代球员如此出色。他说：“我们没能获取足够的信息。”

2009 年，我第一次访问了拉玛西亚，当时正值这所训练营的巅峰期，拉玛西亚的联络人阿尔伯特·卡佩拉斯在马路的泥地上画了一个圆圈，表明巴萨的循环是个闭环，他解释道："作为球员时，瓜迪奥拉从拉玛西亚进入巴萨一线队，而作为教练时，他再次把拉玛西亚的孩子们带到了一线队。"

但是，当我 2019 年再次来到拉玛西亚时，这个循环不再是闭环了。任期很短的巴萨主教练不再是来自拉玛西亚的教练，所以他们无暇顾及拉玛西亚的孩子们，而是更喜欢花 1 亿欧元购买现成的球员。

谁能责备他们呢？他们每赢一场比赛都会多干一周。近年来，人们对巴萨的期望越来越高。当梅西在 2004 年首次代表一线队出场时，巴萨历史上只夺得过一次欧冠冠军，而在随后的 10 年里，梅西、哈维、伊涅斯塔这一代球员给巴萨带来了 4 座欧冠奖杯。他们设定了新的标准：在那之后，巴萨的一线队应该是世界顶级水平。关键问题是，无论来自哪里，很少有足球运动员能在 18 岁从青训营毕业后就能接近顶级水平。他们可能会在 24 岁时达到顶级水平，但是巴萨不会轻易将他们租借出去 6 年，然后看看他们是否已经准备好了。阿尔坎塔拉不愿在替补席上待 2 年时间等哈维离开，所以他在 22 岁时加盟了拜仁慕尼黑。当时的拜仁慕尼黑的主教练是瓜迪奥拉：在慕尼黑，这个循环是闭合的。与此同时，巴萨变成了一个只会购买球员的俱乐部。

2019 年，我再次和卡佩拉斯取得了联系，我从他那里得到的有关拉玛西亚衰败原因的信息是最多的，我并不是从他所说的内容，而是通过我们交谈的情况中获得的。他曾担任过丹麦 21 岁以下国家队的主教练，在他从丹麦回来后，我们会在巴塞罗那一起喝咖啡或者用午餐。在此之前，他曾在荷兰、以色列和中国执教过。换句话说，卡佩拉斯是巴萨人才流失的一部分，他将拉玛西亚的理念传播到全世界。他在拉玛西亚的几个老同事因为巴萨官僚机构的内讧离开了俱乐部，去国外俱乐部赚取更高的薪水，他们在那里的确可以让小男孩进入一线队。全球市场已经向他们开放，而当拉玛西亚是世界最佳青训营时，这种情况还不存在。这些教练和一些荷兰教练，甚至德国教练一起将克鲁伊夫的足球理念从巴黎传播到了印度。

巴萨高层的人才流失同样如此。2020—2021 赛季开始时，曼城、热刺和阿森纳的主教练都是从巴萨起家的。曼城几乎成了第二个“巴萨”，它的管理人员不仅是巴萨的前董事和主教练，还是巴萨会员。他们将足球专业知识带到了英国，并且每天都在不断改进。

总之，拉玛西亚，更普遍地说是巴萨，它成了自身成功的牺牲品。欧洲足球几乎是生意场上最具创新力的领域，比科技领域还具有创新精神。在科技领域，如果你够幸运，你只需创新一次：在互联网时代的最初几年，你发明了一个像亚马逊或 Facebook 这样的新平台，由此吸引数百万的用户，并迅速赚取了大量财富。如果竞争者出现了，你会把将它们收购。用户往往会继续使用你的平台，因为其他人也在这个平台上。杰夫・贝佐斯或马克・扎克伯格就是这样通过一个发明赚取了数百亿美元。

但是，足球领域中没有垄断或专利。足球俱乐部每周都会探取彼此的想法。用瓜迪奥拉的话说：“足球是不断进化的。”其他青训营一直在复制拉玛西亚的做法。从西班牙开始，西班牙青少年国家队最终再也不歧视小个子球员了。2008—2012 年，西班牙国家队夺得了两次欧洲杯冠军和一次世界杯冠军，球队的主力都是来自拉玛西亚的球员。甚至连皇马也采用了“克鲁伊夫式”的创新。一天，在巴塞罗那地铁的电视屏幕上，我看到了皇马的训练画面，由齐达内带队，他们也在抢圈。

当由本土球员挑大梁的巴萨在 2009 年夺得了欧冠冠军后，全球掀起了模仿拉玛西亚的热潮。我到“农场”的参观成了全世界球迷前来朝拜的一部分，来窃取想法。各地的足球俱乐部投资建设了青训营，聘请了心理学家，为年轻的小个子球员提供机会，将足球重新定义为用脑子玩的传球游戏，曾经激进的克鲁伊夫主义变成了足球的传统观念。

与此同时，拉玛西亚停止了学习。拉玛西亚的员工从来没有告诉我他们曾经考察过外国俱乐部。塞鲁尔罗坦言："我们太优秀了，所以我们没有向其他俱乐部学习。"而且，拉玛西亚也没有聘请过外国顶级教练。

就这样，其他国家的俱乐部追赶了上来。21 世纪 20 年代无数的小个子球员将自己的职业生涯归功于哈维。在法国，下一个格里兹曼将进入一家青训营。我的双胞胎儿子在巴黎度过了童年，按照克鲁伊夫的足球风格他们经常在小场地踢 8 人制足球赛。当我还是个孩子的时候，从 7 岁开始就在泥泞的成人足球场上摔打，最好的球员都能赢得拼抢并将球踢得最远。

甚至连英国也开始培养技术出色的小个子球员和擅长传球的门将了。我听说我 2001 年参观过的那所残酷的学院已经发生了变化。实际上，德国已经变成了拉玛西亚的前哨站，拜仁慕尼黑几十年来一直没有自己的内部足球风格，最终在主教练范加尔和瓜迪奥拉的执教下从巴萨的足球风格中获得了启发。随后拜仁慕尼黑主教练汉斯－迪特·弗里克（Hans-Dieter Flick）在 2021 年担任了德国国家队主教练，他在教练生涯初期就考察过拉玛西亚，试图了解它是如何运转的。当德国人开始思考足球时，其他国家将无法与之匹敌。现在，拜仁慕尼黑可以说是一家比巴萨更能体现克鲁伊夫足球理念的俱乐部。

在西欧之外，95% 的其他国家的青少年足球仍旧保留着克鲁伊夫之前的足球风格，尤其是美国儿童足球，那里一直更看重比赛结果而不是比赛过程。大约在 2013 年，纽约举办了一场 12 岁以下孩子的足球比赛，在中场休息期间，一个西班牙人在球场边徘徊，给对手前锋提了一些"不请自来"的建议，他是下城联合足球队（Downtown United）一名球员的父亲。而随后，对手前锋的父亲冲了过来，大声喊道："你以为你是谁，来指导我的儿子？"这个有着西班牙人长相的人在执教巴萨 4 年后正在纽约度假，他答道："我是瓜迪奥拉。"

第 15 章

不再是一家意义非凡的俱乐部

巴萨已经变成了“一家典型的俱乐部”。

——约翰·克鲁伊夫

2019 年 10 月下旬的一个完美夏日，巴萨前主席罗塞尔在加瓦玛市区海滩俱乐部的甲板上喝着啤酒，凝视着平静的地中海海面。

我知道我又提到了天气。因为我是在巴黎受新冠疫情影响封城期间撰写的本书，而且当时正处于漫长的冬季，所以让我努力想象一下加瓦玛的样子。罗塞尔欣赏着海景，因为他最近刚从监狱中获释。

罗塞尔被指控在耐克公司工作期间为出售巴西国家队比赛电视转播权非法洗钱数百万。他在审判前被关押了 643 天，成为西班牙历史上因被控经济犯罪而被“预防性拘留”时间最长的人。当监狱房间的温度降到零度以下时，他在睡觉时会穿上所有的衣服，包括带有防风帽的厚夹克。

负责此案的马德里法官卡门·拉梅拉（Carmen Lamela）拒绝了罗塞尔提出的13次保释申请。罗塞尔称："如果我没有担任过巴萨主席，我是不会进监狱的。"这里的人对此深信不疑，这甚至可能就是事实。在距离最终审判前4天，法院将他释放了。他做的第一件事就是去酒店的酒吧畅饮啤酒："这太棒了，从监狱到自由，只用了3秒钟。"几周后，法院宣判他无罪。

在加瓦玛的那天下午，罗塞尔不想谈论监狱生活。他品尝着啤酒，欣赏着地中海的美景，等待着即将到来的父母一起参加加泰罗尼亚传统的周末家庭午餐。他善意地为我撰写的书籍起了个名字，他说："你应当叫它'不仅仅是一家俱乐部'。"我回答道："我不知道巴萨是否仍然不仅仅是一家俱乐部。"

"是的。"他纠正我，而且握着我的手来强调他的观点，随后，他讲了一个故事。当他在2010年成为巴萨主席时，俱乐部像往常一样花钱大手大脚，罗塞尔告诉他的总经理："我想看一下俱乐部的开支情况，我想知道我们可以立刻削减哪一项开支。"很快，他们同意放弃巴萨的棒球队。这是一个简单的决定：几乎没有一个棒球运动员是巴萨会员，巴萨在竞争对手那里租借了一块棒球场地，而且这项运动并非植根于加泰罗尼亚文化。棒球队的年度预算在50万欧元～100万欧元，这对俱乐部来说是一笔小钱。但是，当巴萨宣布这个决定时，整个城市像疯了一样。当地媒体指责罗塞尔践踏了巴萨的传统。一天，一群俱乐部会员在他要离开篮球场时拦住了他。罗塞尔向我描述了那次谈话。

会员：你居然解散了棒球队！

罗塞尔：我会问你们3个问题。如果你们有人回答正确，我们就会保留棒球队。第一个问题，一支棒球队有多少名球员？

会员一脸茫然。

罗塞尔：第二个问题，说出任何一名巴萨棒球队队员的名字。

会员仍是一脸茫然。

罗塞尔： 第三个问题，我们的棒球队在哪里打比赛？

会员依旧一脸茫然。

棒球队最终还是解散了。但是，罗塞尔认为他已经阐明了他的观点：会员们认为巴萨“不仅仅是一家俱乐部”，对他们来说，巴萨是一家具有民族精神意义的机构。

但是，他没能说服我。在为这本书搜集资料时，我开始相信巴萨现在“只是一家俱乐部”。与竞争对手相比，包括皇马、曼联，乃至巴黎圣日耳曼和曼城，巴萨不再是一家意义非凡的机构。

“不仅仅是一家俱乐部”的消亡

巴萨堕落了，因为几十年来，巴萨作为加泰罗尼亚地区的会员制民主机构的确“不仅仅是一家俱乐部”。拉波尔塔曾经将“不仅仅是一家俱乐部”定义为“克鲁伊夫、加泰罗尼亚、拉玛西亚和联合国儿童基金会”。当罗塞尔在2010 年上任时，巴萨依然“不仅仅是一家俱乐部”：一支由在加泰罗尼亚地区土生土长的孩子们组成的球队，球队主教练瓜迪奥拉是克鲁伊夫足球理念的追随者，球队踢的是漂亮的克鲁伊夫式足球，而且现场观众几乎是当地人。那时，他们的主要对手是穆里尼奥，他曾先后担任国际米兰和皇马的主教练。穆里尼奥的摆大巴战术以严密的防守和稳定的阵型为特点，几乎不给对方任何进攻机会。在他的衬托下，巴萨的阵容看起来像一群好人。

在球场外，2010 年的巴萨仍然“不仅仅是一家俱乐部”。那时，很少有足球俱乐部成立慈善基金会，创立于 1994 年的巴萨基金会在全球难民和儿童领域做了大量卓有成效的工作。巴萨是全球仅有的一家队服上没有赞助商名字的豪门俱乐部，它是一支才华横溢的球队，胸前印着联合国儿童基金会的英文名缩写“UNICEF”，而且每年还会向联合国儿童基金会捐款 150 万欧元。

但是，到了2021年，与“不仅仅是一家俱乐部”有关的元素几乎逐渐消失了，让我们逐一道来。我们发现拉玛西亚几乎停止向一线队输送年轻球员了。现在，其他俱乐部的足球风格看起来比巴萨更能体现克鲁伊夫的足球理念。

而且，现在巴萨对待俱乐部的传奇球员并不友好。克鲁伊夫在他的宿敌罗塞尔上任后离开了俱乐部，并辞去了巴萨名誉主席一职，而且不再到现场观看巴萨的比赛了。瓜迪奥拉在2012年离开了巴萨，梅西在2021年也离开了巴萨。

与此同时，球衣也开始对外出售。自20世纪90年代以来，巴萨的商业经理受到了足球行业“领头羊”曼联的启发。曾在2003—2008年担任巴萨首席执行官的费伦·索里亚诺后来说，“启发”是委婉的说法：“我们所做的就是复制曼联的成功模式以及对我们有帮助的东西。”“曼彻斯特”，巴萨人都这么称呼曼联，曼联的球衣胸前位置没有印着“UNICEF”，皇马的球衣上也没有。他们将高价赞助商的名字印在了球衣上。当这些俱乐部开始绞尽脑汁在全世界赚钱时，巴萨面临艰难的选择：要么和他们一样，要么最终在天才球员的争夺中输给竞争对手。2005年，巴萨差一点就和中国政府签订合约，将“北京2008”的字样印在球衣上。后来，巴萨还考虑过博彩公司Bwin（最终出现在皇马球衣上）。最后，在2010年12月，巴萨与卡塔尔基金会签订了一份为期5年、总价值1.65亿欧元的赞助合同，这是目前世界足球史上金额最大的一笔球衣赞助合同。罗塞尔耸着肩说：“到目前为止，没有人给得更多了。”之后巴萨将“UNICEF”印在了球衣背面。

外界的本能反应是对巴萨的商业主义提出严厉的批评。与卡塔尔这样的君主制国家合作，与巴萨民主抵抗独裁的历史形象并不相符。数以千计的球迷签署了请愿书要求撤销合同。罗塞尔亲口对我说，从社会角度来看他也反对这样的球衣赞助商。克鲁伊夫在位于博纳诺瓦的庄园中发声，说这次交易是“粗俗的”：“除了巴萨，没有任何一家俱乐部在100多年来一直保持着没有球衣赞助商的传统。你不能为了钱而出卖一些东西，不能为了 6% 的预算而出卖了我们的独特性。”克鲁伊夫说巴萨已经从“不仅仅是一家俱乐部”变成了“一家典型的俱乐部”。

但是，我觉得如果克鲁伊夫还是巴萨主教练的话，他也会支持这笔交易。实际上，商业主义为漂亮足球提供了资金，卡塔尔基金会支付了梅西的薪水。即便如此，这笔交易也有损巴萨所谓的道德优越感。

我没有将“不仅仅是一家俱乐部”的消亡归咎于罗塞尔。在现代足球顶端的大多数人和俱乐部似乎都在赚着“肮脏”的钱。例如，瓜迪奥拉搭上了卡塔尔的列车，成为该国申办 2022 年世界杯的形象大使。他说卡塔尔人民“在政府为他们提供的框架下，拥有世界上所有的自由”。德国作家迪特里希•舒尔茨－马梅林指出，这种说法适用于全世界所有国家。

2013 年，巴萨将球衣赞助商卡塔尔基金会更换为卡塔尔航空，卡塔尔航空成为巴萨历史上第一家公司赞助商。渐渐地足球以外行业的知名公司的高管搬进了诺坎普球场和周围街区的办公室，他们的到来是为了提高巴萨的收益。随后，不断恶化的紧张局势出现了，因为巴萨一直尝试转变成一家全球性的娱乐公司，同时还要保留加泰罗尼亚社交俱乐部的风格。

巴萨并不是突然变成“大企业”的。它不是为了赚钱，吸引这么多投资的。它的目的是让每一分钱都花在优秀的球员身上。然而，巴萨的很多会员和员工，甚至一些董事和高管，都担心俱乐部长此以往会失去灵魂。这种焦虑其实存在已久，当克鲁伊夫率领巴萨在 1974 年夺得西甲冠军后，当地的喜剧乐队拉特林卡就警告道：

当乳房在滴奶，
他们会把我们当成木偶，

他们甚至可以发明，
带有巴萨颜色的
腋下除臭剂。

2021 年，“巴萨原装男士专用 200 毫升蓝色除臭喷剂”真的开始在网上销售了。巴萨数字部门的一位新任高管对我说，他经常听到俱乐部会员说：“兄弟，好好踢球，这里不是迪士尼。”这位高管反驳说巴萨的账上还有很多钱，可以用来提高球队的水平：“我们是世界上最著名的品牌之一，但我们的年收入只有 10 亿美元，我们熟知的类似品牌的年收入要高出我们 200 倍。所以这是个好机会。”巴萨认为它在一些国家的知名度比苹果公司或亚马逊公司更高。不过，大多数会员对此并不关心。他们希望俱乐部能够资助慈善基金会和棒球队，还要战胜皇马，而不是用肮脏的伎俩去赚钱。

巴萨的基金会一直运转良好，然而到了 2020 年后，它就不再是独一无二的了。其他的欧洲豪门俱乐部现在也有基金会，大多数英国足球俱乐部还发起了“社区足球”计划。2019 年 1 月，32 家英国俱乐部加盟了一个计划，在当地监狱教授足球教练员和裁判员课程。它们和巴萨一样，“不仅仅是一家俱乐部”。

在巴萨内部，有关俱乐部是该侧重足球还是侧重生意的争论变得愈发激烈。主教练可能不喜欢在赛季开始前率队到亚洲多国踢热身赛，这会让人精疲力竭，而品牌商却坚持要这样做。目前，同样的冲突困扰着所有豪门俱乐部，温格写道：“从技术角度来讲，球队、球员和青训营在俱乐部内部变得愈发不受人重视，而商业、营销和新闻部门却拥有更多的发言权。”

走向国际化

巴萨获取更高收益的途径使其不再局限于加泰罗尼亚，甚至不再局限于古老的欧洲。世界上大约 45% 的人口居住在中国、印度、印度尼西亚和美国这

4 个国家，而足球也开始转向这些国家。这是巴萨需要出现的地方，它需要在保持加泰罗尼亚特性的同时走向世界。

2008 年 12 月，在美国迈阿密西部边缘地区一栋无名的办公大楼里，我敲开了一扇门，门牌写着“332 马塞洛 • 克劳雷（Marcelo Claure）”。身高 1.95 米的克劳雷坐在房间里，他是玻利维亚裔美国人，曾经是业余门将，这个狭小的屋子对他来说有点不合适。他在此经营一家无线服务公司 Brightstar，该公司当时是西班牙裔人在美国拥有的最大企业。他同时与巴萨合作，准备成立一家新的俱乐部——迈阿密巴萨俱乐部。在我们交谈那天，克劳雷刚在诺坎普看完西班牙国家德比后返回迈阿密。赛前，他作为巴萨董事会的贵宾参加了俱乐部董事的宴会，克劳雷说：“这是巴萨历史上第一次邀请陌生人参加这种宴会。所以，我回来以后非常高兴。”

克劳雷一直认为迈阿密是巴萨“除了日常业务外最优先考虑的地区”。他说，巴萨董事们喜欢将巴萨看作世界上最重要的体育机构，他们也会“给球队施加同样的压力”。

他惊讶地说，巴萨“每周都会收到 5 000 多个视频”，这些视频都是满怀希望、期待有一天能和巴萨签约的球员及其经纪人发来的。他们当中很多球员都想为这支巴萨的姊妹球队效力，因为球队地处拥有最多西班牙裔美国人的迈阿密。

我问道：“你的俱乐部真的要开业吗？”克劳雷说：“它开业的可能性是 125%。”他甚至计划将俱乐部的启动仪式变成电视真人秀节目。

在我们那次交谈 3 个月后，迈阿密巴萨俱乐部的计划泡汤了，一方面是因为受到金融危机的影响，另一方面是因为巴萨不愿意拓展它的品牌，但伟大的世界依旧在眼前。2013 年，巴萨在中国香港设立了办事处，接着在 2016 年，它又在纽约公园大道的摩天大楼里设立了办事处。数据显示，36% 的美国人热衷于足球，所以巴萨认为美国是一个成长型的市场。

在美国做生意是件难事。在西班牙，重要的是你所认识的人。如果你和俱乐部的首席执行官交往甚密，或者（尤其是在加泰罗尼亚地区）如果你们的家人彼此相识多年，他一般都会和你做生意。但如果美国的主管想说服他们的董事会和股东赞助一家远在 6 400 多千米以外的足球俱乐部，他们需要看到一些具体的数据指标。

巴萨想给美国人展示的数据指标是社交媒体粉丝的数量。截至 2021 年，巴萨的Facebook拥有2.39亿名粉丝，也就是说每个会员有超过1 500名粉丝，该数量在全世界所有体育俱乐部中排名第一。巴萨的粉丝数量是美国排名第一的体育运动队洛杉矶湖人的 5 倍之多，而且截至 2016 年巴萨比所有美国职业橄榄球大联盟球队粉丝的总数还多。在巴萨的粉丝中，有很多人不仅是粉丝，他们还是巴萨的忠实球迷。

像麦当劳或亚马逊这样的公司，一直想把消费者变成粉丝。巴萨的问题正好相反：它想把粉丝变成消费者。在印度孟买，一名球迷可以穿着印有梅西名字的盗版球衣四处闲逛，在当地酒吧观看巴萨的所有比赛，而不需要向俱乐部支付任何费用。如果这名球迷是巴萨 2 亿多 Facebook 粉丝中的一员，那么拥有他个人信息的是 Facebook 而不是巴萨。巴萨或许都不知道这个球迷的名字，为了了解他，巴萨还得向 Facebook 支付费用。如果巴萨想从他的身上直接变现，就需要和他建立联系。首先，巴萨要说服这名球迷注册巴萨的应用程序，可以通过向他提供一些奖励措施，如注册后有机会提前两周购买到巴萨的队服等方法。然后，巴萨会掌握他的姓名、地址和信用卡信息。由此巴萨就变成了一个小型的 Facebook：一家数据采集公司。

巴萨还想成为一个小型的亚马逊，向巴萨球迷出售产品。它可以帮助球队赞助商向孟买的那个球迷销售赞助商生产的冰箱和汽车，尽管它要略施小计，不要让这名球迷察觉到他所挚爱的俱乐部又是一家贪婪的公司。巴萨高管向我描述了创建"奈飞式巴萨公司"的计划，球迷可以在那里付费观看俱乐部的相关视频，可能是与比赛日有关的一些幕后花絮，如果球员们愿意配合拍摄的话。实际上，现代足球运动员更关心他们的社交媒体粉丝数，或者他们的赞助商数量的增加。

如果巴萨能将俱乐部的球迷变成消费者，那么它以后就能摆脱对赞助商、电视转播权和球票销售额的依赖。巴萨的一位高管对我说，这也是整个足球行业的发展趋势：不再把产品卖给赞助商和电视公司，再让它们将产品卖给球迷，而是要省去中间商，直接将产品卖给球迷。这位高管说，巴萨必须"像一家数字公司一样"思考。他从盘子里拿起一张餐巾纸说，足球俱乐部过去常常想"将队徽印在餐巾纸上，然后将它销售出去"，但这种方式过时了。

巴萨的外国新球迷"种类"繁多。但是，他们当中只有少数人对巴萨充满热情。想象一下居住在曼谷或者老挝贫民区的出租车司机，让他的孩子去贫困的学校就读，他永远无法摆脱自己的困境。对他来说，支持巴萨可能是他和世界顶级的东西建立的一种个人联系。在冲突地区或难民营的电视画面中，我们总会发现有孩子穿着印有"10 号梅西"的盗版球衣。社交媒体上的一些人将他们的球迷身份作为自己的唯一身份。

但是，很少有新球迷像加泰罗尼亚的传统球迷那样坚定地支持巴萨。对越来越多的人来说，巴萨的意义已经变得越来越不重要。"巴萨目前受到全世界球迷的爱戴"，这种说法会让人产生误解。更确切的说法是，巴萨目前在全世界唤起了冷漠的同情心。它的比赛已经成为全球"装饰风格"的一部分，是在数不清的酒店休息室里应该播出的足球比赛画面。

对大多数新球迷来说，喜爱巴萨更像是一种娱乐方式，而不是身份的象征。如果巴萨无法给大众带来欢乐，那么现在有数不尽的娱乐方式。巴萨高管曾对我说："现在，我们的竞争对手是《英雄联盟》(*League of Legends*)游戏、皇马和网飞公司。如果我们没有意识到这一点，我们将在20年后遇到大麻烦。"在社交媒体上，巴萨正把它的内容从"信息类"转向"娱乐类"。

俱乐部的新球迷还包括很多梅西的支持者，他们无疑也是巴萨的支持者。还有人同时是巴萨和皇马的支持者。西班牙之外的欧洲球迷一般支持自己国家的俱乐部，把巴萨看作他们支持的第二支球队（在英国没有多少巴萨的铁杆球迷）。有些来自亚洲和美国的球迷在刚开始时可能对足球知之甚少。

很多新球迷甚至从来没有听说过加泰罗尼亚。他们通常知道巴塞罗那是一个城市，但是他们总是不合时宜地将这座城市称为"巴萨"，这是巴塞罗那足球俱乐部的昵称，而巴塞罗那城市的昵称是"巴纳"。对新球迷来说，与其说巴萨代表了家乡，不如说它让这座城市本身黯然失色。或许，巴萨吸引他们的正是它的国际化魅力。

正如索里亚诺所预测的，巴萨面临的挑战是如何向中国的孩子们解释"不仅仅是一家俱乐部"的含义。将巴萨的历史作为迪士尼化的故事营销出去，那会立刻变得俗气。有一天，在博物馆对面的俱乐部纪念品商场里，我看到一则广告，身穿绿宝石色客场球衣、看起来无聊的皮克用英语说："'不仅仅是一家俱乐部'是对巴萨的充分诠释。"

在新冠疫情大流行的前几年，世界各地越来越多的新球迷出现在诺坎普球场。当游客抵达巴塞罗那埃尔普拉特机场时，首先映入他们眼帘的是一张海报，上面写着在哪里可以买到巴萨的比赛门票。巴萨为俱乐部会员建立了"智能预订"系统，如果他们不到现场观看，可以在系统上出售他们的比赛门票。根据比赛对手、开球时间、天气情况等，计算程序可以预测不到现场观看比赛的会员数量。然后，巴萨在会员放出球票前将它们在网上提前销售。在有的比赛中，外国游客能占据大约 3 万个球场座位，这样的话，会员可以挣点小钱。有的会员转售了很多球票，除去季票费用，或许还能盈利，巴萨也分了一杯羹，来自印度或巴西的游客也有机会去现场观看比赛。

2019 年 10 月的一天晚上，当巴萨主场迎战联赛中游球队巴拉多利德时，我亲身体验了这个系统。我给孩子买了球票，每张球票价格 59 欧元外加 2.5 欧元的管理费，这要比会员票价高很多。这是一场典型的巴萨的主场比赛：现场大约 1/3 的座位都是空的，在一侧球门后的铁杆球迷团体“疯狂男孩”是唯一高歌的现场球迷。当两队入场时，我身后的英国男孩问道：“那是梅西吗？”坐在我们周围的人在大部分比赛时间里都在自拍和玩手机。中场休息时，排队购买爆米花的人闹闹哄哄，夹杂着好几种欧洲国家的语言。或许，现场就有下一个德容和他的父母。当格里兹曼被替换下场时，我的孩子和其他法国人兴奋地高喊：“来吧，格子（Grizi，格里兹曼的昵称）！”当苏亚雷斯进球时，来自乌拉圭的球迷现场高呼：“乌拉圭！”

我的孩子们永远不会忘记那个夜晚。我们看到了状态出色的梅西，打进两个进球，还有两次助攻。现场球迷期待的是巴萨的第 6 个进球。当巴萨以 5 ∶ 1 的比分战胜对手后，游客们举起手机录制现场演绎的巴萨队歌。当我们走出体育场时，出租车正在等待着载球迷返回城里。

然而，不是巴萨会员的当地人受到了排挤。他们不会花 61.5 欧元购买一张球票，特别是经常在晚上 10 点开场的比赛。即使在西班牙，对第二天还要上学的孩子们来说，这些比赛也有点太晚了。10 点开场还是个非传统的时间，加泰罗尼亚人希望在周六晚上 9 点，或者周日下午 5 点观看足球赛。但巴萨的比赛不再专为加泰罗尼亚人安排了。巴萨的成长速度超过了加泰罗尼亚。一位企业高管曾在诺坎普球场对我说，巴萨始终将球员和会员放在俱乐部的中心位置，现在则需要将全世界的球迷放在中心位置。

正是为了迎合新球迷，巴萨在2014年启动了俱乐部历史上最昂贵的项目——巴萨空间（Espai Barça），这是对诺坎普球场及其周围环境进行全面翻新的项目。

巴萨空间最初计划在2021年启动，但是被反复延期，最近一次延期发生在新冠疫情前。该项目的预算费用已经高达15亿欧元，是最初预算的两倍多。如果一切进展顺利，巴萨希望最终在2025年末能完成该项目：这是一个没有大门的巨大“园区”，中心位置是翻修后的诺坎普球场，球场座位从9.8万个增加到10.5万个。球场周围包括一个新建的室内体育场、俱乐部办公室、餐厅和一个现代化的俱乐部纪念品商场和博物馆。

巴萨承诺，该项目将成为“位于伟大城市中心的世界最佳体育运动综合体”。现有的纪念品商场将从超市升级改造为类似苹果商店的场所，为消费者提供消费体验和产品。它还会提供虚拟现实设备：你将会（虚拟地）站在球场上，看着佩德里或者法蒂向你跑来，听到他的呼吸声和防守球员的呼喊声。

最重要的是，该项目启动的初衷是为了让外国球迷在现场停留更长的时间。这些球迷参加的通常都是他们一生中唯一一场在现场观看巴萨的比赛，他们很想充分享受这次经历。目前，诺坎普球场综合体比大多数体育场都要忙碌。游客可以从街区直接走进综合体，无须经过任何安检，你可以沿着纪念品摊位和露天咖啡馆闲逛，穿过滑冰场（你的孩子可以花10欧元在那里滑冰），到达博物馆和纪念品商场。在体育场之旅中，你可以从更衣室走出来，沿着楼梯穿过右侧的小教堂，向上攀登7个台阶来到球场边缘，凝视着球场看台，感受到自己的渺小，就如同中世纪大教堂中的朝圣者一样。然后，你坐在教练席上，体会头等舱座位的感受。球场看台上层装饰着巨大的黄色标志：“乐天株式会社”、耐克标识和“不仅仅是一家俱乐部”。

在新冠疫情前，该综合体每年吸引大约400万名游客。但是，巴萨想为游客提供更多的服务。目前，诺坎普球场的空间不够。比赛后，你会发现巴萨球迷在体育场外面的西班牙小吃店花了不少钱。

巴萨的计划是俱乐部球迷可以在巴萨空间里度过整个比赛日，就像是美国烤盘足球的“车尾大聚餐”的球迷一样。到时候会有很多露天咖啡馆，就如同城市里一样。传感器会追踪球迷常去和不常去的地方，这样巴萨就能按照球迷的口味定制综合体的功能。换句话说，巴萨空间不仅是一座体育场，还是一个购物中心。或许，它还会出现巴萨赞助商的名字。

“教堂”已然不复存在

新冠疫情暴发前，随着巴萨逐渐变成一家旅游俱乐部，巴塞罗那也变成了旅游城市。这个城市屈服于爱彼迎化（Airbnbfication），游客将当地居民“撵出”了城市。新冠疫情的暴发让人们有机会看看这个城市没有了游客和参会者后将变成什么样子：更加安静，但是也更加贫穷。没有捷径可以让巴塞罗那回到以前以当地人为主的样子。

当一个城市走向国际化时，当地的机构也会随之国际化。距离诺坎普球场 5 600 多米之外的市中心的另一端，矗立着象征加泰罗尼亚本土文化的建筑圣家族大教堂，圣家族大教堂和巴萨一样，是由 19 世纪末的中产阶级发起的。如同诺坎普球场一样，由安东尼·高迪设计，还未完工的圣家族大教堂一定会让你惊叹它的雄伟壮观，它将是世界上最高的大教堂。和“克鲁伊夫式”的足球一样，圣家族大教堂是由一个痛恨直线的疯狂天才设计的。高迪曾与资助该项目的本地商人争吵过，就像克鲁伊夫和巴萨董事会的商人后代们争吵一样。他俩都是为了让他们的支持者高兴。“给予快乐！”这是年迈的高迪在 1926 年 6 月 7 日对教堂施工人员说的最后一句话，随后他走出教堂，被一辆有轨电车撞倒身亡。“出去享受比赛吧！”这是 1992 年克鲁伊夫在温布利球场对球员们说过的话。

高迪的传记作者吉斯·凡·亨斯贝根（Gijs van Hensbergen）写到，圣家族大教堂几乎是19世纪开建的工程中唯一一个还没有竣工的项目。而同样作为19世纪的项目，巴萨也不应该“竣工”。

据说，大教堂会在未来某一天竣工，大约在2030年前后。并非所有人都会为之欢呼雀跃，正如艺术评论家罗伯特·休斯（Robert Hughes）几十年前说的：“该建筑似乎在发展过程中走向了灭亡。”他指责接替高迪的雕塑家和设计师们粗制滥造了“拙劣的艺术品”。现在，巴塞罗那的很多设计师都对此表示赞同。我不是罗伯特·休斯，但是吸收了高迪美轮美奂的现实主义，我觉得如果大教堂的创建者看到他的追随者在作品中加入的内容后，他会感到十分沮丧的。然而，这不能怪他们，尽管高迪的构思让他流芳百世，但是没有人真正知道它是什么。和克鲁伊夫一样，高迪行事特别，他不断创造一些东西，在刹那间找到解决方案。克鲁伊夫从不记录任何东西，高迪也不相信二维的制图可以描述大教堂。1936年，无政府主义者在一次对圣家族大教堂的袭击中，烧毁并粉碎了高迪留下的所有制图和模型。

此外，高迪设计大教堂的初衷是为加泰罗尼亚的会众服务，但现在已经不是这样了。在新冠疫情暴发前，它每天迎接超过一万名来自世界各地的游客，他们当中的很多人都带着自拍杆，身穿印有“10号梅西”的巴萨队服。大教堂的对面是巴萨的纪念品商店。和“不仅仅是一家俱乐部”这句话一样，圣家族大教堂最初是为以本地人为主的城市设计的，而现在这个城市已经不复存在了。

地区动荡的困境

在国外，加泰罗尼亚主义现在可能只是巴萨的品牌策略。但是，在加泰罗尼亚独立运动的发展让朋友和家人产生了分歧。

加泰罗尼亚建国的梦想曾经是边缘的、几乎疯狂的追求。20 世纪，没有任何加泰罗尼亚政党真正寻求过独立。只是大约从 2010 年开始，在全球金融危机爆发后，独立运动开始成为主流思想。独立主义者的其中一个主张是，如果能从贫穷落后的西班牙独立出来，现代的、勤劳的、欧洲化的加泰罗尼亚会变得更加富裕。但这个观点站不住脚。实际上，加泰罗尼亚从佛朗哥独裁统治时期就开始脱颖而出，和西班牙首都马德里一样富裕。只是在巴塞罗那举办 1992 年夏季奥运会 10 年后，当它比以前拥有了更多的自治权时，它的经济逐渐落后于繁荣发展的西班牙首都马德里。

然而，在金融危机后，加泰罗尼亚独立的势头增长迅猛。当巴萨在 2012 年西班牙国王杯决赛中对阵毕尔巴鄂竞技时，比赛双方俱乐部的球迷在奏西班牙国歌时向西班牙当时的王储费利佩发出了嘘声。

巴萨一直尽量避免在加泰罗尼亚独立问题上支持任何一方。多年来巴萨身上渴望从西班牙获得自由的“反叛俱乐部”的浪漫形象其实是不真实的。巴萨的大多数董事和会员或许是加泰罗尼亚独立的支持者，但是也有一部分董事和会员很高兴他们是西班牙的一部分。多年来，巴萨试图让两个团体都相安无事，它一直尽量远离利用俱乐部名声为个人平台造势的政治家。

巴萨只有一个政治立场：它支持加泰罗尼亚拥有举行独立公投的权利。重要的是，世界上最著名的加泰罗尼亚人也是这么做的。瓜迪奥拉在 2017 年 6 月向 4 万名集会者说：“除了投票，我们别无选择。”当他敦促“欧洲和全世界所有的民主主义者”支持此次公投时，让身处其他大陆的很多人第一次知道了加泰罗尼亚的存在。加泰罗尼亚政府最终决定在 2017 年 10 月 1 日举行全民投票。投票的问题是：“你想让加泰罗尼亚以共和国的形式成为一个独立的国家吗？”

西班牙首相马里亚诺·拉霍伊认为这属于“不服从行为”，拒绝考虑。在全民投票那天，西班牙警察涌入了反叛地区，关闭了投票站，并在电视现场直播的情况下殴打了参与投票的公民。那天下午，巴萨原计划在诺坎普球场对阵拉斯帕尔马斯足球俱乐部（简称拉斯帕尔马斯）。开赛前几小时，俱乐部主席巴托梅乌通知球队他要取消比赛，以示对警察暴力行为的抗议。巴萨董事会已经做出了决定，尽管西班牙足协表示将处罚巴萨，扣除其 6 个联赛积分。情绪激动的皮克对巴托梅乌的主张表示支持，他说投票站发生的暴力事件是个"耻辱"。

但随后，巴萨的 1 号员工发话了。梅西和俱乐部曾经的领军人物克鲁伊夫一样，对加泰罗尼亚民族主义毫无兴趣，他不想看到球队损失联赛积分。梅西说："让我们在观众面前踢球。"巴托梅乌提出了一个折中的办法：继续比赛，但是球场内没有观众。球队队长伊涅斯塔和其他球员赞同这个做法。球队穿着红黄相间的队服热身，那是加泰罗尼亚旗帜的颜色，最终巴萨以 3 ∶ 0 战胜了拉斯帕尔马斯。根据西班牙《世界报》（*El Mundo*）多年后的新闻报道，加泰罗尼亚独立运动的领导人曾私下要求巴萨通过伪造合同向他们的独立运动提供资助。巴托梅乌拒绝将巴萨变成独立运动的"储钱罐"。但是，巴托梅乌在独立问题上笨拙的平衡做法只会让双方都非常反感。对加泰罗尼亚独立支持者来说，他是个胆小鬼，而对联邦主义者来说，他是个疯狂的加泰罗尼亚民族主义者。

多年来的政治动荡让当地的公司担惊受怕。的确，分裂主义运动多少有点像哑剧。加泰罗尼亚确实不想再次受到法西斯专政的镇压。实际上，加泰罗尼亚人早已开始自治了：现代的西班牙是世界上最分散的民主国家之一，而加泰罗尼亚是一个特别的自治地区。几乎没有人指望独立真的能发生，即使加泰罗尼亚找到了脱离西班牙的方式，马德里政府也能利用否决权阻止新国家加入欧盟，然后这个地区就会变得孤立无援。然而，长期的独立运动对加泰罗尼亚地区的经济是有害的。在全民公投几周后，至少 2 500 家当地公司将它们的总部迁至西班牙的其他城市，甚至加泰罗尼亚的金融巨头凯克萨银行也迁移了总部。罗塞尔来自一个重要的商业家庭，他曾经说过，他会投票赞成独立，但是如果独立真的发生了，他会立刻离开这个城市。

加泰罗尼亚的骚乱让马德里看起来更像一个安全的避难所。2018 年，西班牙首都吸引的外国直接投资额占西班牙全国的 91%，加泰罗尼亚地区则只有 6%。那时，马德里地区的人均收入比加泰罗尼亚地区高 15%。

西班牙其他地区的居民已经受够了这个自以为是的地区。西班牙语中，加泰罗尼亚人传统昵称是“polacos”，即波兰人，以突显他们外国人的身份。在 2019 年举行的西班牙大选中，不知名的西班牙极右翼政党声音党（Vox）获得了 15% 的选票，该党的政治纲领是佛朗哥时期的狗哨政治和打击加泰罗尼亚。自从佛朗哥死后，这是第一个赢得西班牙议会席位的极右翼组织。当一支加泰罗尼亚男子足球队参加西班牙地区的锦标赛时，现场总会有反对加泰罗尼亚的歌声。

经历过英国脱欧或唐纳德 • 特朗普（Donald Trump）执政美国的人都知道分裂的社会是什么样子。政治上的相互敌视非常激烈，所以相比起来，体育运动的对手还是比较友好的，即使是利物浦和曼联的球迷，或者皇马和巴萨的球迷，都对足球有着共同的热爱，他们大多数人都认为它只不过是一场比赛。目前，在加泰罗尼亚，因为独立问题的争论，人们气得跺着脚离开了周日家庭午餐，或者和老友闹翻。与西班牙其他地区相比，加泰罗尼亚已经成为不值得信任的地区，而按照欧洲的标准，西班牙是信任度比较低的国家。根据《2010—2014 年世界价值观调查》（*World Values Survey for 2010—2014*）的数据，加泰罗尼亚地区只有 14% 的人坚信“大多数人是值得信赖的”，这比马德里数据的一半还低。

正如伊丽莎白女王没有支持英国脱欧，巴萨一直对独立问题保持中立。但是，政治分歧已经渗透进了诺坎普球场，有个联邦主义者对我说，他已经不去现场观看比赛了，因为每当比赛进行到 17 分 14 秒时，现场部分球迷就会为独立高歌，（这个时间节点是为了纪念 1714 年，巴塞罗那落入了西班牙波旁王朝的统治之中）这让他很苦恼。

加泰罗尼亚的独立运动不会马上成功，但它也不会消散。实际上，2021 年初，加泰罗尼亚独立的支持者拉波尔塔在巴萨主席选举中获得了胜利，独立运动将得到最受加泰罗尼亚人欢迎的机构的支持。

第16章

赛场内外崩盘，一个时代的终结

梅西走后，你看到的将是沙漠，是黑暗。

——巴萨某高管

在 2017 年梅西与巴萨续约后，巴萨的法务部负责人罗曼・戈麦斯・庞蒂（Román Gómez Ponti）给巴萨时任首席执行官奥斯卡・格劳（Óscar Grau）发了一封只有一个词的邮件："ALELUYA"（哈利路亚），最后的字母 A 重复了 69 遍。格劳回复道："梅西的续约，对巴萨的生存来说至关重要。"

据足球爆料网站"足球解密"（Football Leaks）获得的一份文件显示，该文件后被转至德国《明镜周刊》（*Der Spiegel*），巴萨提供的 3 个分项合同让梅西的年薪高达 1 亿欧元。巴萨的内部文件建议："梅西必须知道，对俱乐部其他球员来说，他的薪水高得离谱。"的确如此，梅西的薪水差不多是当今一支顶级球队单赛季的收入。过不了多久，巴萨还会为他提高薪水。根据合同中的豁免条款，梅西在每个赛季结束后都可以"免费"离开俱乐部，所以他的父亲豪尔赫每年都可以向俱乐部提出大幅涨薪的要求。

2017—2021 年的 4 年多时间里，梅西的总收入超过了 5.55 亿欧元，该数字来自西班牙《世界报》刊登的有关梅西 30 页合同中的重点内容。也就是说，该费用几乎是俱乐部所有员工费用总额的 30%。巴萨和梅西宣布将对该报纸提起诉讼，而且梅西还计划对可能透露合同细节的 5 名巴萨高层提起诉讼，但他们均否认自己是泄密者。拜仁慕尼黑主席卡尔－海因茨·鲁梅尼格（Karl-Heinz Rummenigge）说，当他看到这份合同时，他忍不住笑了。鲁梅尼格接着说："我只能祝贺梅西和巴萨达成了协议，获得了天文数字的薪水。"

一位巴萨高管对我说，2014—2020 年，梅西的薪水翻了 3 倍。他补充道："梅西不是问题所在，问题是这种风气蔓延到了其他球员。"每当梅西的薪水上涨时，他的队友也会提出同样的要求。2015 年，巴萨在柏林夺得了欧冠冠军，球员们在返回巴塞罗那的飞机上向巴托梅乌喊道："主席，奖金！"尽管俱乐部与球员的合同中已经明确规定了夺冠后的奖金，但巴托梅乌还是同意再多付几百万欧元的奖金。

随着时间的推移，巴萨从"不仅仅是一家俱乐部"变成了"梅西的俱乐部"。在巴萨，"梅西依赖症"是旧概念，它最初描述的是一个偶然现象：梅西带领球队在一场势均力敌的比赛中获胜。渐渐地，"梅西依赖症"变成了一个体系。梅西成了巴萨的"寄生虫"，直到他开始"蚕食"俱乐部。2020—2021 年，体育运动灾难、经济浩劫和梅西的转会立刻让巴萨遭到了重创。

梅西依赖症

在梅西效力巴萨的第一个 10 年里，哈维和伊涅斯塔状态正佳，在球队的进攻中不会过早地将球传给梅西。他们会选择另一条边路，等待时机再将球横向转移给梅西，让梅西获得和对方防守球员一对一的机会。但是，随着巴萨的"中场二重奏"状态逐渐下降，内马尔离开球队，巴萨的战术简化成去依赖梅西。根据伯恩－默多克的计算，2017—2019 年，梅西的射门和助攻数分别占球队每年预期进球的 45% 和 49%（见图 16-1）。在当今其他豪门俱乐部中，对 1 名球员的依赖度更高的可能只有 2014—2015 赛季的皇马，他们患有“C 罗依赖症”。在低一档的球队中，2015—2016 赛季的拉科鲁尼亚队成了卢卡斯·佩雷斯（Lucas Pérez）一个人的球队。

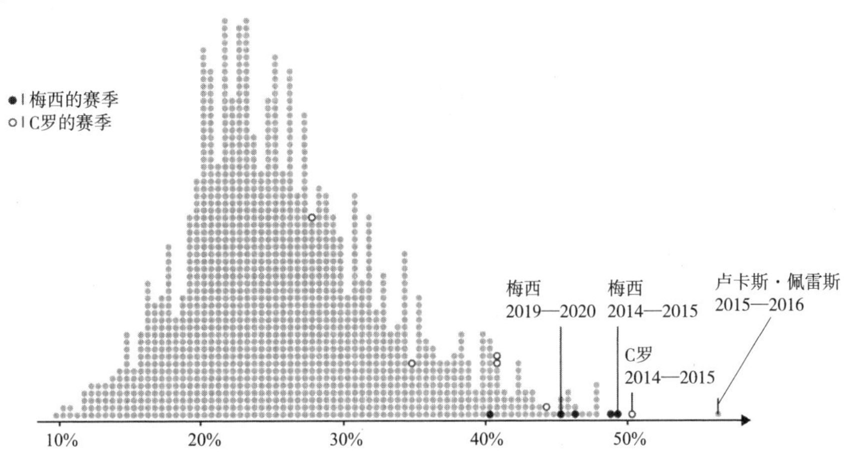

图 16-1　巴萨特别依赖梅西

注：在单赛季中一个球员的个人进球数和助攻数占全队总数的比例。

资料来源：足球数据网 Understat 提供的 2014—2015 赛季至 2019—2020 赛季的分析数据。

渐渐地，巴萨体系变成了“进入对方腹地，然后将球交给梅西，无论他在哪里”。他们越来越像阿根廷国家队，没有共享的传球语言，只踢简单的足球。巴萨一线队正在抛弃多年来形成的足球风格，这就使得来自拉玛西亚的孩子更难直接进入一线队，即使他们得到了机会，他们也会陷入一个异类的体系中。

现在，梅西的队友只是简单地对他的跑位做出反应，而不再认为他的跑位是流畅的克鲁伊夫式团队足球的一部分。当然，大多数队友都很敬畏梅西。德容曾对我说：

梅西的确比其他球员好太多，我认为人们低估了他的能力。巴萨球迷每周都会看到梅西的“表演”，最后他们感觉这是很正常的。你在这里和世界最佳球员踢球，原则上，他要比其他球员的水平高很多。你必须确定自己一直密切注视着他，这样当你得到球时，你就会立即知道他是否正在被对方球员盯防。

尽管巴萨没有人想谈论这个问题，但球队的“国王”的确正在变老。梅西大部分时间（也包括苏亚雷斯）不会参与球队的防守，这几乎是顶级足球中闻所未闻的特权。

当巴萨丢球时，梅西往往独自一人拖着沉重的步子往回走，在对方防守球员身后好几米之外的越位位置上，看着球场另一端的比赛。他的队友如拉基蒂奇、阿比达尔和格里兹曼就像是他的双腿，冲刺 40 米去弥补他留下的空当，这导致巴萨的中场阵型大乱。

随着梅西逐渐老去，球队的老龄化越来越严重，巴萨的训练课也降速了。这让来自马竞的格里兹曼十分震惊。在马竞，他曾回忆道：“每一节训练课的强度都和正式比赛一样。”让巴萨的年轻球员非常沮丧的是，训练课中要求最高的抢圈变成了热身动作。在比赛中，巴萨的防守球员和中场球员的位置很少重叠。

这与现代足球格格不入。足球运动每周都在发展进化，以前的创新者巴萨正在被其他俱乐部超越。美国著名经济学家约瑟夫·熊彼特（Joseph Schumpeter）将企业中的类似过程称为“创造性破坏”：新的企业家提出新的思维，先前领先的体系就被抛弃了。

“足球运动每天都会有更多精彩的表演，球员每天都会在身体、技术和战术上变得更加强大。”皮克指出，“我总是说足球历史上的最佳防守球员是当今的球员。”皮克补充说，即使是弗朗茨·贝肯鲍尔，与当今这一代球员相比，在处理球、速度和对比赛的理解上都有所逊色。对那些只会“踢人”的防守球员来说，他们已经被时代淘汰了。

皮克的观点是正确的，足球在不断进步，但只发生在巴萨之外。当巴萨忽视了“压迫”时，其他球队对它进行了创新。“高位压迫”（Gegenpressing）是德国人口中的最新版本：一旦丢球就要反抢对手，以便在对手的防守组织起来之前在他们的球门附近赢得球权。“高位压迫”就如同 20 世纪 70 年代阿贾克斯在快攻中的“紧逼”一样，这个策略非常迅速，所以应该称为“风暴足球”。

踢“风暴足球”的球队采用了巴萨的一些创新战术，如瓜迪奥拉的“5 秒压迫规则”，但抛弃了一些其他战术，如对控球权的痴迷。尽管瓜迪奥拉执教时的巴萨不喜欢失去控球权，但对于踢球风格像克洛普执教的利物浦这样的球队来说，丢球后立刻夺回球权只是一种战术。

2014 年世界杯，德国队以 7 ∶ 1 血洗巴西队，靠的就是快速的锋线压迫，这似乎是极有趣的一次标志性事件。事实证明这是一个新现象的征兆：2010 年，有球队想通过一定的速度获得酣畅淋漓的胜利似乎是不可能的事情，但是到了 2020 年，“风暴足球”已经成为主流，像尤文图斯和切尔西这样传统、谨慎的球队也采用了这个战术。边后卫不停地向前飞奔，当球队抢到球时，中场球员开始向前冲刺，如果球队丢球了，他们也冲刺回追。

2020 年，温格曾对我说：

> 在过去的 10 ～ 15 年，我们一直想得到“真正的运动员”，从可以测量身体机能那天开始，无法在身体上做好准备的球员将被淘汰。现在的足球比赛每小时两队总计要跑约 322 千米，所以你必须首先表现出你有能力做到这一点。一旦你加入了球队，你就可以展示你的才

能，但是如果你无法进入球队，你连展示的机会都没有。

一个足球场的面积大约是 7 000 平方米。温格说，像拜仁慕尼黑和利物浦这样的球队，他们将防守区域压缩在球场 8% 的区域里：让球员在对方半场大约 600 平方米的区域内围着足球转。这种强攻势不可当，以至于像对抗能力较弱体重较轻的优秀球员也会被英超联赛淘汰。

“这种足球风格扼杀了很多足球艺术家，”温格说，“我认为它让踢球方式过于统一了。每个球员从对方门将出球后就开始压迫，它强调用链式防守封堵对手，这多少有点扼杀了球场上的创造力。”

然而，“风暴足球”让比赛进球数猛增。球队领先后，并没有采取保守战术，而是继续踢“风暴足球”。2003—2004 赛季至 2015—2016 赛季，欧冠单赛季的平均每场进球数从未超过 3 个。但是，在 2016—2020 年的 4 个赛季中，有 3 个赛季的平均每场进球数超过了 3 个。

奇怪的是，“风暴足球”往往对巴萨这样技术好的进攻型球队的反制作用更加明显。“风暴足球”很难压制有 10 名队员参与防守的防守型球队，也很难压制长传冲吊型的球队，因为他们会用长传球避开对手的强攻。但是，像巴萨这样从后防线开始向前传球的球队会受困于“风暴足球”。

巴萨已经习惯了在对方半场持球，所以当他们在己方半场丢球时，他们会感到困惑。有效的比赛区域突然延伸到整个球场，而不是他们更喜欢的 50 米内。像布斯克茨这种球队的支点球员是狭小区域内的控球大师，他有时不得不在巨大的中场区域“游荡”。这正如克鲁伊夫的比喻：一名速度较慢的聪明球员可以防守一张桌子，但无法防守整个饭店。

2017 年 2 月，巴黎圣日耳曼在欧冠 1/8 决赛首回合比赛中以 4 ∶ 0 痛击巴萨。在次回合的比赛中，巴萨以 6 ∶ 1 获胜，总比分 6 ∶ 5 逆转晋级，但是在接下来的欧冠 1/4 决赛中，巴萨以 0 ∶ 3 被尤文图斯淘汰。2018 年，巴萨同样在欧冠 1/4 决赛中 0 ∶ 3 输给了罗马，再次被淘汰出局。

好消息是强调压迫的克鲁伊夫式的进攻足球仍旧有效，坏消息是其他俱乐部对它进行了升级改造。足球战术作家迈克尔·考克斯（Michael Cox）指出，巴萨“不得不和自己的影响力进行竞争”。但是，巴萨主教练无法让球队中的老将适应高强度的“风暴足球”，也没有用年轻球员替代他们。巴萨认为，以梅西为首的经验丰富的世界级球员是球队的核心，再加上“克鲁伊夫式”的内部足球风格，强势的主教练只会碍手碍脚。

2013—2020 年，每一任巴萨主教练都知道自己的作用越来越小。当我在 2019 年去巴萨一线队的蒂托·比拉诺瓦训练场拜访巴尔韦德时，除了球队日程表之外，他的办公室的白色墙壁上什么都没有，屋子里几乎没有放太多个人物品。巴尔韦德知道他仅仅是球队的管理员，他无法告诉梅西、布斯克茨和皮克如何踢球，尽管他可以为他们提供有用的信息，如对方守门员的弱点。

在纪录片《比赛日》的更衣室场景中，巴尔韦德就像一个和蔼可亲的老师，从来不会吓唬班级里的学生。比赛开始前，他会发表短暂的战术讲话，之后球队的老将会说上几句。梅西的发言很短，用他特有的单调语气，强调比赛中需要冷静思考。例如，在和马竞的一场比赛前，他向队友说：“保持冷静，和往常一样，不要惊慌失措，节奏不要太快。”

2019 年 5 月 1 日，巴萨在对阵利物浦的欧冠半决赛首回合主场比赛中，上半场以 1 ∶ 0 领先，中场休息时梅西说：“我们要冷静下来，我知道这很难，但是要试一试。如果一对一，他们更强，我们不习惯这种踢法，因为他们速度很快，我们就得来回折腾，这是碰运气的事，如果我们拥有了控球权，那就另当别论了。”

那天晚上，梅西在下半场比赛开始的 7 分钟内攻入了他代表巴萨出战的第 599 个和第 600 个进球，其中第二个进球是令人难忘的远程任意球，率领球队 3 ：0 战胜了利物浦。赛后，面带笑容的克洛普跑进了绝望的利物浦的更衣室，喊道："孩子们，孩子们，孩子们！我们不是世界最佳球队，现在你们知道了。他们可能是！谁会在乎？谁会在乎！我们依然可以战胜世界最佳球队，让我们拭目以待。"

那天晚上，这听起来好像有点虚张声势。巴萨的确看起来是世界最佳球队。在蝉联西甲冠军 3 天后，他们的一只脚已经迈进了欧冠决赛的大门，或许他们将在决赛中对阵阿贾克斯或热刺。然而，看似不可能发生的事就这样发生了。

6 天后，在安菲尔德球场进行的欧冠半决赛次回合比赛中，巴萨在中场休息回到更衣室时以 0 ：1 落后利物浦。因为个人失误而让利物浦取得进球的巴萨后卫阿尔巴流下了眼泪，整个球队都很焦虑。一旦一群球员合作了多年，那么每一场比赛都是以前比赛的翻版。对阵巴黎圣日耳曼、尤文图斯和罗马的惨败让巴萨全队心有余悸。

就在此时，梅西决定站出来提醒队友们内心深处的恐惧。"下半场我们必须强势开局，"梅西说，他单调的声音比以往要大很多，"不要忘记我们在和罗马的比赛中犯的错误，那不是别人的错误，我们不能让同样的事情再次发生，那是我们的错误，不是别人的。"

就像爱尔兰记者肯·厄尔利（Ken Early）所说，梅西似乎认为"'让我们谈论一些我们绝不想发生的事情，这样我们上场比赛前，就会十分坚定'，这是球队队长激励式讲话的一种正确的基本方式"。下半场，巴萨崩盘了，最终以 0 ：4 输给了利物浦。皮克后来表示："所有发生的一切都让我们想起了和罗马比赛的经历，最后悲剧重现了。"

在被淘汰后，巴萨的更衣室里没有人说话。有的球员盯着手机，但大多数人双手抱头，向队友表示忏悔，或许想知道他们的球队是否已经出局了。后来，在现场观看比赛的 4 名巴萨会员大肆辱骂了梅西。梅西的父亲要求巴托梅乌惩罚他们，但俱乐部主席认为这个要求太小家子气，所以没有采取任何措施，这无疑恶化了他与梅西一家的关系。

这场在安菲尔德的惨败是 25 年前巴萨在雅典参加欧冠决赛的重现，当时巴萨以同样的比分输给了身体更强壮、速度更快的 AC 米兰。时间在变，但是一直未变的是：当巴萨出现问题时，他们会错上加错，因为他们几乎没有任何防守对策。

1994 年，罗纳德·科曼曾代表巴萨参加了在雅典举行的欧冠决赛，后来科曼在 2019 年担任荷兰国家队主教练，他一定注意到了这些共性。他承认自己“在整个职业生涯中一直努力想成为巴萨主教练”，而且，他从克鲁伊夫那里学到了与记者建立友好关系的重要性，他始终和加泰罗尼亚的媒体保持着密切联系。在安菲尔德的比赛前，他曾在一家地方电视台上提醒说，苏亚雷斯、梅西、皮克和布斯克茨都是 30 多岁的球员了。一旦他们离开，科曼说：“巴萨就失去了中后卫、中场、前锋和梅西。如果那样，只能祝球队好运了。”

在安菲尔德球场失利后，梅西在巴塞罗那举行了 4 年来的首次新闻发布会。“这场失利是最糟糕的事情，”他说，“我们永远不能原谅自己，因为我们没有努力。”当队友需要激励时，他认为这是他的职责。

黄金时代彻底落幕

如果说 1992 年是巴萨的奇迹之年，那么 2020 年则是它的多灾多难之年。所有人都发现了教堂天花板上的裂痕，但是，没有人希望建筑物倒塌。那一年，一系列近乎狂欢般的“灾难”发生了。

一切始于 2020 年 1 月 13 日，那天，巴托梅乌在巴萨 2 ∶ 3 输给马竞后解雇了主教练巴尔韦德。尽管巴萨主教练已经被剥夺了大部分职责，但有一项职责始终保留着：主教练是指定的替罪羊。主教练的牺牲可以让俱乐部主席高枕无忧。

解雇主教练看起来有点严厉。毫无疑问，巴萨踢得不好，而且巴尔韦德关闭了拉玛西亚天才球员进入一线队的大门。但是，他带队夺得了两个西甲冠军，而且他离开后球队的联赛排名仍位居前列。这件事让梅西心烦意乱，尽管他并不关心谁是球队主教练，但他觉得巴尔韦德是个好人。

巴萨体育总监阿比达尔曾对一家报纸表示："很多球员对巴尔韦德不满，而且他们也没付出太多努力。"这让梅西十分愤怒。梅西在 Instagram 上发布了阿比达尔的采访记录，还用红圈圈住了阿比达尔说的这句话，并且写道："主教练被解雇和球员毫无关系。"

巴萨曾向哈维、科曼和毛里西奥 • 波切蒂诺（Mauricio Pochettino）提供了教练职位，波切蒂诺曾经说过，作为西班牙人队的球迷，他永远不会执教巴萨，而且还开玩笑地说他宁愿在阿根廷的农场工作，也不会去"一些地方"工作。时任巴萨体育总监的阿比达尔回忆说，这是"一些人自尊心的问题"。他们当中没有人想在赛季中期接手球队。所以，当时正处于失业状态的基克 • 塞蒂恩（Quique Setién）接到巴萨的电话后十分惊讶，虽然他没有名气，但他是克鲁伊夫足球理念的支持者。在接到电话的前一天，61 岁的他还在西班牙北部家乡的奶牛群中散步。

在自己的个人介绍中，塞蒂恩机智地避免提到他从小一直支持皇马。"在我最疯狂的梦想中，我都无法想象自己能成为巴萨主教练。"他惊讶地说，"坦白说，我就是无法想象他们选择了我。"大多数人也没有想到，但事实上，塞蒂恩平凡的履历打消了巴萨的疑虑，无论如何，一个三线教练不会自欺欺人地说他是梅西的主教练。塞蒂恩认为梅西是他的上级。他刚刚上任后，在巴萨客场对阵皇家贝蒂斯的比赛中，中场休息时塞蒂恩问梅西在想什么。梅西怒气冲冲地说："你认为我在想什么？"让梅西恼火的是，缺乏经验的朱尼奥・菲尔波（Junior Firpo）担任左后卫首发出场，顶替了梅西的朋友，经验丰富的阿尔巴，菲尔波是塞蒂恩在皇家贝蒂斯执教时的得意门生。"这不是一支青年队！"梅西喊道，"比赛中要派出最好的球员。"在中场休息后不久，阿尔巴替换下了菲尔波。

2020 年 2 月初，一位欧足联官员参观了巴萨。在诺坎普球场旁边的饭店里，他遇到了一位追赶过来的巴萨官员。在这次交谈中，这位巴萨官员指责欧足联对海湾国家拥有巴黎圣日耳曼和曼城这两家俱乐部唯命是从。巴萨认为如果欧足联允许这些俱乐部用出售石油和天然气的钱来购买球员，那么加泰罗尼亚人是无法和他们竞争的。虽然欧足联的财政公平法案（FFP）限制俱乐部的巨大开支，但巴萨认为欧足联在规则使用上是有选择的。最后，这位巴萨官员问道："我们可以付钱给欧足联负责财政公平法案的部门的人吗？"欧足联官员明白巴萨官员试图找人"打点"。他将这一切解读为"足球管理中近乎野生的文化"，而且认为"这些人应该都是好人！不要忘记巴萨的理念'不仅仅是一家俱乐部'"。

这位巴萨官员表达了在俱乐部内部日益增长的焦虑：俱乐部已经没有钱赢得大赛奖杯，因为它的拥有者是俱乐部会员而不是一个亿万富翁。巴萨高层认为他们别无选择，只能参加秘密策划的、有利可图的欧洲超级联赛（简称欧超）。但这种自怜忽视了一个事实：距离巴塞罗那不远的皇马也是会员制俱乐部，可它一直是欧冠奖杯的常客。其他没有大款老板的俱乐部还包括拜仁慕尼黑和利物浦。实际上，巴萨的问题源于经营不善，而不是它传统的所有制模式。

在所有的焦虑中，有关乌拉圭通信公司 i3 的丑闻爆发了。巴托梅乌似乎聘请了 i3 公司解决其他足球俱乐部主席不会遇到的问题：监视并攻击俱乐部内部活跃的反对派。i3 公司似乎创建了虚假的网上媒体账户和程序来为巴托梅乌辩护，并暗地里攻击他所认定的反对者，包括现代巴萨的英雄们：皮克、梅西、瓜迪奥拉和哈维，以及俱乐部主席的潜在候选人。巴萨向 i3 公司支付了 90 万欧元，这远高于市场价格，而且这笔钱被拆分成很多笔小额度款项进行支付，这样就无须俱乐部董事会的批准授权。这次丑闻不可避免地被称为“巴萨门”（Barçagate）。

巴托梅乌否认 i3 公司攻击过任何人，他称俱乐部只是聘请这家公司来“监控”社交媒体。在和巴萨队长们举行的一次会议中，巴托梅乌将文件档案交给了他们，里面是媒体账号发表的支持性的帖子，巴萨队长们并不相信这些。“巴萨门”事件导致另外 6 名俱乐部董事辞职，在巴托梅乌的任期内，一共有 11 名俱乐部董事辞职。

在球场上，巴萨也是举步维艰。到了 2020 年 3 月，巴萨的预期进球数下降到了每场 2 个。格里兹曼的预期进球是 0.42 个，只有内马尔巅峰时期的 1/3 多一点。身在荷兰的科曼认为：“现在，世界最佳球队在 90 分钟比赛中的整体节奏非常快，巴萨很难跟上这种节奏。”梅西似乎也持同样的观点：“我认为现在的踢球方式很难让我们夺得欧冠冠军。”

那时，新冠疫情暴发了，足球赛停摆，西班牙也遭到了“摧残”。到了 2020 年 5 月，西班牙因感染新冠病毒而死亡的人数超过了 4.3 万人。这是当时新冠疫情大流行期间数据较准确国家中死亡人数最多的。西班牙人遭遇了严格的封城措施。在那年春天的 6 周里，孩子们被禁止离开屋子。

整个欧洲，体育场馆的关闭让足球经济受到严重影响。在 2017—2018 赛季，巴萨成为世界上首个年收入达到 10 亿美元的体育俱乐部。在 2018—2019 赛季，巴萨的年收入达到了 11 亿美元。事后想来，这个数字看起来达到了峰值，足球俱乐部在短期内不会再有这么高的年收入了。2020 年 5 月，从新冠病毒中康复的巴萨副主席霍尔迪·卡多内尔对我说，新冠疫情导致巴萨的年收入下降了大约 1.3 亿欧元。

当西班牙因为新冠疫情开始封城时，巴萨要求球员们接受减薪，这样就能维持俱乐部大约 500 名不在球场比赛的长期员工的全额薪水。梅西给一位俱乐部高管发了消息，表达了对这个建议的愤怒。当另外一名老队员得知俱乐部员工的平均薪资是 3 万欧元时，他认为这个月薪已经很高了。当然，他的观点是错误的，实际上，这是员工的平均年薪。

最终，巴萨的 4 个队长在电话会议中和俱乐部董事们达成了协议，球队降薪 72%。诚然，这只适用于封城开始的 3 月到赛季结束，也就是说球员的损失不到他们年薪的 10%。然而，这就足以让巴萨的正式员工领到全薪了。这对巴萨队长们来说的确非常重要，因为他们都是在俱乐部成长起来的。

然而，有的人认为降薪是巴萨董事会对抗球员的胜利，这种观点是错误的。在达成这个协议后，梅西在社交媒体上抨击了巴萨高层。为了掩饰他最初对削减薪资的反对，他写道：

> 我们需要澄清的是，我们一直有降薪的意愿，因为我们知道这次的情况很特殊，我们一直按照俱乐部的要求最先为俱乐部提供帮助。令人惊讶的是，巴萨内部有人想把我们置于放大镜下，或者想强迫我们做一些我们已经清楚地阐明我们想做的事情。

当时，梅西在 Instagram 有 1.45 亿名粉丝，大约比巴萨多 600 万。在任何冲突中，他都拥有更大的话语权。

2020 年 5 月末，一段视频在全世界流传。画面显示，美国明尼阿波利斯市的一名白人警察用膝盖顶住了黑人乔治·弗洛伊德（George Floyd）的颈部，最终导致他死亡。抗议者走上美国和欧洲的街头，甚至历史上从不关心政治的足球运动员也公开抗议，这是前所未有的。利物浦队员拍摄了单膝跪地的照片，这是“黑人的命也是命”（Black Lives Matter）抗议活动的象征。当足球比赛在新冠疫情封城后恢复时，英超球队在他们的球衣背面印有“Black Lives Matter”的字样。几个月来，球员和比赛官员都会在比赛开球前单膝下跪。德甲也有抗议活动。在法国，姆巴佩多次公开反对警察的暴力行为。经常对球员的“政治”行为进行处罚的国际足联也知道球员们做的这些事，但没有进行干涉。

这一代足球运动员受过良好的教育，而且充满力量，他们不仅支持“黑人的命也是命”的抗议活动，还采取实际行动帮助社会。英格兰球员在利物浦队长乔丹·亨德森（Jordan Henderson）的带领下向英国国家医疗服务体系进行了大额捐赠。22 岁的曼联前锋马库斯·拉什福德作为当地人深知在饥肠辘辘中成长起来的感觉，所以他发起了一次成功的运动，促使英国政府在暑假期间为贫穷的孩子提供免费校餐。

然而，巴萨几乎没有任何积极行动来应对社会问题。“不仅仅是一家俱乐部”似乎是一句已经停用的营销口号。身为活动家的美国足球运动员梅根·拉皮诺埃在她的自传中惊呼，梅西、C 罗和伊布拉西莫维奇一样，从未公开反对过种族主义和性别歧视。

2020 年 6 月，西班牙足球联赛恢复了正常。但对巴萨而言，要是联赛没有恢复就好了：他们在联赛中输给了皇马，接着在 8 月 8 日举行的欧冠 1/4 决赛中，巴萨在空空荡荡的里斯本体育场被拜仁慕尼黑以 8∶2 的比分“血洗”。除了门将之外的巴萨首发球员中，有 6 人的年龄超过了 31 岁。

这个结果既令人意外，又是意料之中，自 2017 年以来，这是巴萨第 5

次遭遇 3 个球以上的惨败。温格分析道："巴萨的弱点主要在身体方面，这就是巴萨最近 3 年举步维艰的原因。"在里斯本的比赛中，典型的一幕是梅西几乎像坐在扶手椅上的观众一样看着拜仁慕尼黑的左后卫阿方索·戴维斯（Alphonso Davies）在进攻受阻后再次发起进攻。

这是一个无可争辩的比分。10 年前，当巴萨输给穆里尼奥执教的国际米兰时，他们还可以表现出道德优越感：巴萨在踢球，而穆里尼奥的球队在摆大巴。但是，要借用足球作家大卫·温纳（David Winner）在荷兰对阵西班牙的世界杯决赛中的台词，巴萨输给拜仁慕尼黑的比赛是"荣格镜像"的范例：巴萨输给了更加正宗的、更好的自己。现在，踢出"克鲁伊夫式"足球的是拜仁慕尼黑。拜仁慕尼黑的进攻组织者阿尔坎塔拉是来自拉玛西亚的支点球员，他在 2013 年离开了巴萨，因为他无法在哈维、伊涅斯塔和布斯克茨组成的中场中看到自己的未来。

按照足球标准，里斯本的那个夜晚标志着一个漫长时代的结束。现在，巴萨需要组建一支新的球队，问题是俱乐部的账上没钱了。

塞蒂恩在巴萨的执教非常短暂，至少收获了一笔不错的养老金，他又回到了他的老家。几个月后，他接受了在《国家报》（*EL País*）任职的西班牙国家队前主教练比森特·德尔·博斯克（Vicente del Bosque）的采访，塞蒂恩吐露了关于梅西的看法。"有些方面并不是所有球员都具备的，很难管理。"塞蒂恩说，"他（梅西）是个含蓄的人，但是他会让你知道他想要什么，他话很少，但他一直在观察。"在塞蒂恩执教巴萨的 7 个月中，他很清楚梅西可以在任何时候让他下课。他在梅西面前感到很无助，不能做自己："如果他们这么多年来一直接受他的做法，而且从未让他去适应别人，那我又怎能改变他？"塞蒂恩认为梅西患有长期焦虑症，这是比赛的赢球压力造成的。

巴萨甚至在正式宣布解雇塞蒂恩之前就替换了他。在巴萨以 2 ∶ 8 的总比分被拜仁慕尼黑淘汰后，科曼给他的巴塞罗那新闻界朋友、电视节目主持人路易斯·卡努特（Lluís Canut）打了电话，谈了谈他在荷兰国家队的情况。当时正在一家比萨店吃饭的卡努特得到的消息是：科曼想执教巴萨。后来卡努特就将此事告诉了俱乐部的有关人员。当科曼接到巴托梅乌的电话时，他想："如果我现在不担任巴萨主教练，或许以后我就再也没有机会了。"57 岁的科曼刚从心脏病中康复，他知道实现职业生涯最后一个愿望的时间已经不多了。"谁说我们会健健康康地度过接下来的 30 年？"碰巧，他和妻子刚刚装修完最近购买的位于巴塞罗那的度假公寓，在公寓的屋顶平台上可以眺望整个诺坎普球场。自从科曼于 1989—1995 年效力巴萨以来，他的家人就一直深爱着这座城市。实际上，具有讽刺意味的是，考虑到科曼继任者的身份，他那金发的荷兰孙子也名叫哈维。科曼的经纪人罗布·杨森（Rob Jansen）并不担心他的客户存在因失败而被解雇的风险。杨森耸着肩说："会发生什么事呢？你回家吧。"后来科曼和巴萨签订了合同，得到了朝思暮想的工作。他的执教生涯并不出彩，但是他具有某种象征性的资本，这是巴萨所看重的。和他的前任瓜迪奥拉、比拉诺瓦、路易斯·恩里克和巴尔韦德一样，科曼也是前巴萨球员，还是在温布利球场举行的 1992 年欧冠决赛的英雄。几十年来，在街上遇到科曼的巴萨球迷都会感谢他当年的进球，并且告诉他这个进球发生时球迷都是在哪里看的比赛。而且，他是受克鲁伊夫影响的最后一批教练之一，克鲁伊夫以前是他在巴塞罗那的隔壁邻居。

巴托梅乌和巴萨前任首席执行官奥斯卡·格劳带科曼去参加在蒂比达博山脚下的 La Venta 餐厅举行的欢迎午宴，这是巴萨人传统的聚集场所。科曼描述了他的建队计划：掌控球队并给年轻人机会。梅西也要做出决定是否要成为该计划的一部分。他们喝着加瓦红酒，相互碰杯并共同祝酒，说着"致敬岁月"。最终，一切都回到了足球时刻：新开始的乐观情绪。

科曼的父亲、兄弟和儿子都是职业足球运动员，所以科曼的一生都处在竞争的环境中。他不会被梅西吓倒。科曼在球队队长的家里安排了一次会议，梅西从法国和西班牙交界的色丹尼亚地区回到了巴塞罗那，表达了对巴萨的不满，他和家人、苏亚雷斯以及阿尔巴的家人们刚在那里度假。科曼被梅西的承诺以及他对足球的浓厚兴趣震惊了。但主教练回复说他只负责管理一线队，据传，他曾对梅西说："你在球队的特权结束了，你必须以球队为先，我是不会妥协的。"

和巴萨历史上经常发生的事一样，荷兰人的直率遇到了拉丁美洲人的礼节。梅西被冒犯了，此前从未有人和他这样说话，特别是科曼随后和苏亚雷斯通了 40 秒的电话，科曼告诉苏亚雷斯球队不需要他了。苏亚雷斯后来抱怨道："这不是向球队传奇告别的方式。"更糟糕的是，俱乐部董事会中居然没有一个人致电感谢这位为巴萨攻入 198 个进球的锋线传奇。梅西可以接受巴萨抛弃他最好的朋友，但是他无法原谅俱乐部的无礼行为。

总之，巴萨怎样做都没有关系，因为无论如何梅西都打算离开巴萨了，那一年他已经多次告知巴托梅乌。巴萨主席一直让他再等等，并向他保证如果他在赛季结束后还是这么想，他就可以自由离开。后来，梅西向 Goal.com 网站解释了他离开的理由：

> 我认为巴萨需要更多的年轻球员和新人，而且我觉得我在巴萨的职业生涯结束了。我感到很过意不去，因为我曾经说过要在这里退役。这是艰难的一年，在训练中、比赛中和更衣室里，我都饱受磨难。当那一刻来临的时候，我决定寻找新的抱负。

对于什么是他一直追求的事，他说是"一个成功的计划"。

> 实际上，我们已经很久没有一个计划或者类似的东西。当事情发生时，俱乐部总是疲于应付，遮遮掩掩。我想在最高水平的比赛中竞争，赢得奖杯，在欧冠中战斗。输赢很正常，因为比赛很艰难，但是

你至少要具有竞争力，而不是像我们在罗马、利物浦和里斯本那样的惨败。

巴萨前守门员和体育总监苏比萨雷塔说："梅西最大的麻烦是他和自己较劲。"梅西在过去15年一直将赢球作为自己的责任，苏比萨雷塔解释道：

我们每个人都有责任。当你在球员通道里准备上场比赛时，你知道自己球队中的优秀球员，他们会带你赢得比赛，特别是决赛。而到了那一天，你会照着镜子说："哦，这不会太轻松。"

当上一代的男子运动员在决定更换俱乐部时，他不会担心自己的妻子和孩子们是怎么想的。毕竟，父亲的工作是最重要的。但是，当今的男子运动员在成为父亲后有着很强的责任心。当7岁的蒂亚戈·梅西（Thiago Messi）问父亲是否要离开巴萨时，梅西无法亲自告诉他可能要在新的学校结交新朋友。相信无论如何，蒂亚戈都会哭着说："我们不要去。"梅西在家庭会议中宣布了这个消息，他的妻子和3个儿子都泪流满面。梅西后来表示："那就是一场戏。"

尽管如此，他还是在8月20日通过西班牙的邮政系统给巴萨寄送了一封挂号信，正式声明他要离开巴萨。梅西知道他与巴萨的合同中规定，只有在6月10日联赛结束之前宣布离开，他才能自由转会。但是，傲慢的律师向梅西全家保证这个最后期限不适用于2020年的特殊情况。这位律师说，合同条款的真正意思是，梅西必须在赛季结束后就要宣布他要离开。2020年，西甲联赛赛季历史上第一次在8月份结束，这真是命运的捉弄。这位律师说，梅西一直遵守契约精神，他无疑想找到让梅西高兴的说法。梅西一家看来已经接受了这种未做思考的保证。梅西个人也确信他可以自由地离开，巴托梅乌不是一直告诉他在赛季结束后再做出决定吗？

和当年的克鲁伊夫一样，豪尔赫·梅西自认为是一个出色的商人，可以单独和俱乐部协商大合同。然而，在有关他儿子职业生涯中涉及数亿欧元的重大决定上，梅西一家却表现得像一家夫妻店一样业余。

梅西一家的交易对手巴萨并没有像企业一样思考。如果巴萨是一家更加企业化的俱乐部，比如加泰罗尼亚版的曼联，那么它或许会向梅西一家做出让步：提出自由转会的最后期限已经过了，但还是会让梅西离开，或许转会加盟曼城，转会费大约 1.5 亿欧元。再加上梅西的薪水，巴萨总共可以节省大约 3 亿欧元用于球队重建。失去高薪球员会给每个人的薪水带来下行压力，这本来是个务实的决定。毕竟，当时已经 33 岁的梅西 10 个月后就可以免费离开俱乐部，同时捞取可观的忠诚奖金。但巴萨不是一家公司，它是一家由当地商人运营的社区俱乐部，这些商人一辈子都会住在巴塞罗那，所以他们很看重自己的名声。因灾难性的转会操作以及与球员的冲突而受到鄙视的巴托梅乌表示："我不会成为失去梅西的主席。"他的前任罗塞尔和拉波尔塔分别在不同场合说过几乎同样的话。当戴着口罩的示威者在诺坎普球场外要求他辞职时，巴托梅乌表示如果有俱乐部愿意支付 7 亿欧元的违约金，梅西就可以离开。没有一家俱乐部会这么做。

就是在那个时候，梅西一家让步了。巴萨球迷对梅西的离开感到愤怒，梅西一家不想和俱乐部对簿公堂，让事态进一步升级，就像克鲁伊夫在 1996 年被巴萨解雇后所做的那样。总之，和克鲁伊夫的家人一样，梅西的家人也想留在巴塞罗那。至少俱乐部所有人现在认为有必要引进新的年轻球员了。或许，巴萨可以开始重建了。

天灾人祸，债台高筑

2020 年 9 月，我从巴黎乘火车来到了加泰罗尼亚。除了夏天在安特卫普的比萨饼餐厅做了一次采访之外，我在 6 个月内从未离开过法国。我来到了受新冠疫情影响严重的巴塞罗那。这里的旅游业很不景气，体现在所有人的生活中，从城市里的米其林厨师到港口里鬼鬼祟祟的小偷。西班牙的经济数据在2020年的第二季度下降了18.5%，这是自从有记录以来的最大降幅。在加泰罗尼亚地区，接近6 000人死于新冠病毒。

但是，自私地说，在巴黎度过一个受新冠病毒侵袭的漫长冬季之前，我感觉我的最后一站来到了天堂。巴塞罗那阳光充足，景色迷人，街上少有游客，这个城市正在享受病毒侵袭的暂歇期。我享受着感官上的愉悦，每天晚上，我都在下榻的酒店楼顶的游泳池里游泳。在新冠疫情期间，我每天只需为酒店房间支付60欧元。我在港口的海鲜饭店和朋友们享受着悠闲而漫长的午餐，这些饭店以前通常提前一周就会被预订一空。

巴萨在里斯本一役后的崩溃好像是这个城市的次要情节。在佩德拉布雷斯的露台上，一名巴萨员工递给我巴萨品牌的口罩，并对我说："我们拥有一切！好吧，我们没有球队或董事会，但我们有口罩。"

我发现诺坎普球场处于半遗弃状态，破旧不堪，一点也不像欧洲其他地方的时髦新地标，这就像是野蛮人来到罗马城内漫步。体育场的酒吧已经关闭。由于电容很低，餐饮工作人员无法使用烤箱。体育场的翻新工作也处于暂停状态。对面是瓜迪奥拉在拉玛西亚期间踢过球的迷你球场，它已经被拆除，据说要修建篮球场，但是短时间内还没有任何竣工的迹象。同时，皇马已经开始对伯纳乌球场进行大修，预算高达6.75亿英镑。

11号大门后的巴萨总部空无一人，绝大多数员工居家办公。我将和巴萨的一位董事会面，了解一下"末日"后的简要情况，在相互撞肘后[①]，我们坐在了空荡荡的巴萨主席的办公室里。巴托梅乌不在办公室，他可能藏起来了。

① 疫情期间一种非正式的问候方式。——译者注

小小的办公室的墙壁上挂着留着胡须的俱乐部创始人胡安・甘珀的肖像照，以及来自 1992 年温布利球场上的一件夺目的橙色荧光队服。但是，最宝贵的东西是巴萨会员捐赠的艺术品：加了装饰框的收藏品，收藏的是 1900—2000 年每年的巴萨会员证。

这位董事说，新冠疫情导致俱乐部的收入在两个赛季里大幅下降了 3 亿欧元。巴萨为 8.5 万名俱乐部季票的持有者退款，其中有 435 人表示："把钱留着吧。"俱乐部的债务激增，已经失控了。

这位董事只是轻描淡写地谈论着这些可怕的数字。他向我保证，银行依然愿意贷款。一位银行家曾经表示，在他所信任的客户中，百年后依旧存在的客户只有巴萨。该董事回忆说，2010 年，巴萨从 7 家不同的银行借款 1.55 亿欧元为球员支付薪水。他说，这一次全世界都处在危机中，其他俱乐部比巴萨受到了更大的打击。

但是，其他俱乐部并不着急购买球员重建球队。没有一家俱乐部如此依赖旅游业，巴萨博物馆、纪念品商场以及数以万计的高消费的外国球迷在此次新冠疫情中全部消失了。在所有体育运动中，任何俱乐部都无法匹敌巴萨 5 亿欧元的薪水总额，其中的 1/4 被梅西拿走。这位董事指出，除了这些支出，巴萨每年必须在转会费上勾销 2 亿欧元。如果一家俱乐部花 1 亿欧元购买球员并为他提供了为期 4 年的合同，那么，每个赛季它就会在账户上勾销 2 500 万欧元。如果他是可以被转手的年轻球员，这就不是问题，但是巴萨购买的都是老将，他们的转让价值很低。

算上薪水和勾销额，巴萨每年的球员支出总额大约是 7 亿欧元。令人焦虑的是，这几乎达到了俱乐部在 2020—2021 赛季 7.5 亿欧元的预期收入。在新冠疫情之前，俱乐部在 2021 年的收入目标超过了 10 亿欧元。

总之，巴萨球员的薪水已经难以控制了。现在，过紧日子的时候就要开始了。当我遇到这位董事时，我还没有意识到这一点，但是为了阻止新冠疫情期间球队破产，西甲联赛已经开始让西班牙所有足球俱乐部都紧缩开支。西甲联盟将巴萨的转会费和球员薪水从上个赛季的 6.56 亿欧元大幅削减至 3.83 亿欧元。如果巴萨不能立刻削减开支，它就得在下一个赛季达到要求。这位董事没有明说，但是巴萨的“孪生兄弟”皇马已经设法对工资帽进行了更加严格的限制。在 2019—2020 赛季，皇马共支出 4.11 亿欧元用于球员薪水和转会费勾销，这大约比巴萨少了 2.75 亿欧元。皇马是一个可持续的企业，但是巴萨不是。

现在，巴萨想要疯狂地抛售昂贵的球员，包括拉基蒂奇、苏亚雷斯、阿比达尔和拉菲尼亚，即使不要转会费也行，就是为了减轻俱乐部的薪资总额。为了让苏亚雷斯离开，巴萨还要支付给他数百万欧元的费用。不过最后巴萨的开支还是比西甲联盟的限额高出数亿欧元，因此巴萨根本没钱去签新球员。这位董事叹气道：“我感觉很不舒服，因为我们有数百万的球迷，但我们无法给予他们想要的东西。”

巴萨不得不暂时降低要求，另外一位年长的巴萨官员对我说：“这样球队将无法夺得每年的西甲或者欧冠冠军。”在巴塞罗那之行的 30 年里，我从未见过巴萨如此大幅降低要求。现在，可以想象一下，2014—2019 年，足球领域最大的挥霍者最后可能不得不将球队的希望之星，如佩德里和法蒂，出售给更加富裕的足球俱乐部。

在 2020 年转会窗口期，据报道，巴萨追踪了 60 名不同的球员。最初，巴萨的主要目标是国际米兰前锋劳塔罗·马丁内斯（Lautaro Martínez）。当巴萨发现买不起他时，就转向了打折选项——里昂的德佩。巴萨和里昂达成了 2 600 万欧元转会费的协议，但是巴萨发现连这个价格都无法承担。巴萨声称有俱乐部愿意为 17 岁的法蒂支付近 2 亿欧元的转会费，可能是曼联，但是巴萨拒绝了。巴萨在转会窗口期结束时最大的一笔签约是 20 岁的葡萄牙边锋弗朗西斯科·特林康（Francisco Trincão），巴萨支付给布拉加体育足球俱乐部 3 100 万欧元的转会费将他签下。赛季一开始，他就坐在了替补席上。

2020 年 10 月，巴萨的球衣赞助商乐天株式会社续签了一个赛季的合同，到 2022 年，加上奖金才 3 000 万欧元，比之前的合同少了 2 500 万欧元的赞助费。辛托·阿杰拉姆（Cinto Ajram）在巴托梅乌手下负责俱乐部的赞助商业务，他后来表示，赞助费的下降是因为梅西的未来充满不确定性。阿杰拉姆沉思着说：

> 我甚至会扪心自问这个合同是否值 3 000 万欧元。乐天株式会社刚开始赞助巴萨时，队中有梅西、苏亚雷斯和内马尔组成的前场三叉戟。当你在全世界销售巴萨的品牌时，你靠的是梅西。在这种情况下，没有人敢续签 3 年的合同，因为他们不知道没有梅西的巴萨还值多少钱。

巴萨董事会能做的是和球队在球员降薪问题上进一步地讨价还价。巴萨的策略是选择个别球员，和他们签订长期合同，在未来几年变相提高大部分薪水。巴托梅乌的董事会正在花光它的继任者的钱。皮克在给巴萨董事会的一封队长信件上签了名，他反对让人尴尬的降薪计划，但几乎同时，他签订了一份确保他一直到 2024 年都可以在巴萨效力的新合同，到时候他就 37 岁了。在签约不久后，他就受伤了，在比赛中缺席了几个月。与此同时，在马德里，西班牙的税务机关公布了欠税最多的个人和公司名单。2019 年末，它们当中的最大个人负债者：内马尔，在巴萨期间欠下了 3 460 万欧元的税款。

在甘珀训练基地，科曼试图改变俱乐部文化所做的努力让他获得了“科曼中士”的绰号。球员们必须在训练开始前一小时报到，而且训练课从一小时延长到了 90 分钟，和巴萨以前的标准相比，训练变得十分艰苦。

科曼很难享受巴萨的生活。他表示，执教巴萨是他做过的“压力最大的工作”。他曾对纪录片制作人说：“为了真正地获得更大的荣耀，你需要一支更好的球队。”在重要的比赛前，他的妻子巴蒂纳总会在他们公寓里的佛像前点上蜡烛，由于她不忍心观看巴萨赛季初的比赛，所以她会和不看比赛的德容的女朋友一起外出。

受新冠疫情的影响，科曼重建一支新球队的努力陷入了困境。巴萨允许球员在主场比赛开始前一小时集合，再加上他们还要穿上比赛装备，所以他们在更衣室的时间只有区区 5 分钟。科曼厌恶比赛中诺坎普球场的安静，因为没有观众为球场上精疲力竭的巴萨球员鼓劲儿。他在赛后几乎看不到球员，按照防疫要求球员们比完赛必须直接回家。每周，他甚至都无法和他们交谈。“所有的足球俱乐部都要面临相同的问题。”科曼承认道，“但区别在于，我们试图做出改变，这样我们就能建立一些东西。这就是你真正需要个人接触的时候。”他说，因为受到复杂的防疫规定、经常性的新冠病毒检测和没有观众的体育场等因素的影响，很多豪门俱乐部的球员似乎都在努力寻找踢球的动力。

比赛中，科曼更多的是让梅西多在球场中路活动，扮演 10 号球员，他身后的两个支点球员可以弥补他的防守空位。然而，在赛季初的几场比赛中，梅西像失了魂一样，低着头在空旷的球场上漫步，仍旧对赛季初的转会失败耿耿于怀。科曼的助手阿尔弗雷德·斯赫勒德（Alfred Schreuder）回忆道：“最初，梅西不想好好踢球。”在 2020—2021 赛季的前 10 场比赛中，巴萨输给了赫塔菲足球俱乐部、皇马、马竞和加的斯足球俱乐部。这是自 1987 年（也就是克鲁伊夫加盟巴萨的前一年）以来，巴萨在联赛中的最差开局。科曼的妻子对球员充满抱怨：“有时，真的是一团糟。他们随意地对待比赛，而我的丈夫却是一个工作狂。”同时，被巴萨抛弃的苏亚雷斯却在马竞不断进球，帮助马竞成为联赛的领头羊。

事实表明，“不仅仅是一家俱乐部”至少有一小部分在巴萨还存在：民主。尽管新冠疫情肆虐，一项反对巴托梅乌的不信任动议很快就收集到了 20 731 名会员的签名，巴托梅乌被迫辞职了。在曼联，这种事情是不会发生的，被曼联球迷轻视的格雷泽家族已经在曼联掌权了 15 年。巴托梅乌和巴萨董事会在 10 月 27 日辞职，他表示这些董事会成员的家人可能受到了来自愤怒球迷的威胁。当他离开俱乐部时，他宣布巴萨将加盟计划中的欧超。

巴托梅乌已经从曾经的巴萨领导者变成公众舆论的靶子，在随后几个月中，他很乐意在公众场所带着防疫口罩，因为这样就没有人能认出他。但是，他无法摆脱自己留下的烂摊子。2021 年 3 月，他在监狱中度过了一个晚上，因为警察调查了“巴萨门”。后来，巴塞罗那当地的检察官开始对他可能存在的“经济犯罪”进行调查。

2020 年 11 月末，俱乐部抵押了球队未来的另一部分。球员们同意在那个赛季放弃大约 1.22 亿欧元的基本工资，以及额外 5 000 万欧元的奖金。但是，巴萨承诺在未来 3 个赛季对球员进行补偿。短期内这笔交易让俱乐部摆脱了一半的困境。但从长远来看，这个承诺减少了球队在未来进行重建的预算。过紧日子的巴萨是不会吸引球星的。

此时，巴萨的债务已高达 11.7 亿欧元，大部分都是新冠疫情后产生的。俱乐部主席选举的领先者拉波尔塔号称巴萨是“30 亿欧元俱乐部：10 亿欧元的收入、10 亿欧元的开支和 10 亿欧元的债务”。这其中有 2/3 是真实的：几个月后，巴萨的收入降到了 10 亿欧元以下。

另外一个债务超过 10 亿欧元的欧洲俱乐部是热刺，它的绝大部分长期负债源于新建的体育场，瑞士知名足球财经媒体 Swiss Ramble 解释道。该媒体账号表示：“巴萨的债务问题比其他俱乐部要多，到目前为止，巴萨的短期债务是最多的，高达 6.41 亿英镑。”这比榜单第二名的马竞高出了 2.62 亿欧元。这并不是直接的危机，债权人不会冒险对受人欢迎的俱乐部采取强硬措施。但考虑到足球领域的各种财务规定，巴萨没有余地再继续维持这么高的债务了。

球员们在圣诞节的假期只有 4 天。梅西和妻儿们乘坐私人飞机回到了他的阿根廷老家罗萨里奥。到了家乡以后，脚踝的伤病让他又延长了两天的假期，为此他错过了和埃瓦尔的比赛。梅西返回巴塞罗那后恢复了状态。在他回来后的第一场比赛中，球队乘坐大巴前往韦斯卡，而不是乘坐飞机。3 小时的车程节约了 3 万欧元。那场比赛，巴萨 1 ： 0 战胜了对手，进球来自梅西的助攻。随后，梅西似乎找回了踢球的乐趣，开始和他的年轻队友们，包括佩德里、德容、塞尔吉尼奥·德斯特（Sergiño Dest）和全新面目的登贝莱，踢着快乐足球。他们的对手再次感受到了以前面对巴萨时的恐惧。科曼的助手斯赫勒德指出："没有人时，你可以清楚地听到对手的谈话内容。当梅西接球时，你会听到他们喊：'对他犯规！踢倒他！'但这并没有奏效，然后他们会伸手把梅西拽倒。"

荷兰教练员们对梅西在训练中重新找到的警觉性感到震惊。当皮克伤愈归队时，斯赫勒德开始向他解释其他球员已经了解的一个新的训练动作，这时梅西打断了他："斯赫勒德，不用说了，我已经告诉他了。"斯赫勒德暗笑着心想"你太聪明了"。他反思道："这就是梅西，他看到一切，理解一切，记住和球队有关的一切，而且思维超前。"

科曼表示，如果我们在训练中练习射门，一些球员有时就会随意地吊射浪费时间。但是，梅西在训练中总是很专注没有任何花哨的动作，非常实用。和他一伙的老队员从未在训练赛中输给过年轻人，曾经有过一次失利，结果梅西在接下来的一周都非常生气。除了克鲁伊夫，我从未见过任何人具备和他一样的足球智商。斯赫勒德有时在训练中用英语交流，而梅西的英语水平一般，但是，他会在几秒内明白教练的意图。

巴萨从 2020 年冬天开始在联赛中恢复了状态，到了 2021 年春天，球队已经在联赛中排名第二。然而，巴萨已经连续 4 年在欧冠中惨败出局，在诺坎普球场分别以 0 ：3 输给了尤文图斯，以 1 ：4 输给了巴黎圣日耳曼。本应在 18 岁时加盟巴萨的姆巴佩为巴黎圣日耳曼上演了帽子戏法。“这是我职业生涯中的最佳比赛，”他对我说，“因为它是完整的。”那晚比赛中巴萨球员情绪激动，最明显的是皮克，在空旷的体育场中能够清楚地听到皮克向泄了气的队友大喊道：“我们就不能有一次长时间的控球吗？”然后，他和格里兹曼开始对骂。

2021 年 3 月 7 日，11 年前离开巴萨的拉波尔塔再次当选俱乐部主席。巴萨在新冠疫情最严重的时候举行了体育运动中规模最大的民主选举。在约 11 万名拥有投票资格的巴萨会员中，大约一半人参加了投票，很多选票以电子邮件的形式发出。拉波尔塔在三轮竞选中获得了 54% 的选票。梅西戴着口罩去诺坎普球场投了票，据称他支持拉波尔塔。

拉波尔塔在竞选时就对巴萨未来持乐观态度。他说他会和梅西吃一顿阿萨多（Asado，一种阿根廷烧烤），然后续签合同。他的乐观是真诚的，因为他制订了一个秘密计划：他认为自己成为俱乐部主席后，美国银行摩根大通会立刻向巴萨提供 3 亿欧元参加欧超的经费。这样的话，他认为巴萨就会摆脱短期的问题，而且巴萨还能出价竞购像姆巴佩这样的球星。但是，拉波尔塔没有阐述他的方案，因为他想把自己塑造成能够拯救俱乐部的唯一人选。

拉波尔塔的回归让很多巴萨球迷欢呼雀跃。这位英俊的律师是一个满脸堆着笑容的政治家，他可以在与投票人的互动中获得能量，当然有时能量有点过剩。他在选举日那天惹了麻烦，当时他对一个和他拍照的年轻女孩说：“当你到了 18 岁时，给我打电话。”他竞选班子中唯一的女性成员解释说，他的意思是想和那个女孩签订一份体育合同。但是，他的问题才刚刚开始，怪不得竞选对手的成员在失败后都深吸了一口气，如释重负。

首先，拉波尔塔和他的董事会成员必须找到一个共同的银行担保，价值1.246亿欧元，或者占赛季预算的15%。如果巴萨在董事会成员任期内的损失达到了这个金额（这看起来很有可能），这些钱将自动从他们的个人账户中扣除。降低成本最快且最明显的方法是让梅西离开，但这是个忌讳的话题。实际上，拉波尔塔曾经在竞选中承诺，他是说服梅西留在巴萨的最佳人选。

拉波尔塔最终找到了一个有钱人提供最高的担保金——企业家何塞·埃利亚斯（José Elias），他是一个电工的儿子，来自巴塞罗那的贫穷郊区，现在经营着一家可再生能源公司奥达克斯。在截止日期最后一天的凌晨3点，这笔担保金通过了公证。埃利亚斯没有资格加入巴萨董事会，因为他在一年前才成为俱乐部会员。如果任何商人愿意承担如此巨大的个人风险去挽救俱乐部的新任主席，那么他会索取权力作为回报。这就是巴萨的未来所在：俱乐部开始为富有的局外人提供发言权。巴托梅乌的董事会已经在这方面进行了研究。如今的现状让人绝望，巴萨会员甚至允许拉波尔塔出售巴萨的少数股权给某个酋长、某个寡头或某个投资基金。足球领域最大的民主中的一部分成了待售品，这在巴萨历史上还是第一次。

在拉波尔塔担任巴萨主席后发生了不太引人注意、却可能引起革命性变化的事件：巴萨主席不仅是加泰罗尼亚民族主义者，还是坚定的加泰罗尼亚独立的支持者，他相信加泰罗尼亚应当脱离西班牙，这在巴萨历史上也是第一次。2010—2012年，曾担任加泰罗尼亚议会议员的拉波尔塔成立了一个分离主义政党。他在巴萨选举期间避开了这个重要的问题，宣称自己是所有会员的团结者，但是他并没有改变自己的看法，他从加泰罗尼亚独立支持者那里得到了强大的支援。

2021年夏天，西班牙首相佩德罗·桑切斯（Pedro Sánchez）赦免了9名领导加泰罗尼亚独立公投的政治家，此举缓解了加泰罗尼亚地区的紧张局势。加泰罗尼亚独立运动已经失去了热度。尽管如此，作为巴萨主席，拉波尔塔有很多机会对分离主义做出象征性的表态。他将面对诱惑，将这个最受欢迎的加泰罗尼亚机构变成一个分离主义事业的工具，甚至可能为它提供资金帮助。这就像是英国脱欧的主要支持者接管了曼联，把曼联变成支持英国脱欧的宣传工具。一些拥护联邦制的会员将抛弃巴萨，巴萨存在的风险是将无法团结加泰罗尼亚人。

除了丢掉巴萨的“民主”属性，更重要的是，拉波尔塔也没有找到能让巴萨一直参加最高水平比赛的好方法。在过去 30 年里，巴萨一直拥有某种竞争优势：首先是克鲁伊夫的创新性思想，然后是拉玛西亚的黄金一代，最后是绝无仅有的营业收入，尽管最后一点已经不复存在了。

到了 2021 年，克鲁伊夫的足球理念已经不再是主流，拉玛西亚不再输出球星，梅西一代几乎接近尾声，而且巴萨已经把资金耗尽，不再具有独特的卖点。

不仅如此，拉波尔塔还在试图继续破坏巴萨的传统，即和朋友以及家人共同运营一家豪门俱乐部的传统。随后，多名职业高管离开了俱乐部，体育运动网站报道称：

> 拉波尔塔的堂姐玛尔塔·塞古（Marta Segu）目前管理着巴萨慈善基金会，他的妹妹玫特·拉波尔塔（Maite Laporta）目前是俱乐部多样性和包容性的负责人。俱乐部幕僚长马纳娜·吉奥尔加泽（Manana Giorgadze）是拉波尔塔的密友，在拉波尔塔上一次担任主席期间曾在俱乐部工作。她的女儿帕洛玛·米卡泽（Paloma Mikadze）是俱乐部数字战略的负责人。乔迪·波塔贝拉（Jordi Portabella）是拉波尔塔在 21 世纪初期作为加泰罗尼亚政治家期间的关键盟友，现在是俱乐部可持续发展的负责人。

2021 年 4 月，拉波尔塔打算让巴萨参加欧超，但是当欧超的 12 家初始俱乐部成员中的 9 家俱乐部宣布退出后，欧超在 48 小时内就流产了。这对欧超背后的两位主要发起者，皇马主席弗洛伦蒂诺和尤文图斯主席安德雷亚·阿涅利（Andrea Agnelli）来说是个耻辱，但对同一条船上的拉波尔塔来说，这是个灾难，因为巴萨最需要这笔资金。弗洛伦蒂诺对此心知肚明，实际上，他想帮助他的加泰罗尼亚对手：如果一无所有的巴萨在今后变得碌碌无为，那么西班牙国家德比和整个西甲联盟都会蒙受损失，而且皇马也会受到影响。

即使欧超的计划泡汤了，巴萨仍然坚持推进这个赛季。正是因为俱乐部的管理不善导致最近获得体育史上最高收入的俱乐部急于获得更高的收入。的确，拉波尔塔的董事会正忙于寻找尚未挖掘出的收入来源，其中最重要的一个方式是出售"巴萨空间"的冠名权。不过，竞争对手也是这样做的。

此时，巴萨仍旧拥有独特的卖点。在 2021 年初的几个月，"梅西依赖症"已经发展到了新的极限。巴萨比以往看起来更像是一支一个人的球队。从 1 月开始一直到赛季末，33 岁的梅西的个人射门和助攻数占全队总数的 55%，尽管他还错过了 3 场比赛。这个数据令人震惊，在足球史上几乎是无与伦比的，即使那个赛季热刺的哈里·凯恩也能达到这个比例。2016—2021 年，梅西的进球和助攻数几乎占巴萨全队的一半。队友们非常敬重梅西，最好的例子是当球队在西班牙国王杯决赛中战胜毕尔巴鄂竞技后，他们轮流和梅西以及奖杯拍照留念。

如果一支球队严重依赖一名不能被替换下场的老将，而且他的进球数占全队一半以上，那么这种球队就不是一支好球队。此外，在那个极其令人失望的赛季，留住梅西的费用大约是 3 亿欧元，其中包括他的薪水和俱乐部因为去年 9 月决定不出售他而损失的转会费。就这样，巴萨已经没钱再签下其他世界级球员了。

2020—2021 赛季，巴萨以 79 个积分位居西甲联赛第三名，这是巴萨自 2008 年以来的最低积分。马竞夺得了西甲冠军，很重要的原因是巴萨将苏亚雷斯免费送给了马竞。这位乌拉圭前锋在最后一场联赛比赛中打入制胜球后，坐在球场上给家人打电话，脸上流下了幸福的泪水。“赛季初，他们在巴萨表现出对我的轻蔑。”苏亚雷斯曾经在赛前说，“然后马竞张开双臂欢迎我，对此我十分感激。”那个赛季，苏亚雷斯打进了 21 球，这正是巴萨在整个赛季都缺少的前锋，这是巴托梅乌时代无数次糟糕的转会之一。

当那个赛季结束时，拉波尔塔告诉科曼俱乐部不会马上解雇他，但会在两周内找到更好的主教练。这位一向坚韧克己的荷兰人私底下因为这种不确定性流下了眼泪。最后，拉波尔塔让他暂时担任主教练，或许是因为巴萨无法按照合同支付给科曼 1 200 万欧元的违约金。实际上，俱乐部那时还没有付清前任主教练塞蒂恩和巴尔韦德的违约金。

或许巴萨模式走向了尾声，巴萨高层一直计划购买普通球员。一位巴萨高层对我说，巴萨应当意识到它在未来 25 年不会像过去 25 年那么成功，最坏的情况是成为 AC 米兰——从欧洲冠军到意甲的失败者。

如果这一切真的发生了，来自中国的孩子们就不会观看巴萨的比赛，也不会购买他们的球衣了。如果真是这样的话，巴萨就存在掉出欧洲俱乐部最高收入前 3 名的风险。巴萨的外国球迷，其中很多人都是喜欢梅西的年轻人，这些人也开始慢慢老去。还有，巴萨的榜样是曼联：俱乐部的商业高管榨取俱乐部的历史品牌维持高收入，尽管自从亚历克斯·弗格森离任后，曼联在球场上就表现糟糕，但曼联依然比巴萨拥有更多的中国球迷。“曼彻斯特”成功地将自己塑造为“不仅仅是一支常胜之师”。或许，后梅西时代的巴萨会与成功渐行渐远？

梅西离开巴萨后，巴萨就该进行重建了，但是如何重建呢？巴萨的一位高层曾对我说：**"梅西走后，你看到的将是沙漠，是黑暗。"**

梅西竟然离开了

2021年夏天，梅西决定留在巴萨。一年前离开巴萨的尝试让他的妻儿伤心落泪，这让他动摇了。他知道巴萨已经不是世界领先的球队，但这并不可怕，不管怎样，最重要的是，他是一个父亲。所以，他同意续签合同，薪水减半，并将他职业生涯巅峰期的最后几年献给诺坎普球场。

当巴萨结束2020—2021赛季时，梅西前往巴西参加了美洲杯，并带领阿根廷队夺得了冠军。这是属于他的奖杯：他"霸占"了此次大赛的各种数据排行榜，包括最佳射手、最多助攻、创造最多机会、最多盘带过人次数和促成进球的最多跑位。当他身在异地时，他和巴萨的合同到期了，但这似乎就只是缺个行政手续的事。

8月初，梅西全家正在他们最喜欢的旅游胜地伊比沙岛的游艇上度假。他在岛上遇到了内马尔和巴黎圣日耳曼的几个球员，他们和梅西开着玩笑说："到巴黎来吧。"这句话并不意味着什么，梅西一家经过长途跋涉最后返回了卡斯特尔德费尔斯。梅西认为自己在新合同上唯一忘记的事情就是签字了。

但是，8月4日傍晚，梅西的父亲打来了电话："我们和巴萨的合同结束了。"豪尔赫·梅西刚刚见过了巴萨主席拉波尔塔，拉波尔塔最终放弃了在俱乐部主席竞选讲话时的承诺，并且承认俱乐部无法为梅西提供任何新合同。那时，巴萨的薪资总额仍占收入的110%，远远高于西甲联盟规定的70%的上限。巴萨一直想方设法处理昂贵的球员——库蒂尼奥、格里兹曼、登贝莱、萨米埃尔·乌姆蒂蒂（Samuel Umtiti）、皮亚尼奇。但当时没有其他俱乐部愿意承担他们的薪水，更别说转会费了，这就意味着梅西必须离开。梅西对此目瞪口呆，他根本不了解俱乐部的结构性财政危机以及他在其中扮演的角色。毕竟，一直是他的父亲在替他管理财务。

即使为了继续留在巴萨，梅西同意接受西甲联盟的最低薪资 15.5 万欧元，这也是不够的，因为巴萨的球员支出与收入的比例仍旧高达约 90%，所以西甲联盟会拒绝为他的新合同做登记。

当听说梅西要离开巴萨时，科曼认为："这不是真的。"数以百万的球迷也是这么想的。有人推测，这是巴萨玩的一个复杂的把戏，目的是吓唬一下西甲联盟。

在接下来召开的告别巴萨的新闻发布会上，梅西发言前在台上哭了两分钟。他坦白地表示，他之所以哭主要是因为他的家人失去了在巴塞罗那已有的幸福生活，而不是对俱乐部的热爱。梅西说："我和家人都认为我们会留下来，因为这里是我们的家。为了留下来，我做了我能做的一切，但还是没有可能。"即使是世界最佳球员也会发现他无法掌控自己的人生。在发布会上，现场观众包括他的很多前队友和现队友纷纷起立，给予了梅西长达一分钟的鼓掌。

8 月 10 日，梅西乘坐私人飞机前往巴黎，加盟了巴黎圣日耳曼，巴黎圣日耳曼也取代巴萨成为球员薪水最高的足球俱乐部。在飞机上，陪伴梅西一家的是佩佩・科斯塔，作为巴萨的员工，他已经为梅西服务了 17 年，他决定离开巴萨陪伴梅西前往法国。

豪尔赫・梅西和巴黎圣日耳曼主席纳赛尔・阿尔赫莱菲多年来一直保持着联系。但是，巴黎并不是梅西希望的样子。他的家人刚刚在卡塔尔人拥有的巴黎莱佛士皇家蒙索酒店的套房中安顿下来，他们并不想选择这次冒险之旅。此外，巴黎圣日耳曼已经拥有了天才球员内马尔，并不是特别需要梅西。在巴黎，梅西经常表现出对俱乐部足球失去了兴趣，而且公开考虑未来重返巴萨担任体育总监。我想他最终会选择在加泰罗尼亚永久定居，和巴萨以前的外籍球星胡安·甘珀、库巴拉以及克鲁伊夫一样。

梅西在胡安·甘珀体育中心的柜子被巴萨从塞维利亚租借的前锋卢克·德容（Luuk de Jong）占用了。这个高大的荷兰中锋在安达卢西亚就是替补席上的常客，纽卡斯尔联球迷可能会记得 2013—2014 赛季他在泰恩赛德的主场一球未进。卢克·德容最吸引巴萨的地方在于他几乎是免费的：加泰罗尼亚人给他的薪资和他在塞维利亚的是一样的。西甲联盟要求巴萨将球员成本从 2019—2020 赛季的大约 6.7 亿欧元大幅削减至 2021—2022 赛季的 9 700 万欧元，这甚至低于皇家社会的预算。

实际上，截至 2021 年末，巴萨的薪资总额仍高达 4 亿欧元。但与一年多之前相比，这个数字已经大幅下降了。梅西和格里兹曼的离队让俱乐部减少了大约 2 亿欧元的薪资支出。在俱乐部足球中，到目前为止，薪资总额是迄今为止联赛排名的最佳预测指标。如果巴萨想支付第二级别的薪资，那么它所吸引的球员也是第二级别的，所以它会一直输给顶级球队。2021 年 9 月，巴萨 0 ∶ 3 输给了本菲卡，这已经是巴萨在过去 13 个月的欧冠比赛中第 5 次以 3 个球及以上的劣势输球。

重拾面向未来的心态

梅西离开了，巴萨的钱也花光了。要是克鲁伊夫，他会觉得这是一个令人激动的时刻：是时候开始思考了。可是，做些什么呢？老生常谈的说法是，巴萨应当恢复它的旧模式：把来自拉玛西亚的孩子充实到一线队。当然，一群才华横溢的年轻人，领军人物包括加维、尼科·冈萨雷斯和法蒂，最终从拉玛西亚脱颖而出，而来自西班牙加那利群岛的年轻人佩德里被看作名誉上的拉玛西亚球员。

然而，一支大部分由本土球员构成的球队想要战胜所有对手，这是一个概率很低的赌注。这个方案曾经在俱乐部历史上发挥过很大作用，大约是在 2005—2015 年的 10 年间，那时克鲁伊夫创造的青训体系是超越时代的。从那之后，足球不断发展变化，其他俱乐部复制了拉玛西亚的模式，而且它们也能培养出优秀的球员。更重要的是，几乎没有一家欧洲顶级俱乐部持续将自家青训营的大量年轻球员充实到一线队，这是有原因的。指望出自同一个青训营的 6 名 18 岁或 20 岁的球员成为大约 200 名世界最佳球员的代表，这本身就是不合理的。梅西、哈维、伊涅斯塔这一代球员是不可重复的。

尽管如此，巴萨最初似乎执着于重现 21 世纪初俱乐部的光辉岁月。那个时代的主席拉波尔塔再次当选，而且他很快签下了当年球队的右后卫——已经 38 岁的丹尼 • 阿尔维斯，并在解雇科曼后聘请了另一位俱乐部标志性人物哈维担任球队主教练。已经离世的克鲁伊夫已经无法被“利用”，所以他的儿子约尔迪担任了拥有实权的巴萨国际足球事务总监。约尔迪和拉波尔塔都遵照同一个信条：“克鲁伊夫会做些什么？”

克鲁伊夫的准则或许是永恒的，但是在足球领域，你永远不能倒退。相反，巴萨需要走出去寻找未来，发现最具创新力的俱乐部以及这些俱乐部中最具创新精神的人，要么“剽窃”他们的想法，要么复制他们正在做的事情。换句话说，加泰罗尼亚人必须完全做到其他俱乐部曾经对他们做过的事。幸运的是，哈维对此了然于胸，和瓜迪奥拉一样，他拥有一种面向未来的心态。

对哈维来说，幸运的是，2022 年初俱乐部的财务状况有所好转。梅西在俱乐部内部的权力已经被高盛集团取代，这家华尔街银行向巴萨提供了 5.95 亿欧元的贷款，帮助俱乐部重组了当时大约 15 亿欧元的债务，该银行还同意了一个为期 35 年的计划，为“巴萨空间”提供 15 亿欧元的额外资金。当然，巴萨高达 30 亿欧元的债务总额在所有体育俱乐部的历史中是最高的。考虑到高盛集团已经投入了大量资金，所以美国人现在才是巴萨真正的主人。

从好的一面看，巴萨银行账户上的钱越来越多。后来，流媒体音乐服务商Spotify同意每年向巴萨支付7 000万欧元，成为俱乐部的球衣赞助商，并购买了诺坎普球场的冠名权，这是俱乐部首次出售球场冠名权。诺坎普球场将更名为Spotify诺坎普球场，这又是一笔赚钱的买卖，不过与“不仅仅是一家俱乐部”的座右铭已渐行渐远。即使如此，Spotify的赞助费还是低于梅西时代末期的球衣赞助商乐天株式会社和倍科。俱乐部还计划出售巴萨电视和媒体中心的少数股权。

到了2022年1月，巴萨感觉资金充足，签下了3名锋线球员。巴萨斥资5 500万欧元从曼城签下了费兰·托雷斯（Ferran Torres），以租借的形式签下了前拉玛西亚的学员、来自英超狼队的阿达马·特劳雷（Adama Traore），从阿森纳免费签下了皮埃尔－埃梅里克·奥巴梅扬（Pierre-Emerick Aubameyang）。然而，巴萨依旧囊中羞涩，无法签下顶级球星。奥巴梅扬在转会窗口关闭前一天从伦敦直接飞到了巴塞罗那，他的做法让巴萨高管感到意外并采取了行动，这样他就把免费离队的压力抛给了阿森纳。最终，奥巴梅扬大约在转会窗口关闭前一分钟的午夜签约加盟了巴萨。实际上，他支持过加泰罗尼亚的主要竞争对手，他曾在2016年表示：“为皇马效力一直是我的梦想。”正如所料，这毫无威慑力。毕竟，职业球员不会像球迷一样思考。

据报道，奥巴梅扬加盟巴萨后的年薪是200万欧元，远低于他在阿森纳的年薪。费兰·托雷斯和特劳雷也接受了比加盟其他球队更低的薪水，尽管巴萨许诺俱乐部会在财政状况好转时提高他们的薪水。约尔迪欣喜若狂地表示，球员们同意俱乐部的做法是有一定道理的：“巴萨仍然是独一无二的，因为球员可以为了加盟球队而做好降薪的准备。”

此后，球队成绩提高得很快。哈维执教的巴萨不只是想回到2009年，这一切很快就显而易见。他们向前传球的速度比以前的巴萨都快，经常使用长传，中场球员弗兰基·德容和佩德里进行纵深跑动，传统的边锋球员保持球场的宽度。来自英超联赛的新人提供了球队急需的速度和身体。2022 年 3 月 20 日，哈维执教的巴萨在伯纳乌球场 4 ： 0 大胜皇马。比赛开始后仅仅一小时，很多主场球迷就离场了，可能是他们既感到失望又感到吃惊：皇马已经连续赢得了之前 5 次的西班牙国家德比，这是自 20 世纪 60 年代以来皇马对阵巴萨的最长连胜纪录。当梅西时代让路给卢克・德容时代后，加泰罗尼亚人正在触底反弹。

但是，巴萨球迷不能得意忘形。这些新签约的球员并不是其他豪门俱乐部的一线队主力。如果他们是的话，巴萨就无力签下他们。2022 年 3 月，西甲联盟公布了修改后的联赛下半阶段巴萨的工资帽：达到了史无前例的负 1.44 亿欧元。西甲联盟宣布该工资帽将继续在今后几个赛季生效。巴萨充实球队实力的唯一方法是每花 1 欧元就要大幅削减 4 欧元的球员成本。

假设他们的薪资总额无法跟上他们的竞争对手，那么很难看到加泰罗尼亚人重返欧洲顶级足球队的行列。这一切可能无关紧要，只要他们能够实现他们存在的目的——战胜皇马，但这看起来是个艰难的任务。到了 2022 年春天，皇马完成了位于城市中心的伯纳乌球场的改造，翻新后的伯纳乌球场将变成一个可以全年举办各类会议、博览会和音乐会的场所。翻新后的伯纳乌球场预计每个赛季将给皇马带来额外 2 亿欧元的收入，这样皇马的年收入将远远超过 10 亿欧元，大幅领先巴萨。所以，我觉得梅西、瓜迪奥拉的光辉岁月再也不会重现了，不仅不会在巴萨重现，或许在足球领域的任何地方都不会重现了。

我可能已经“埋葬”了巴萨。但是，我之所以动笔撰写这本书，是因为我要赞美它，现在依然如此。贝利的名言“美丽的运动”始终和南美的足球理想、优秀的个人主义者联系在一起。但我认为那是不够的。我心目中理想的、美丽的运动是将优秀的个人主义者和出色的集体制度联系在一起，那就是巴萨：梅西加上克鲁伊夫主义。梅西能盘带过掉半支球队，但是在令人难忘的 15 年里，克鲁伊夫主义像齿轮一样让足球在球员间不停地快速传递，在各防线之间发现空间，压迫对手，让源自 20 世纪 60 年代阿姆斯特丹东区的足球风格的所有部分都变得非常完美。

理想的足球总是从体育经济的中心地带，西欧的某个地方开展的。这碰巧发生在巴塞罗那，因为这座城市存在情感需求。在加泰罗尼亚地区卷入西班牙内战几十年后，巴萨会员和当地的上层阶级将他们的自尊心和金钱注入了当地的足球俱乐部。他们筹集资金签下了克鲁伊夫，他是那个时代的最佳球员。后来，克鲁伊夫作为巴萨主教练，他打造了一个原始的传统，这样梅西就能成为最好的自己。

这一切都很重要。巴萨创造的是全世界最受欢迎的体育运动中，最令人称赞的人类成就之一。巴萨影响了很多人，从加泰罗尼亚到巴塔哥尼亚高原。

现在，这个故事正走向尾声，能够亲自见证这一切，而且还品尝了番茄面包，对此我心存感激。

BARÇA

译者后记

作为一个对足球痴迷的人，我很幸运能成为本书的译者。在翻译的过程中，我每天都与本书一起分享安静的译读时光，那些难忘的足球画面、球星们的经典语录、天才球员的精彩瞬间……所有内容都勾起了我对足球的美好回忆。我是个追求完美的人，在翻译过程中遇到任何不明白的内容，都会求助于各种网站和词典，甚至向海外的朋友们讨教，以得到最为确切的译文。不过，即便如此，完稿后还是不尽如人意，总觉得有必要仔细商榷、应该重新推敲的地方太多了。因此，敬请阅读了中译本的朋友们指出书中的不足之处，并提出宝贵的修改建议，我愿洗耳恭听。

本书作者西蒙·库珀是一个资深体育记者，专为《金融时报》等媒体撰稿。他被认为是当今世界最好的足球记者之一，善于从人类学的角度描写足球，从人文角度解析体育，以公允和探索的态度对待各种文化现象。他著有《足球经济学》《足球：与敌对抗》等多部专著。

作者讲述的巴萨是过去20年世界上最成功的俱乐部之一。巴萨在社交媒体上有近2.5亿的粉丝，每年有400万游客来到诺坎普球场，新冠疫情前它的年收入高达10亿欧元，难怪它的座右铭是“不仅仅是一家俱乐部”。但是，“罗马不是一天建成的”。在过去近半个世纪里，巴萨已经从一个小球队成长为世界最佳球队。库珀准确地解读了这些转变是如何发生的，他概述了俱乐部商业决策背后的组织结构，并详细介绍了教练、医务人员、数据分析师和营养师的工作，他们已经彻底改变了体育界。当然，库珀还研究了拉玛西亚和两位伟大的传奇人物克鲁伊夫和梅西的巨大影响力。梅西加上克鲁伊夫主义，塑造了作者眼中的“美丽的运动”。在过去的近20年中，巴萨所创造的是世界上最受欢迎的体育运动中最令人称赞的人类成就之一。它影响了很多人，“从加泰罗尼亚到巴塔哥尼亚”。

巴萨严守秘密，很少让外人看到其幕后情况。但库珀以其自身优势获得了难得的机会，可以进入这座足球大教堂的内部，接触那些每天都在努力使巴萨保持状态的人。他对巴萨的描述远远超越了足球，将巴萨作为一种独特的社会、文化和政治现象来理解，博学而富有个性。“我开始为本书收集资料时认为我将诠释巴萨的伟大崛起。我做到了，但我也描绘了它的衰败。”

最后，我要感谢老朋友聂博士的引荐和湛庐主编的信任，让我得到这么好的机会，在完成足球领域译作的同时，重温足球给我带来的快乐。我要将这本书的译本献给我还未满周岁的女儿，她的到来让我感觉人生已无憾，愿她健康快乐成长。

未来，属于终身学习者

我们正在亲历前所未有的变革——互联网改变了信息传递的方式，指数级技术快速发展并颠覆商业世界，人工智能正在侵占越来越多的人类领地。

面对这些变化，我们需要问自己：未来需要什么样的人才？

答案是，成为终身学习者。终身学习意味着永不停歇地追求全面的知识结构、强大的逻辑思考能力和敏锐的感知力。这是一种能够在不断变化中随时重建、更新认知体系的能力。阅读，无疑是帮助我们提高这种能力的最佳途径。

在充满不确定性的时代，答案并不总是简单地出现在书本之中。“读万卷书”不仅要亲自阅读、广泛阅读，也需要我们深入探索好书的内部世界，让知识不再局限于书本之中。

湛庐阅读 App：与最聪明的人共同进化

我们现在推出全新的湛庐阅读 App，它将成为您在书本之外，践行终身学习的场所。

- 不用考虑“读什么”。这里汇集了湛庐所有纸质书、电子书、有声书和各种阅读服务。
- 可以学习“怎么读”。我们提供包括课程、精读班和讲书在内的全方位阅读解决方案。
- 谁来领读？您能最先了解到作者、译者、专家等大咖的前沿洞见，他们是高质量思想的源泉。
- 与谁共读？您将加入优秀的读者和终身学习者的行列，他们对阅读和学习具有持久的热情和源源不断的动力。

在湛庐阅读App首页，编辑为您精选了经典书目和优质音视频内容，每天早、中、晚更新，满足您不间断的阅读需求。

【特别专题】【主题书单】【人物特写】等原创专栏，提供专业、深度的解读和选书参考，回应社会议题，是您了解湛庐近千位重要作者思想的独家渠道。

在每本图书的详情页，您将通过深度导读栏目【专家视点】【深度访谈】和【书评】读懂、读透一本好书。

通过这个不设限的学习平台，您在任何时间、任何地点都能获得有价值的思想，并通过阅读实现终身学习。我们邀您共建一个与最聪明的人共同进化的社区，使其成为先进思想交汇的聚集地，这正是我们的使命和价值所在。

图书在版编目（CIP）数据

巴萨！巴萨！巴萨！/（英）西蒙·库珀著；魏莱译．—长沙：湖南教育出版社，2024. 8. -- ISBN 978-7-5754-0278-1

Ⅰ.G843.655.1

中国国家版本馆CIP数据核字第2024X3E056号

BASA! BASA! BASA!
巴萨！巴萨！巴萨！

出 版 人：刘新民
责任编辑：杨　宁　吴志鹏
封面设计：张志浩
出版发行：湖南教育出版社（长沙市韶山北路443号）
网　　址：www.jiaxiaoclass.com
微 信 号：家校共育网
电子邮箱：hnjycbs@sina.com
客服电话：0731-85486979
经　　销：全国新华书店
印　　刷：唐山富达印务有限公司
开　　本：710mm × 965mm　1/16
印　　张：25.5
字　　数：387千字
版　　次：2024年8月第1版
印　　次：2024年8月第1次
书　　号：ISBN 978-7-5754-0278-1
定　　价：109.90元

本书若有印刷、装订错误，可向承印厂调换。

湛庐CHEERS 特别制作

● 俱乐部大事记 ▍球员变动

● 关键人物

现代

球员时期：为巴萨

教练时期：打造崇尚进

巴萨大事记

19世纪末至20世纪60年代

1899年，瑞士移民会计师汉斯·甘珀邀请志同道合的人一起，在加泰罗尼亚地区组建了巴萨。

1936年，时年38岁的巴萨前主席约瑟普·苏诺尔被法西斯枪杀。直到1975年佛朗哥去世前，身处加泰罗尼亚地区的巴萨都受到独裁政府的影响。

1968年1月，巴萨前主席纳西斯·德·卡雷拉斯首次提出："巴萨不仅仅是一家俱乐部。"后来这句话成为巴萨的座右铭并沿用至今。

1950年加盟巴萨的匈牙利球星拉迪斯劳·库巴拉是巴萨的第一名外籍球员，也成为巴萨的传奇球星。

20世纪70年代

1973年8月13日，克鲁伊夫正式加盟巴萨，和恩师米歇尔斯重聚诺坎普。

1974年2月17日，克鲁伊夫领衔的巴萨五球大胜皇马。在这场比赛之后，皇马和巴萨的比赛便被称为"西班牙国家德比"。

1973—1974赛季，巴萨时隔13年再次夺得西甲冠军。

1979年，在首席球探奥里奥尔·托特的推动下，巴萨建立了旨在培养年轻天才球员的青训营——拉玛西亚青训营。